행복은 인생의 목표가 아닙니다. 행복은 시작점입니다.

선생님을 꿈꾸는 시간이 있었습니다. 모든 것이 선생님이라는 사람이 되고 나면 행복해질 거라 생각했습니다. 그렇게 시간이 흐르고 그토록 바라던 선생님이 되었습니다. 누군가 저에게 선생님이 되어서 행복하냐고 물어보면 저는 행복하다고 말합니다. 그런데 누군가 저에게 기대했던 것만큼 행복하냐고 물어보면 저는 아니라고 답할 것 같습니다. 그토록 바라던 선생님의 모습이었는데 막상 선생님이 되고 나니 제가 생각했던 선생님의 모습이 아니었기 때문입니다.

이상과 현실은 다르고 그것을 인지하는 과정이 어른이 되어가는 시간이라고 말하지만 여전히 선생님인 저는 선생님의 모습에 대해 고민하고 있습니다. 이렇게 살아가면 선생님이라고 할 수 있을까 고민하고 다른 선생님의 모습을 보면서 저렇게 살아가면 선생님이라고 할 수 있을까 생각합니다. 그렇게 고민하고 생각하면서 하루하루를 살아다가보니 선생님다운 사람인지는 몰라도 조금씩 성장해가는 사람은 되어가는 듯합니다. 그리고 그 성장과정에서 선생님다워지기 위한 다양한 방법들을 조금씩 얻어갈 수 있었습니다.

이 책은 어제와 오늘이 다르고 오늘과 내일이 달라지는 디지털 성장 사회 안에서 이로 인한 교육변화를 맞이하는 선생님들을 위한 PBL 비법서입니다. 물론 변화하는 교육현실, 교육정책 속에서도 여전히 선생님으로서 학생들을 뜨겁게 만나고 소통하는 과정은 매우 중요합니다. 그리고 선생님으로서 그들의 성장을 돕고 응원하는 것 또한 매우 중요한 일입니다. 이 책은 디지털 교육변화에 맞춰 작성했지만 꼭 디지털 교육변화에 적응하는 과정에서 필요한 내용은 아닙니다. 선생님으로서 우리가 어떻게 학생의 성장을 이끌어 낼 수 있을 지를 함께 고민하고 이를 실천할 수 있는 내용을 담았습니다. 지난 10년 동안 선생님다워지기 위해서 노력했던 작은 도전과 수많은 실패들이 모여있다고 보시면 됩니다.

이 책이 선생님이 바라던 선생님의 모습을 만들어줄거라 생각하지 않습니다. 이 책을 보았다고 선생님의 수업이 그리고 삶이 한 순간에 바뀔거라 기대하지도 않습니다. 다만 이 책을 읽을 통해서 선생님이 행복에서 시작하셨으면 좋겠습니다. 우리는 인생을 행복하게 위해 살아간다고 말합니다. 하지만 인생은 행복하기 위해 사는 것이 아닙니다. 인생은 행복에서 시작합니다. 행복에서 시작해서 나다운 모습을 찾고 만들어가는 것이 인생입니다. 저는 이 책이 선생님으로서 행복감을 느끼고 그 선생님의 모습에서 더 선생님다워지는 모습으로 나아가는 작은 징검다리가 되기를 바랍니다.

책은 총 4부로 구성했습니다. 학기 초반, 학기 중반, 학기 후반 그리고 방학 중에 선생님이 참고하실 수 있는 내용으로 나눠서 담았습니다. 처음부터 책을 읽으셔도 되고 목차를 확인하신 다음 선생님이 원하시는 곳부터 읽으셔도 됩니다. 물론 전부를 읽지 않고 일부만 참고하셔서 선생님의 수업에 적용하셔도 괜찮습니다. 어떤 방식이든 이 책에 담겨져 있는 내용이 선생님이 행복에서 시작하실 수 있게 도움이 된다면 그것으로 충분히 감사하고 만족스럽습니다.

아무쪼록 이 책이 선생님의 인생을 행복에서 시작하실 수 있는 작은 가이드가 되기를 바랍니다.

교사 성장과 행복을 향한 든든한 가이드북

책을 읽을 때는 자연스럽게 김선수 선생님이 어떤 사람인지를 생각하게 된다. 김선수 선생님은 호기심이 많은 사람인 것 같다. 일상의 이야기들을 그냥 받아들이기보다는 탐구하고 질문하기를 좋아하는 것으로 보인다. 그리고 그런 호기심과 탐구에 바탕을 두고 얻은 유익한 정보들을 잘 조직하는 데도 좋은 은사를 지니고 있다.

우선, 서문에서 행복을 목적이 아닌 출발점으로 삼는다는 이야기부터 신선한 충격이었다. 사람들은 대개 행복을 인생의 목적이라고 생각한다. 거의 모두가 당연히 받아들이는 이런 명제에도 딴지를 거는 모습이 이채로웠다. 김선수 선생님은 이렇게 행복에서 시작하여 나다움으로 나아가는 여행길을 펼쳐 보인다. 교사들을 그 길로 초대하는 김선수 선생님의 태도는 마치 다정한 동료의 손길처럼 느껴진다.

김선수 선생님의 독창적인 질문과 탐구의 자세는 책 전반에 깊이 배어 있다. 우리가 익숙하게 알고 있는 〈학습 피라미드〉나 〈블룸의 목표 분류법〉과 같은 내용들을 단순한 암기의 도구가 아니라 학생들이나 교사들과 함께 할 수 있는 질문과 탐구의 재료로 변모시킨다. 단지 교육학 분야뿐 아니라 실로 다양한 분야에서 활용되는 활동 프레임워크를 교육 현장에 맞게 재구성하는 김선수 선생님의 능력도 놀랍다.

책은 교사의 활동을 학기 초, 학기 중, 학기 말, 방학 중으로 나누어 정리하며 각 시기에 맞는 실천 방안을 제안한다. 풍부한 일화와 재미있는 Q&A 형식으로 구성된 내용은 자연스러운 몰입감을 선사한다. 중간중간에 포함되어 있는 실패를 성찰하고 학생들의 성장을 지원하는 활동들도 인상적이다. 책의 초반에 김선수 선생님은 높은 비전을 설정하는 것의 중요성을 강조한다. 비전은 쉽게 성취하기 어려운 이상이다. 그러나 이 책의 다양한 활동 프로토콜을 따라가다 보면 비전이 더 이상 멀리 있는 것이 아니라 손 가까이에 있음을 발견할 수 있을 것 같다.

특히 이 책이 한국의 교육계에서 반가운 이유는 단순한 사례 나열을 넘어 교사 개인이나 학습 공동체에서 바로 적용할 수 있는 수많은 활동 프로토콜을 제시하고 있는 점이다. 전문적 학습 공동체가 강조되는 오늘날, 이 책의 활동 프로토콜은 교사들이 함께 참여하고 공동 성장할 수 있는 훌륭한 징검다리 역할을 할 것이다.

좋은 책은 읽고 고개를 끄덕이게 하지만, 더 좋은 책은 읽고 나서 실천하고 싶은 마음이 들게 만든다. 이 책은 후자에 속한다. 나 또한 이 책의 활동들을 내 수업에 적용해 보고 싶은 설렘과 행복한 유혹을 느낀다. 그래서 성장과 행복의 여정을 꿈꾸는 모든 교사에게 꼭 추천하고 싶은 책이다. 이 책과 함께라면, 교사와 학생 모두 흥미로운 활동과 함께 각자의 비전을 현실로 만드는 힘찬 여정을 경험하게 될 것이다.

청주교육대학교 교수, 제19대 총장

이혁규 교수

추천사

우리나라 교육의 변화와 혁신은 이곳에서 시작됩니다. 하이테크 교과서를 활용한 수업비법 > 하이테크를 넘은 하이터치 수업 비법은 전통적인 교육 방식을 넘어, 교사와 학생 모두가 함께 성장할 수 있는 새로운 길을 제시합니다.

저자는 교사로서의 풍부한 경험과 혁신적인 교육 방법론을 결합하여 효과적으로 활용할 수 있는 구체적이고 실질적인 방법들을 제공합니다. 이 책의 각 장에서는 교사들이 직면하는 현실적인 문제들과 그 해결책을 다루며, 특히 비전의 중요성과 학습 피라미드, 그라운드 룰과 같은 개념들을 통해 학생들의 학습 효과를 극대화하는 방법을 설명합니다.

예를 들어, "비전"이라는 개념은 처음에는 무겁고 어렵게 느껴질 수 있지만, 학생들과 학부모, 동료 교사들과 함께 새로운 학기를 시작할 때, 서로의 비전을 나누는 것이 중요합니다. 비전이 명확해질수록, 우리는 현재의 현실을 새로운 시각으로 보게 되고, 더 나은 미래를 위해 노력할 힘을 얻게 됩니다.

또한, 학습 피라미드 활동은 학생들이 다양한 학습 방법을 통해 정보를 어떻게 기억하고, 이해하는지에 대한 고민을 유도합니다. 학습 피라미드를 채워보는 활동을 통해, 학생들은 학습의 효과를 극대화할 수 있는 다양한 방법을 배우고, 서로 공유하며 협력하는 능력을 기르게 됩니다.

하이테크 교과서를 활용한 수업비법 > 하이테크를 넘은 하이터치 수업 비법은 교사들이 학생들과의 소통을 강화하고, 학습의 질을 높이는 방법을 배우게 합니다. 이 책을 통해 독자들은 교육의 미래를 향한 새로운 비전을 세울 수 있는 기회를 얻게 될 것입니다. 저자는 교사로서의 깊은 이해와 혁신적인 접근 방식을 통해, 모든 교사들이 쉽게 적용할 수 있는 유용한 팁과 전략을 제공합니다.

우리나라 교육의 변화를 꿈꾸는 모든 교사들에게 이 책을 강력히 추천합니다. 새로운 가능성과 더 나은 미래를 위한 교사의 역할을 다시 한 번 생각하게 하는 이 책은, 여러분의 교육 현장을 혁신하는 데 큰 도움이 될 것입니다.

서울교육대학교 인공지능과학융합전공

신동훈 교수

추천사

처음 이 책의 제목을 보았을 때, 단순히 AIDT(AI 디지털 교과서)와 같은 하이테크 교과서 활용 비법을 설명하는 평범한 책일 것이라 생각했다.

그러나 곧 그 예상은 완전히 빗나갔다. 이 책은 AIDT와 같은 혁신 도구를 도입하며 변화의 기로에 선 교사들에게 단순히 '이렇게 하라'는 일방적인 지침을 제공하지 않는다.

대신, 교사가 AIDT와 같은 하이테크 도구를 교실에 도입했을 때, 학생들과 함께 수업을 혁신시켜 나갈 수 있는 실질적이고 구체적인 기법들을 친절히 안내한다.

특히, 블룸의 텍사노미, 마인드 셋, MECE 기법 등 여러 이론과 방법론을 바탕으로 구성되어 전문성과 신뢰를 더한다.

이 책은 AIDT가 교사를 대체하는 것이 아니라, 교사의 역할을 확장하고 중요성을 더욱 부각시키는 도구라는 관점에서 교사가 자신 고유의 '하이터치 하이테크' 수업을 개발할 수 있도록 돕는다.

AIDT 시대를 준비하는 교사들에게 단순한 안내서가 아닌, 실천적인 나침반이 되어줄 것이라 생각된다. 새로운 교육 환경에서 교사와 학생 모두가 함께 성장하기를 꿈꾸는 모든 교사들에게 강력히 추천한다.

서울교육대학교 수학교육과

최인용 교수

Contents

프롤로그   2

학기를 시작할 때 펼쳐 볼 5가지 비법   13
그래서 선생님은 뭐부터 하실 거예요?   14
배움도 배워야 하나요?   30
그라운드를 재편한다는 건 무슨 말이에요?   47
호텔도 아닌데 체크인과 체크아웃이 있나요?   63
왜 교사도 그라운드룰이 있어야 하죠?   80

학기를 진행할 때 펼쳐 볼 5가지 비법   99
왜 자꾸 뭘 하지 말라는 거예요?   100
라면 끓일 줄 아냐고 왜 물어보세요?   115
문제가 문제가 아니라고요?   131
왜 자꾸 성 밖으로 끄집어내시나요?   147
기억하기 위해 기록한다는 것은 무슨 말이에요?   163

학기를 마무리할 때 펼쳐 볼 5가지 비법 — 181

왜 시작할 때 질문을 끝날 때 하세요? — 182
완벽한 마무리를 방해하는 이유는 무엇인가요? — 198
장면이 아니라 패턴을 보라고요? — 213
그라운드는 아직도 유효한가요? — 229
왜 저의 평가 영역까지 건드시는거죠? — 245

방학 기간 펼쳐 볼 5가지 비법 — 261

별별 기획서면 정말 다 되나요? — 262
저는 이제 무엇을 정리해야 할까요? — 277
어떻게 수업에서 교사가 빠질 수 있죠? — 294
가장 어려운 일을 해야 한다고요? — 309
왜 자꾸 설탕이 무슨 맛이냐고 물어 보시는 거죠? — 324

에필로그 — 342

 읽자마자 적용하는 디지털 교육변화 PBL 활용편

학기를 시작할 때 펼쳐 볼 5가지 비법

❶ 그래서 선생님은 뭐부터 하실 거예요?

❷ 배움도 배워야 하나요?

❸ 그라운드를 재편한다는 건 무슨 말이에요?

❹ 호텔도 아닌데 체크인과 체크아웃이 있나요?

❺ 왜 교사도 그라운드룰이 있어야 하죠?

그래서 선생님은 뭐부터 하실 거예요?

Q 매 학기마다 수업을 새롭게 시작하지만 항상 수업 시작을 앞둔 상황에서는 고민이 많이 생겨요. '어떻게 수업을 시작하는 게 좋을까? 이렇게 하는 게 최선일까? 이게 과연 맞는 걸까?' 하는 고민이 계속 생기더라고요. 막상 새로운 방법을 찾아보려고 해도 나에게 맞는 방법일까 생각도 들고요. 그러다보니 고민만하다가 결국 수업 시작을 하게 되면 무작정 교과서를 펴고 진도부터 나가게 되더라고요. 제가 생각하는 수업 시작의 모습은 이게 아니었는데 말이에요. 선생님은 수업을 앞두고 있을 때 무엇부터 고민하시나요? 어디서부터 이야기를 시작하시는 지가 궁금합니다.

A '첫 만남은 너무 어려워. 계획대로 되는 게 없어서'라는 노래 가사를 들어 본 적 있나요? 많은 사람들이 공감되는 가사라고 극찬을 하더라고요. 저 또한 그 노래를 들으면서 무척 공감을 많이 했어요. 첫 시작은 너무 어렵고 떨리기 때문이에요. 매번 새로운 학생들을 마주하고, 새로운 학부모를 만나고, 새로운 선생님들과 함께 소통하면서도 여전히 낯설고 어색한 것이 처음 시작 지점인 것 같아요. 어디서부터, 어떻게 시작해야 할지 너무 막막하고 어렵더라고요. 분명 지난번과 같은 방식, 같은 내용으로 시작했는데 나타나는 반응이 사뭇 다르다면 엄청 당혹스럽기도 해요. 이번에는 AI 디지털교과서를 활용하는 큰 변화가 있으니 더 예상이 어렵기도 하네요. 그럼에도 저는 항상 시작점에서 하는 가장 중요한 일이 있어요. 바로 비전 세우기예요.

비전(Vision)의 뜻을 알고 있나요? 표준국어대사전에서는 비전을 '내다보이는 장래의 상황'이라고 표현하더라고요. 내다보이는 장래의 상황이 비전이기 때문에 우리는 어떤 상황에서 '비전이 없다, 비전이 불투명하다'라고 표현하기도 하고 때로는 큰 비전을 세우겠다고 다짐도 해요. 그런데 막상 비전을 세우자고하면 제대로된 비전을 세우지 못하는 경우가 많더라고요. 그래서 비전에 대한 명확한 개념부터 바르게 짚고 넘어가는 게 중요해 보여요.

제가 생각하는 비전의 가장 중요한 지점은 **'비전은 열심히하면 저절로 달성되는 것이 아니다'**라는 점이에요. 열심히 한다고 저절로 달성되는 것이 아니라는 말이 이해가 되나요? 많은 사람들이 비전을 세울 때 내가 지금 5만큼 노력을 하고 있으니 이 노력을 지속하면 비전을 달성할 수 있을 거라고 생각해요. 하지만 비전은 내가 지금 하고 있는 노력을 계속한다고 달성되는 걸 말하지 않아요. 내가 만약 5만큼 노력하고 있다면 앞으로 10만큼 노력해야 달성할 수 있는 것이 비전이에요. 지금처럼 열심히 노력하면 달성할 수 있는 걸 비전으로 세우면 우리는 제자리에 있을 수밖에 없어요. 비전은 지금보다 더 노력해야 달성할 수 있는 기준이에요.

제가 왜 이 부분을 중요하게 이야기하는지 조금 더 자세하게 설명해 줄게요. 학기 초에 학생들과 비전 세우기를 진행하면 학생들은 이렇게 이야기를 해요. '저는 학기 말이 되면 수학 시험을 100점 받을 거예요', '저는 수업 시간에 배우는 개념과 원리를 모두 이해할 거예요', '저는 AI 디지털교과서가 제시하는 진단 평가 문제를 모두 해결할 거예요'라고 이야기해요. 사실 학생들이 세운 비전 자체는 문제가 없어요. 중요한 건 이 비전을 달성하기 위한 학생들의 자세예요. 학생들은 이 비전을 달성하기 위해서 자신이 지금 하고 있는 일을 조금 더 열심히 하면 된다고 생각해요. 하루에 수학 공부를 2시간씩 하던 것을 3시간으로 늘리면 된다고 생각하고요. 개념과 원리를 이해하기 위해서 수업 시간에 졸지 않으면 된다고 생각해요. 진단 평가 문제를 풀기 위해서 하루 10분씩 교과서를 더 들여다보면 된다고 생각하고요. 문제는 이렇게 하면 비전을 달성하지 못할 가능성이 높아요. 왜냐하면 내가 어느 정도 노력하면 달성할 수 있을 거라는 생각은 비전을 이루어가는 과정에서 나 자신을 매우 소극적으로 만들기 때문이에요.

비전에 대한 유명한 예시를 하나 설명해 줄게요. 바로 미국 케네디 대통령의 아폴로 계획이에요. 1960년 11월 미국의 신임 대통령으로 당선된 존 F. 케네디 대통령은, 1961년 5월 25일 미국 의회 양원이 모두 모인 자리에서 깜짝 발표를 진행해요. "우선 나는 인간이 달에 착륙한 후 무사히 지구로 귀환하는 이러한 계획이 성공한다면, 다른 어떠한 우주 계획도 인류에게 이보다 강렬한 인상을 심어줄 수 없다고 확신합니다. 이는 또한 장기적인 우주 탐사 계획에 중요한 전환점이 될 것이며, 이를 위해 온갖 어려움과 막대한 비용을 감수할 것입니다." 케네디 대통령이 이 선언을 할 당시 미국은 단 한 명의 우주인이 지구 궤도 선회에 성공했을 때였어요. 그러다 보니 미국 항공 우주국 내에서도 케네디 대통령의 선언에 대해 달성 여부를 의심할 정도였어요. 그럼에도 케네디 대통령은 1년 뒤 다시 한 번 자신의 선언을 확실하게 진행해요. "우리는 달에 가기로 결정하였습니다. 그것이 쉽기 때문이 아니라 어렵기 때문에 이렇게 결정한 것입니다.(We choose to go to the moon. We choose to go to the moon in this decade and do the other things, not because they are easy, but because they are hard.) 이것은 우리의 모든 역량과 기술을 한데 모아 가능해보는 일이 될 것입니다. 이 도전이야 말로 우리가 하고자 하는 것이며, 더 이상 미룰 수 없는 것이고, 우리의 승리가 될 것이기 때문입니다." 케네디 대통령의 선언 이후 미국은 유인 우주 비행 탐사 계획인 아폴로 계획을 수립하고 이를 실천하기 위해 모든 자원과 노력을 투자하기 시작해요. 중간에 아폴로 1호가 화재로 인해 전소되고 세 명의 우주 비행사가 사망하기도 하고, 달로 가고 있던 아폴로 13호가 장비 고장으로 귀환하는 일도 있었지만 결과적으로 1969년에 이 계획을 달성하게 돼요. 모두가 불가능하다고 이야기했고 케네디 대통령도 어렵기 때문에 결정한 것이라고 이야기했지만, 결국 성공해서 이후 1970년대 초반까지 여섯 차례나 달에 성공적으로 착륙하는 결과도 만들어 냈어요.

다시 돌아와서 저는 비전이란 "열심히 해서 저절로 되는 것이 아니다"라고 이야기했었어요. 학생과 만나는 시작 지점에서 그리고 AI 디지털교과서라는 낯선 환경을 마주한 시작 지점에서 비전에 대한 이야기를 꺼내는 건 우리가 크고 담대한 미래의 모습을 꿈꿔 보고 이를 달성하기 위해 노력하자는 의미를 갖기 위해서예요. 비전은 지금의 모습이 아니에요. 비전은 눈에 생생한 미래의 우리 모습이에요. 대담하면서도 달성 가능한 목표를 세우는 것이 수업을 시작하는 지점에서는 매우 중요해요. 그 중요성에 대해서는 조금 더 자세하게 이야기해 줄게요.

**선생님이 바라시는 미래의 모습은 무엇인가요?
그것은 선생님이 열심히 해서 저절로 되는 것이 아닌가요?**

🎤 비전 세우기 : 떠오르는 생각을 비전으로 바꿔 보세요.

현재의 내 모습	이번 학기 종료 후 내 모습
그림으로 표현해 보세요.	그림으로 표현해 보세요.
3문장으로 표현해 보세요.	3문장으로 표현해 보세요.

비전 공유하기

서명 받기	서명 받기	서명 받기	서명 받기

진행 Tip

이 활동은 머릿속에 떠오르는 막연한 내 모습을 구체적으로 표현해 보는 활동입니다. 수업의 시작 지점에서 이번 학기 수업을 통해 기대하는 점에 대해서 명료하게 표현해 보고 이를 공유할 수 있는 활동입니다.

❶ 활동지를 나눠 주고 학생들에게 현재의 내 모습과 이번 학기가 끝났을 때 기대되는 내 모습을 그림으로 그려 보도록 안내합니다.
- 미술 시간이 아니기 때문에 너무 그림을 잘 그릴 필요는 없다고 이야기하는 것이 중요합니다.
- 명사가 아니라 동사 형태로 표현할 수 있도록 안내해 주시기 바랍니다. 시험에서 1등을 한 모습이 아니라, 1등을 하기 위해 공부를 열심히 하는 모습으로 드러낼 수 있도록 안내해 주는 것이 필요합니다. 그래야 과정에 집중하게 됩니다.

❷ 그림으로 표현하고 나면 3문장으로 현재의 내 모습과 이번 학기가 끝났을 때 내 모습을 작성하도록 안내합니다.
- 글로 표현하는 과정은 그림을 명료하게 만들어 줍니다. 학생들이 정확한 단어를 통해 표현할 수 있도록 안내해 주시기 바랍니다.
- 그림을 명사가 아니라 동사로 표현했던 것처럼 문장도 명사가 아니라 동사로 그림을 설명할 수 있도록 안내해 주시기 바랍니다.

❸ 비전을 표현했다면 다른 친구들과 서로의 비전에 대해 이야기를 나누고 서명을 받습니다.
- 서로의 비전을 이야기하는 과정에서는 어떠한 피드백도 주고 받지 않습니다. 어설픈 피드백은 서로의 비전을 격려하기보다는 비난하게 됩니다. 따라서 딱딱한 목소리와 굳은 표정으로 비전을 주고 받도록 합니다.(저는 학생들에게 '궁서체'로 비전을 주고 받으세요라고 표현합니다.)

Q 처음부터 비전을 강조하는 건 너무 무거운 이야기가 아닐까요? 저는 가볍게 학생들과 이야기를 시작하고 싶습니다. 비전이라는 단어는 저에게도, 학생들에게도 너무 어렵고 무겁게 다가옵니다. 그런데 이 이야기를 꼭 해야 하는 걸까요? 도대체 비전 이야기를 통해 선생님이 이루고 싶으신 목적이 무엇인가요?

A 맞아요. 처음부터 비전에 대한 이야기를 꺼내는 건 너무 어려운 일일 거예요. 게다가 처음 만났는데 갑작스럽게 비전이라니, 학생들 입장에서는 이게 무슨 날벼락일까 싶을 거예요. 하지만 학기를 새롭게 시작한다면 학생이든 학부모든 동료교사든, 시작 지점이기 때문에 나눌 수 있는 이야기가 있어요. 그게 바로 비전에 대한 이야기예요. 처음에는 이야기를 꺼내기 어렵겠지만 비전이 정리될수록 앞으로 추진해 나갈 힘을 얻게 돼요.

앞에서 케네디 대통령 이야기를 들려줬지요? 케네디 대통령이 당시 말도 안 되는 계획을 선언한 이후 미국은 항공 우주 산업에 막대한 자금을 투입해요. 당시 미국은 아폴로 계획에 254억 달러(약 2,463억원)라는 막대한 예산을 집행해요. 이는 당시 미국 예산의 10.3%에 해당되고 당시 대한민국 GDP의 2배에 육박하는 금액이었어요. 2023년 환율로 계산하면 1722.1억 달러(약 206.7조 원)인데, 2022년 기준으로 나사의 1년 예산이 240.4억 달러인 걸 참고하면 엄청난 금액을 투입했다는 게 느껴질 거예요. 중요한 건 비전이 세워지고 나니까 모두가 우주에 사람이 다녀오는 세상을 꿈꾸게 되고 막대한 자금이 투입되어도 불평하기보다는 함께 노력했다는 점이예요.

비전이 갖는 힘이 저는 이 부분이라고 생각해요. 비전이 명확하게 세워지면 우리는 지금의 현실을 마주하는 눈이 달라져요. 앞서서 비전은 지금의 모습이 아니라고 했잖아요. 눈에 생생한 우리의 미래 모습이라고 이야기했는데요. 이렇게 비전을 세우고 나면 현재 내 모습은 너무 초라해 보이고 보잘것없이 느껴질 수가 있어요. 수학 시험 100점을 맞는 내 모습은 너무 멋지고 아름다운데 현재 80점에 머물러 있는 내 모습은 빨리 떨쳐 버리고 싶은 순간이 되고 말거든요. AI 디지털교과서로 학습 과정에 기깔나게 참여하고 있는 내 모습은 환상적인데 현재 내 모습은 어딘가 꽁꽁 숨기고 싶은 모습이 되고 말아요. 그래서 비전을 더욱 명확하게 세워야 해요. 왜냐하면 비전이 명확하게 세워지고 나면 지금 우리가 마주하고 있는 현실은 맞서 싸워야 하는 적이 아니라 미래의 내 모습을 위해 도와주는 동지와 같이 느껴지기 때문이에요. 변화해야겠다는 마음이 생겼을 때 그것을 두려워하기보다는 그것을 에너지원으로 삼아서 이용하는 방법을 고민하게 돼요. 내가 바라는 이상과 현실의 괴리감을 명확하게 느낄수록 그것을 에너지원으로 삼기에 더욱 유리해져요.

그래서 무엇보다 비전을 이야기하는 과정에서 **중요한 것은 비전이 무엇인가가 아니라 비전이 무엇을 하느냐예요**. 비전은 우리가 하는 모든 일을 가치 있게 만들면서 우리를 앞으로 끌고 가는 역할을 해요. 이것은 다른 사람과 비교해서 만들어지는 것이 아니에요. 다른 사람도 갖고 있어서가 아니라 나에게 적합한지를 봐야 하고요. 비전 자체가 고유한 것이기 때문에 내가 그것을 원하게 되는 거예요. 따라서 비전은 다양한 모습을 지니고 있어요. 나에게 동기 부여가 되는 건 오직 나의 비전뿐이라는 사실에 집중할 필요가 있어요.

이를 위해서는 비전을 세울 때만큼은 수단이 아니라 결과에 집중해야 해요. 우리는 교육 환경에서 결과보다 과정이 중요하다고 이야기를 많이 해요. 맞아요. 결과보다 과정이 중요한 세상에 우리는 살고 있어요. '모로 가도 서울만 가면 된다'라는 속담을 알고 있나요? 여기서 '모로'는 '어떤 방향으로든', '아무 방향으로나'라는 뜻을 가지고 있어요. '모로 가도 서울만 가면 된다'라는 말은 수단이나 방법은 어찌 되었든 간에 목적만 이루면 된다는 말을 뜻하고요. 과정은 아랑곳하지 않고 결과 중심으로만 이루어지는 삶의 질서는 우리가 추구하는 교육과 삶의 터전 모두를 흩어지게 만들고 엉망으로 만들어 놓을 수 있어요. 하지만 비전을 세우는 과정에서는 결과에 집중할 필요가 있어요. 왜냐하면 비전은 우리가 바라는 미래의 모습이라고 했잖아요. 비전을 세울때 만큼은 그 모습에 온전히 집중해야 해요. 과정에 대한 이야기는 비전을 어떻게 구체화시킬지에 대해 이야기를 나눌 때 더 자세하게 다루면 돼요. 지금은 비전을 세우는 과정이니 우리가 바라는 우리의 결과적인 모습에만 조금 더 집중해요.

그런데 결과에 집중하면 비전과 목적을 혼동하게 돼요. 하지만 이 둘은 다른 개념이에요. 앞서 표준국어대사전에 나오는 비전의 뜻은 '내다보이는 장래의 상황'이라고 이야기했어요. 목적은 '실현하려고 하는 일이나 나아가는 방향, 실현하고자 하는 목표의 관념'이라고 설명하고 있어요. 목적은 방향이에요. 일반적으로 지향하는 바라고 할 수 있어요. 하지만 비전은 특정한 지향점이에요. 바라는 구체적인 미래의 모습이에요. 목적은 추상적이라면 비전은 구체적이에요. 목적은 가능한 한 최고가 되는 것을 이야기해요. '마라톤에서 세계 신기록을 세울거야'라는 것이 목적이라고 할 수 있어요. 비전은 눈에 보이는 미래예요. 구체적으로 '마라톤에서 2시간 이내에 들어올거야'라는 게 비전이에요. 목적이 상대적이라면 비전은 본질적인 것이라고 할 수 있어요. 그냥 좋은 것이 아니라 내가 바라는 미래의 모습이라는 점, 이게 바로 비전이 갖고 있는 차별성이라고 봐야 해요.

그러다 보니 열심히 세웠지만 실패하는 비전들도 있어요. 확실하게 성공할 것처럼 보이는 것들은 실패할 가능성이 높아요. '1학기 1차 고사와 2차 고사를 무사히 마칠거야'라는 비전은 노력하지 않아도 달성할 수 있어요. 앞서 비전이 무엇이냐가 아니라 비전이 무엇을 하게 만드느냐가 중요하다고 이야기했지요. 저절로 달성하는 계획은 비전이라고 할 수 없어요. 안전해 보이는 것도 실패할 가능성이 높아요. 실패할 리가 없어 보이는 것들 또한 마찬가지고요. 우리는 비전을 세우고 비전대로 움직일 거예요. 그러기 위해서는 조금 더 과감하고 대담하게 우리의 미래 모습을 그려 봐야 해요. 그래야 우리는 오늘보다 나은 미래의 모습에 다가갈 수 있어요.

 **선생님의 비전은 선생님이 무엇을 하게 만드나요?
그것은 어떤 결과를 그리게 만드나요?**

🎤 비전 세우기 : 비전이 움직이게 만들기

내가 바라는 비전	그림으로 표현해 보세요
5단계	그림으로 표현해 보세요
4단계	그림으로 표현해 보세요
3단계	그림으로 표현해 보세요
2단계	그림으로 표현해 보세요
1단계	그림으로 표현해 보세요
현재 모습	그림으로 표현해 보세요

진행 Tip

이 활동은 비전이 실질적으로 구현될 수 있도록 만드는 과정을 설계하는 활동입니다. 앞에서 그려 본 비전을 구체적인 행동 지침으로 바꿀 수 있는 활동입니다. 그림으로 표현하는 이유는 행동의 모습을 상상하게 하기 위함입니다. 고학년의 경우 글로 표현하는 활동으로 대체할 수도 있습니다.

❶ 활동지의 맨 처음에 내가 바라는 비전의 모습을 그림으로 표현하도록 안내합니다.
- 미술 시간이 아니기 때문에 그림을 잘 그리는 것이 목적이 아니라고 설명합니다.
- 명사가 아니라 동사형으로 표현할 수 있도록 안내합니다.

❷ 비전을 실현하기 위해서 바로 직전에 해야 하는 모습이 무엇인지를 5단계에 그리도록 안내합니다.
- 이 활동의 핵심적인 부분입니다. 현재의 모습에서 비전을 이루기 위한 모습으로 나아가는 것이 아니라. 바라는 모습이 되기 위해서 무엇을 해야 하는지를 역으로 생각해 보는 활동입니다.
- 예를 들어, 바라는 비전의 모습이 '수학 문제를 능숙하게 푸는 것'이라면 바로 직전의 모습은 '수학 이론을 이해하는 모습' 또는 '수학 문제 풀이를 연습하는 모습'이 될 것입니다.

❸ 5단계의 모습을 이루기 위해서 4단계에 해야 하는 모습이 무엇인지를 그리도록 안내합니다.
- 앞에서 5단계의 모습이 '수학 문제 풀이를 연습하는 모습'이었다면 4단계는 '수학 개념 원리를 이해하는 것'이 될 수 있습니다.

❹ 4단계의 모습을 이루기 위해 3단계에 해야 하는 모습이 무엇인지를 그리도록 안내합니다.
- 앞에서 4단계의 모습이 '수학 개념 원리를 이해하는 것'이었다면 3단계는 '수학 수업에 능동적으로 참여하는 것'이 될 수 있습니다.

❺ 3단계의 모습을 위해서 2단계에 해야 하는 모습이 무엇인지를 그리도록 안내합니다.
- 앞에서 3단계의 모습이 '수학 수업에 능동적으로 참여하는 것'이라면 2단계는 '수학 수업 참여를 준비하는 것'이 될 수 있습니다. 또는 '수학 수업에 참여하기 위한 마음가짐 다잡기' 등이 될 수도 있습니다.

❻ 2단계의 모습을 위해 1단계에서 해야 하는 모습이 무엇인지를 그리도록 안내합니다.
- 앞에서 2단계 모습이 '수학 수업 참여를 준비하는 것'이라면 1단계는 '수학 수업 준비물 구입, 교재 예습' 등이 될 수 있습니다.

❼ 1단계 모습을 위해 현재 해야 하는 일이 무엇인지를 그리도록 안내합니다.
- 앞에서 1단계 모습이 '수학 수업 준비물 구입'이라면 현재는 '준비물 목록 확인'이 해야 하는 일의 모습이 될 수 있습니다.

> **Q** 선생님의 이야기는 너무 아름다운 상상이라고 생각합니다. 비전의 중요성을 인식하고 공감하더라도 실제로 그렇게 변화할 수 있을 거라는 기대가 크지 않습니다. 실제적으로 그렇게 행동하는 것이 가능할까요? 그럼에도 이 이야기를 해야 하는 이유와 가치가 있을까요?

A 저는 이 질문에 대해 명확하게 대답할 수 있어요. 아니요. 절대 움직이지 않아요. **더 솔직하게 이야기하면 선생님이 아무리 이야기해도 결코 변화하지 않을 거예요.** 아마 이런 이야기를 하면 많은 학생들은 이렇게 반응할 거예요. '선생님이 어디선가 새로운 거 배워 오셨나 보다'라고요. '분명 처음 며칠만 새롭게 시도하고 또 그만두실 거야'라고 반응할 거예요. 더 나아가서 동료 교사에게 비전에 대한 이야기를 꺼내면 '선생님, 여기는 학교예요. 그런 것까지 이야기하면 진도를 나갈 수가 없어요', '선생님, 우리 아이들은 그런 것과 어울리지 않아요'라고 이야기하실 거예요. 그러니 절대 기대하지 마세요.

비전에 대해 이야기를 할 때 사람들이 대하는 태도가 있다고 해요. 피터센게의 〈학습하는 조직〉이라는 책을 보면 이 내용이 조금 더 자세하게 나와 있어요. 책의 내용을 인용해서 설명을 해 줄게요. 사람들이 비전을 마주했을 때, 상대적으로 적은 사람이 비전에 참여하고 훨씬 적은 사람이 비전에 헌신한다고 이야기해요. 그리고 대부분의 사람은 순종 상태라고 말해요. 헌신이 무엇이고 참여가 무엇이고 순종이 무엇인지 이야기를 해 줘야겠죠? 다음 표를 보면 조금 더 깔끔하게 정리가 될 거예요.

헌신	• 비전을 원하고 그것이 실현되도록 노력할 의향이 있는 사람들 • 필요하다면 법과 구조를 만드는 사람들
참여	비전을 원하고 법 정신 안에서 가능한 무엇이든 할 의향이 있는 사람들
진정한 순종	• 비전의 이점을 보는 사람들 • 자신에게 기대하는 모든 것은 물론 그 이상까지도 하는 사람들
형식적인 순종	• 전반적으로 비전의 이점을 보는 사람들 • 자신에게 기대하는 것까지만 하는 사람들
마지못한 순종	• 비전의 이점을 보지 않는 사람들 • 의무이기 때문에 참여하지만 진심으로 동참하지 않는 사람들
불응	비전의 이점을 보지 않고, 자신에게 기대하는 바를 실천할 의향도 없는 사람들
무관심	비전에 찬성하지도 반대하지도 않는 사람들

내가 만나는 학생들은 어떠한 태도를 보일까요? 내가 만나는 동료 교사들은 어떤 태도를 보일까요? 만약 내 주변에 헌신하는 태도를 보이는 사람이 있다면 축하해야 할 일이라고 생각해요. 대부분의 사람은 순종 상태에 있기 때문이에요. 태도를 확인하고 나면 많은 사람들이 시작하는 게 있어요. 바로 설득이에요. 그런데 이 부분에 대해서도 저는 명확하게 설명하는 부분이 있어요. 아무리 권해 봐야 소용 없어요. 스스로 선택하지 않으면 절대 움직이지 않을 거거든요. 따라서 비전의 장점을 다른 사람에게 열심히 설명해서 납득시키기 위해 노력할 필요는 없어요. 다만 해야 할 일이 있기는 해요. 바로 간단하고 솔직하게 비전을 설명하는 일이에요.

다이어트의 성공 비법을 알고 있나요? 바로 여기저기 내가 다이어트를 하고 있다는 소문을 내는 거예요. 사람은 다짐한 내용을 자신의 입으로 이야기할 때 그 일을 해야 한다고 인식한데요. 여기저기 다이어트를 한다고 이야기하면 음식을 먹을 때도 과식을 덜하게 되고, 운동이 귀찮은 순간에도 일어나 움직이게 될 가능성이 높아져요. 주변에서도 내가 다이어트를 한다는 사실을 알고 있으니 관심을 갖고 지켜보게 되고요. 비전도 마찬가지예요. 저는 앞에서부터 계속 비전이 우리를 어떻게 만들어 갈지에 대해서 이야기를 전하고 있어요. 그럼 이제 마지막 과정이에요. 비전이 우리를 어떻게 만들어 갈지 궁금하다면 비전을 설명해야 해요. 간단하고 솔직하게 비전을 이야기해야 해요.

비전을 설명하기 위해서 비전 문장을 정리할 필요가 있겠네요. 일반 기업들에서는 이걸 정리해서 비전 선언문이라는 있어 보이는 이름으로 만들어 둬요. 하지만 저는 비전 선언문을 그다지 믿지 않아요. 왜냐하면 그 비전들은 허울뿐인 경우가 많거든요. 그래서 저는 학생들과 비전 선언문을 만들지 않아요. 다만 비전을 명확하게 세우고 이걸 실현시킬 수 있는 방법에 집중해요. 경영학의 아버지라고 불리는 **피터드러커는 비전이 옷을 입는 것만큼이나 쉬워야 한다고 이야기했어요.** 혹시 선생님은 티셔츠를 입을 때 어떤 순서로 입어야 하나 고민하시나요? 그냥 티셔츠를 잡으면 자연스럽게 머리를 넣고 팔을 넣지 않나요? 비전은 이와 같아야 해요. 옷을 입는 것처럼 쉬워야 비전에 가까이 다가갈 수 있어요. 그래서 지나가는 사람이 툭 찌르면서 '비전이 뭐예요?'라고 물었을 때 고민 없이 대답할 수 있어야 해요. 그럼 다시 케네디 대통령의 비전이 무엇이었는가 생각해 볼까요? **"우리는 달에 가기로 결정했습니다(We choose to go to the moon.)."** 이게 케네디 대통령이 말한 비전이었어요. 이 비전을 들었을 때 우주 비행사가 달로 향하고, 달에서 유영하는 모습이 상상되지 않나요? 비전은 이와 같아야 해요. 티셔츠를 입는 것처럼 쉬우면서도 우리의 미래를 상상할 수 있어야 해요. 이제 우리가 할 차례네요.

하나 기억해야 할 부분이 있어요. "어린 시절부터 우리는 한계를 배운다. 아이들에게 생존에 필요한 한계를 가르치는 것은 당연하다. 그러나 이러한 학습이 일상화되는 경우가 너무나 잦다. 우리는 어떤 것을 '가질 수 없다, 할 수 없다' 같은 말을 끊임없이 들으며 자란다. 그리고 어느새 자신에게 원하는 것을 가질 능력이 없다고 가정해 버리게 된다." 잊지 않으셨죠? 열심히 해서 저절로 되는 건 비전이 아니에요. 담대하게 접근해 봐요.

이번 학기 나의 수업의 비전은 무엇인가요?

누구나 쉽게 이해하고 외울 수 있는 비전인가요? 5명에게 설명하고 후기를 들어 보세요.

 **학생들과 함께 해 보세요**

 비전을 세우고 수집해 보세요

나의 비전	한 문장으로 표현해 보세요.
선생님의 비전	한 문장으로 표현해 보세요.
___의 비전	한 문장으로 표현해 보세요.
___의 비전	한 문장으로 표현해 보세요.
___의 비전	한 문장으로 표현해 보세요.
___의 비전	한 문장으로 표현해 보세요.
___의 비전	한 문장으로 표현해 보세요.

진행 Tip

이 활동은 실제적인 비전을 세우고 이를 공유하는 활동입니다. 학생의 비전과 교사의 비전을 함께 나눌 수 있게 설계해 두었습니다. 서로의 비전을 아는 건 매우 중요합니다. 서로 비전을 공유했을 때, 그건 나의 비전이 아니라 모두의 비전이 됩니다.

❶ **학생이 자신의 비전을 한 문장으로 표현해서 기록합니다.**
- 비전은 한 문장이어야 합니다. 그리고 쉬워야 합니다.
- 학생들이 자신의 비전을 외울 수 있는 문장으로 적도록 안내해 주시기 바랍니다.

❷ **선생님의 비전을 공유합니다.**
- 완벽하지 않아도 됩니다. 학생들보다 멋진 비전이 아니어도 괜찮습니다.
- 함께 수업을 만드는 과정에서 학생들이 선생님의 비전이 무엇인지에 대해 알 수 있도록만 해 주시면 충분합니다. 너무 멋지게, 완벽하게 만들지 않으셔도 괜찮습니다.
- 도리어 선생님의 비전에 빈틈이 많이 보일 때, 학생들은 조금 더 여유를 갖고 수업에 참여할 수 있습니다. 선생님의 비전과 학생의 비전이 함께 모여 시너지를 낼 수 있다는 점에 이야기를 집중해 주시기 바랍니다. 수업은 선생님의 비전을 이루기 위한 시간이 아닙니다. 수업은 학생과 교사 모두의 비전을 이루기 위한 시간임을 학생들에게 이야기해주시기 바랍니다.

❸ **서로의 비전을 공유합니다.**
- 비전을 공유하는 시간입니다. 비전에 대해 설명할 수 있게 안내해 주시기 바랍니다.
- 비전은 외울 수 있고 한 번에 이해할 수 있어야 합니다. 학생들이 길게 설명하지 않도록 안내해 주시기 바랍니다. 애초에 길게 설명할 시간을 주지 않아야 비전을 간결하고 명료하게 만듭니다.

❹ **기억에 남는 5명의 비전을 기록합니다.**
- 공유했던 서로의 비전 중 기억에 남는 5명의 비전을 기록합니다. 한 문장으로 적을 수 있도록 안내해 주시기 바랍니다.

비전을 수립하고 공유하는 과정에서는 비전에 대한 여러 가지 태도 이야기를 함께 나누면 도움이 됩니다. 우리는 어떤 태도를 갖고자 하는지에 대해서 이야기를 나누면 조금 더 풍성한 공유가 이루어질 수 있습니다.

배움도 배워야 하나요?

Q AI 디지털교과서가 도입되면서 지식을 알려 주는 교사의 역할은 점점 더 축소되는 것 같아요. 사실 제가 알려 주는 지식보다도 인터넷, 인공 지능 서비스 등에서 이야기해주는 지식과 정보가 더 정확하고 방대하기도 하고요. 그러다 보니 제가 진짜 수업을 통해 알려 줘야 하는 것이 무엇인지 고민이 되더라고요. 예로부터 교육은 물고기를 잡아 주는 게 아니라 물고기 잡는 방법을 알려 줘야 하는 거라고 하던데, 이 말이 의미하는 건 도대체 무엇일까요?

A AI 디지털교과서가 추구하는 건 하이테크 하이터치잖아요. 모두를 위한 맞춤 교육으로 교육 격차를 해소하겠다는 목표인데, 사실 이 목표는 AI 디지털교과서가 아니더라도 교육을 꿈꾸는 사람 모두가 바라는 세상 같아요. 저는 AI 디지털교과서를 중심으로 학생은 자신에 대해 이해하고, 교사는 학생에 대해 이해하고, 학부모는 자녀에 대해 이해하는 것에서 내용보다는 방법에 집중하는 걸 확인할 수 있었어요. 앞으로 우리가 살아갈 세상에서 지식의 격차는 크지 않을 거라고 해요. 이미 인터넷이 발달하면서 필요한 지식은 얼마든지 구할 수 있으니까요. AI 디지털교과서도 학생이 스스로 익힐 수 있는 방법, 교사가 학생을 이해할 수 있는 방법, 학부모가 자녀가 이해할 수 있는 방법에 집중하고 이를 구현하기 위해 노력하고 있어요. 결국 중요한 건 지식보다는 방법에 대한 이야기 같아요.

예로부터 방법의 중요성은 무척 강조되어 왔어요. 물고기를 잡아 주는 것이 아니라 물고기 잡는 방법을 알려 줘야 한다는 말은 우리에게 너무 익숙한 표현이기도 하고요. 그런데 막상 교육 현장에 들어오게 되면 물고기를 잡는 방법이 아니라 물고기 자체에 집중하게 되는 모습을 많이 보는 것 같아요. 영어를 어떻게 공부할까를 고민하는 게 아니라 영어 단어와 문장을 하나라도 더 외우는 것에 집중하는 것처럼요. 이건 당연한 것 같아요. 왜냐하면 방법은 눈에 보이지 않지만 내용은 눈에 보이거든요. 방법은 머나먼 이야기 같지만 내용은 현실적인 이야기로 다가오고요. 그래서 저는 배우는 방법에 대해서도 배워야 한다고 생각해요. 그래서 **배우는 방법을 하나의 콘텐츠로 삼아서 학생들과 함께 이야기를 나눠요. 물론 학생뿐만 아니라 학부모, 동료 교사와도 함께 이야기를 나누는 편이에요.**

배우는 방법에 대해 이야기를 나눌 때 가장 활용하기 좋은 자료가 있어요. 바로 Learning Pyramid예요. 교육에 관심을 갖고 있는 사람이라면 누구나 한 번 정도는 보았을 자료라고 생각해요. 이 자료를 보면 매우 익숙한 내용이 써 있어요. 교육의 효과가 강의는 5%이고 서로 가르치는 방법은 90%라는 점이에요. 저는 이 자료를 실제 수업 시간에 활용하는 편이에요. 제가 어떻게 활용하는지 설명해 드릴게요. 저는 학생들과 수업을 시작하기 전인 오리엔테이션 시간에 이 자료를 활용하는 시간을 가져요. 먼저 학생들에게 Learning Pyramid를 빈칸으로 만들어서 제공해요. 그리고 이렇게 이야기해요. "이건 미국 MIT 대학교의 사회 심리학자인 레윈(Lewin)이 세운 응용 행동 과학 연구소인 미국 행동 과학 연구소(NTL : The National Traning Laboratories)에서 발표한 내용인데, 학습 활동에 따라 외부의 정보가 우리 두뇌에 기억되는 비율을 정리한 그림이에요. 학습 피라미드는 다양한 방법으로 공부한 다음 24시간 후에 남아 있는 비율을 피라미드로 나타냈어요. 지금부터 10분의 시간을 드릴게요. 10분 동안에 어떤 학습 활동이 어떤 비율일지 한 번 추측해서 적어 보세요. 그런데 적기 전에 보기에 대한 명확한 이해가 필요하니 보기를 먼저 설명해 드릴게요. 심폐 소생술을 예시로 이해하면 조금 쉬워요. 강의 듣기는 제가 심폐 소생술을 설명해 주는 강의를 여러분이 듣는 거예요. 읽기는 심폐 소생술에 대한 설명을 여러분이 직접 눈으로 읽는 것을 말해요. 시청각 수업은 심폐 소생술에 대해 설명하는 동영상 강의를 본다고 생각하면 돼요. 시연하기와 직접 해 보기를 많이 헷갈려 해요. 시연하기는 제가 여러분 앞에서 심폐 소생술하는 방법을 보여 주는 거예요. 직접 해 보기는 여러분이 직접 심폐 소생술을 해 보는 것이고요. 토론하기는 심폐 소생술의 필요성에 대해 여러분이 서로서로 이야기를 나누는 것이에요. 가르치기는 서로가 서로에게 심폐 소생술을 알려 주는 거예요. 자, 이제 각각의 비율에 어떻게 해당되는지 한 번 적어 보세요." 이렇게 안내를 하고 나면 학생들은 각각 빈칸에 해당 내용을 적어요. 저는 학생들이 적고 난 다음에 다른 학생들과 서로 만나면서 이 내용을 비교해 보라고 해요. 비교하면서 나의 생각과 다른 친구의 생각이 어떻게 다른지 또는 비슷한지 맞춰 보라고 이야기하면서요. 그리고 맨 마지막에는 정답을 알려 주는데요, 여기서부터가 제가 의도한 부분이 녹아져 들어가요.

왜냐하면 사실 이건 정답을 맞추는 게 목적이 아니거든요. 학생들과 이 활동을 진행하면 어떤 학생들은 정답을 맞혀서 기뻐하고, 어떤 학생들은 정답을 맞히지 못해서 속상해하기도 해요. 진행하는 교사도 '어라? 내가 의도한 대로 적지 않네'라고 하면서 답답해하기도 하고요. 그런데 제가 여기서 보는 포인트는 딱 한 가지예요. **저는 학생들이 정답을 맞히는지 맞히지 않는지를 보는 것이 아니라 가장 낮은 5%에 무엇을 적는지만 살펴봐요.** 그럼 놀랍게도 대부분의 학생이 5%에는 강의 듣기를 적어요. 그러면 저는 이 부분에 집중해서 이야기를 전개해요. "살펴보니 많은 학생들이 강의 듣기를 가장 좋지 않은 방법이라고 적었네요. 저는 여러분이 가장 좋은 방법으로 학습하면 제일 좋겠지만, 사실 그 방법이 항상 옳다고 생각하지는 않아요. 다만 우리는 가장 좋지 않은 방법으로 학습을 진행하지는 말아요. 최악을 피하는 선택을 이번에 함께해 보면 좋겠어요." 이 이야기의 목적은 결국 방법을 배워야 한다는 점을 이야기하기 위함이었어요. 방법을 배우기 위해서는 기존에 사용하던 방법을 버려야 해요. 물병에 물을 채우기 위해서 가장 먼저 해야 하는 일이 무엇인지 아나요? 물을 갖고 와서 물병에 물을 담는 일이라고요? 아니요. 물병을 뒤집어서 물병을 비우는 일이에요. 물병에 무엇이 담겨 있는지 모르지만 그걸 비워야 물을 채울 수 있어요. 가득 차 있는 물병에는 아무리 물을 부어도 넘치기만 해요. 배우는 방법도 마찬가지예요. 배우는 방법을 배우기 위해서는 기존에 배우던 방법을 놓아야만 해요. 저도 학생도 우리는 모두 강의에 너무 익숙해져 있어요. 익숙하기 때문에 우리는 그걸 너무 당연하게 사용해요. 그래서 이걸 먼저 탈피해야 할 필요가 있어요.

 사람은 좋은 것을 선택하지 않는다고 해요. 그럼 무엇을 선택할까요? 바로 익숙한 것이에요. 야식이 몸에 좋지 않다는 건 우리 모두가 알고 있을 거예요. 그런데 왜 야식을 먹을까요? 익숙하니까요. 밤늦게 먹고 그 음식이 맛있다는 사실이 우리에게 너무 익숙하기 때문이에요. 배우는 방법도 마찬가지예요. **우리는 좋은 방법으로 배우지 않아요. 익숙한 방법으로 배워요.** 그래서 배우는 방법을 배우기 위해서 우리가 가장 먼저 해야 할 일은, 익숙함에서 벗어나는 일이에요.

 선생님이 사용하고 있는 익숙한 방법은 무엇인가요?
 그 방법이 갖고 있는 좋은 점은 무엇이고 아쉬운 점은 무엇이었나요?

🎤 학습피라미드 학습지

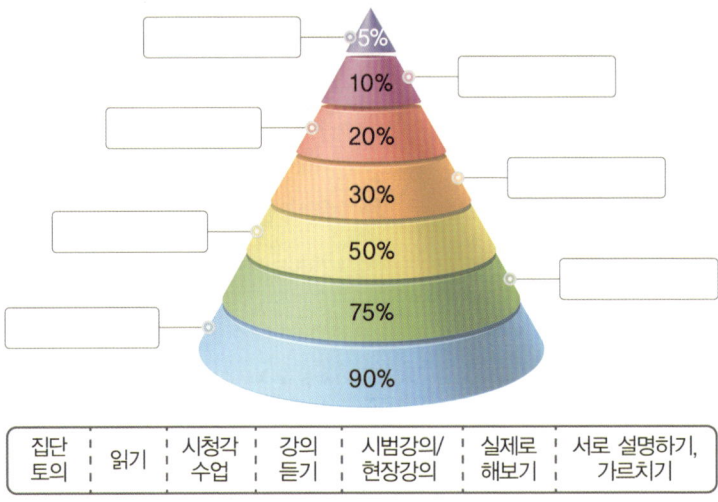

| 집단 토의 | 읽기 | 시청각 수업 | 강의 듣기 | 시범강의/ 현장강의 | 실제로 해보기 | 서로 설명하기, 가르치기 |

출처 : 미국 버지니아 NTL(National Training Laboratories)

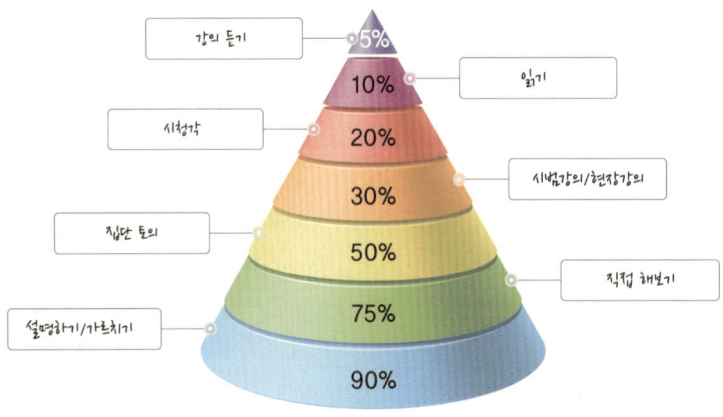

출처 : 미국 버지니아 NTL(National Training Laboratories)

진행 Tip

이 활동은 학생들이 배우는 방식에 대해 생각해 볼 수 있게 만드는 활동입니다. 학습 피라미드를 직접 채워 보면서 학생들은 어떤 방식으로 배워야 하는지에 대해서 고민하게 됩니다.

❶ **학습 피라미드 활동지를 모둠별로 나눠 줍니다.**
  - 학습 피라미드에 대해 다음과 같이 설명해 줍니다. "이건 미국 MIT 대학교의 사회 심리학자인 레윈(Lewin)이 세운 응용 행동 과학 연구소인 미국 행동 과학 연구소(NTL : The National Traning Laboratories)에서 발표한 내용인데, 학습 활동에 따라 외부의 정보가 우리 두뇌에 기억되는 비율을 정리한 그림이에요. 학습 피라미드는 다양한 방법으로 공부한 다음 24시간 후에 남아 있는 비율을 피라미드로 나타냈어요."

❷ **학습 피라미드에 들어가는 각각의 개념에 대해 설명해 줍니다.**
  - "보기에 대한 명확한 이해가 필요하니 보기를 먼저 설명해 드릴게요. 심폐 소생술을 예시로 이해하면 조금 쉬워요. 강의 듣기는 제가 심폐 소생술을 설명해 주는 강의를 여러분이 듣는 거예요. 읽기는 심폐 소생술에 대한 설명을 여러분이 직접 눈으로 읽는 것을 말해요. 시청각 수업은 심폐 소생술에 대해 설명하는 동영상 강의를 본다고 생각하면 돼요. 시연하기와 직접 해 보기를 많이 헷갈려 해요. 시연하기는 제가 여러분 앞에서 심폐 소생술 하는 방법을 보여 주는 거예요. 직접 해 보기는 여러분이 직접 심폐 소생술을 해 보는 것이고요. 토론하기는 심폐 소생술의 필요성에 대해 여러분이 서로서로 이야기를 나누는 것이에요. 가르치기는 서로가 서로에게 심폐 소생술을 알려 주는 거예요."

❸ **10분의 시간 동안 모둠별로 학습피라미드의 빈칸을 채우도록 안내합니다.**

❹ **10분의 시간이 지나면 다른 모둠을 만나서 서로 내용을 공유하도록 안내합니다.**
  - 이때 내용을 비교해 보고 자신들의 학습 피라미드를 수정할 수 있음을 함께 안내합니다.
  - 정답을 찾는 것이 중요한 게 아니라 왜 그렇게 생각했는지를 중심으로 이야기할 수 있도록 안내해 주시기 바랍니다.

❺ **정답을 안내하고 학생들이 작성한 답과 비교합니다.**
  - 실험 결과와 맞다 틀리다를 중심에 두는 것이 아니라 각각의 방법이 갖고 있는 의미와 그렇게 생각한 이유에 대해 집중할 수 있도록 안내합니다.

학습 피라미드 활동 이후에는 학생들과 함께 배우는 방식에 대해 이야기를 나누시는 걸 추천드립니다.

> **Q** 필요한 이야기인 것에 대해서는 공감했어요. 그런데 사실 한 번 이야기한다고 그게 되나요? 중요한 것도 알고 필요한 것도 알지만, 그게 실제 교육 현장에서는 제대로 적용되지 않는 것 같아요. 몇 번이나 이야기하고 나면 가능할까요? 이게 계속 이야기한다고 정말 가능한 걸까요?

A 아니요. 절대 되지 않아요. 그래서 꾸준히 이야기해 주는 게 필요해요. 제가 그걸 적용하는 방법이 있는데요, 그 방법에 대해서 알려 줄게요. 저는 교사만 알고 있어야 하는 정보는 학생의 개인 정보 외에는 없다고 생각해요. 교육학을 공부하면서 알게 된 수많은 이론적 지식과 정보들은 학생들과 충분히 공유할 가치가 있다고 생각해요. 가르치는 사람이 배우는 사람을 이해해야 충분히 잘 가르칠 수 있는 것처럼, 배우는 사람도 가르치는 사람을 이해해야 잘 배울 수 있거든요. 분명 교사는 교육학에서 배운 대로 최선의 방법을 통해 지식과 정보를 전달하는데, 그걸 배우는 학생은 '왜 저렇게 가르치는 거야?'라고 생각한다면 그건 교사와 학생 서로에게 좋지 못한 결과라고 생각하거든요. 그래서 저는 학생들에게 배우는 방식, 그리고 내가 왜 이렇게 수업을 진행하는지에 대해서 충분하게, 지속적으로 설명하는 편이에요. 이번에는 학습 피라미드 외에도 제가 활용하는 몇 가지 자료를 추가로 설명해 줄게요.

제가 자주 활용하는 자료 중 하나는 Bloom's Taxonomy예요. 블룸(Bloom)은 교육학을 공부하면 꼭 나오는 사람 중 한 사람이죠. 이분이 제시한 교육 목표에 대한 연구 자료는 너무 많이 있고 이에 대한 평가도 사람마다 달라요. 저는 블룸의 교육 목표가 옳다 그르다를 이야기하려고 이 자료를 활용하지 않아요. 다만 누구나 인정하는 세계적인 교육학자인 이 사람이 뭐라고 이야기했는지만 학생들에게 전해 줘요. 진행하는 방식은 학습 피라미드와 비슷해요. 빈칸을 주고 학생들에게 채워 보라고 이야기해요. 피라미드니까 학생들은 비슷하게 맞춰요. 그럼 이걸 채우는 과정에서 제가 집중하는 영역은 무엇일까요? 맞아요. 저는 가장 맨 위에 학생들이 무엇을 적는지만 봐요. 사실 창조, 평가, 분석, 적용, 이해, 기억이라는 순서가 학생들에게 중요하지 않거든요. 그건 교육학을 공부하는 우리나 교육학을 연구하는 학자들에게 중요한 사실이지 그 순서 자체가 학습에 참여하는 학생들에게 의미 있다고 보지 않아요. **다만 우리가 가야 할 방향이 무엇인지에 대해서는 공감이 필요하다고 생각해요.** 피라미드의 빈칸을 채우도록 하면 대부분의 학생들은 가장 위에 '창조하기'를 적어요. 그럼 저는 그걸 중심으로 이야기를 전개해요. "우리가 어떤 방식으로 어떤 내용을 배울지는 모르겠지만, 우리의 방향은 창조하기로 가 보자"라고 이야기해요. 여기까지만 설명해도 앞으로 수업을 진행하는 과정에서 여러 가지 새로운 시도를 할 때, 학생들과의 마찰이 많이 줄어들 거예요. 이미 앞에서 창조하기에 대해 서로 공감대를 얻었으니까요.

여기까지가 학생들과 공감을 얻기 위해 했던 이야기라면 이제부터는 조금 다른 방식으로 이야기를 접근해요. 같은 이야기라도 누가 하느냐에 따라서 우리는 믿는 부분이 다르다는 걸 살면서 많이 느껴요. 수학 선생님이 국어 과목은 이렇게 공부해야 한다고 설명해 주면 학생들은 그 말을 얼마나 믿을까요? 아마 수학만 하시는 분이 무얼 알겠냐고 생각하지 않을까요? 배우는 방법에 대해서 교사가 아무리 이야기해도 아쉽지만 학생들 눈에 우리는 그저 교사로만 보여요. 교사인 내가 이 자리에 서기까지 얼마나 많은 공부를 했는지, 내가 얼마나 대단한 사람인지 학생들은 그다지 관심을 갖지 않더라고요. 명문대를 나왔어도, 엄청난 경력을 갖고 있어도 학생들 눈에는 그저 내 앞에 있는 수많은 교사 중 한 사람으로만 보여요. 그런데 이런 교사가 배우는 방법에 대해 계속 이야기한다고 다 듣지는 않겠죠? 누군가는 분명 '그래도 내가 기존에 알고 있던 대로 배우는 것이 가장 좋은 방법일거야'라고 생각할 거예요. 선생님도 충분히 권위가 있지만 우리의 권위를 제대로 알지 못하는 학생들을 위해서 그들이 인정할 만한 권위 있는 사람들의 이야기로 그걸 깨 주자고요.

저는 이 과정에서 크게 두 가지 자료를 활용해요. 가장 먼저 살펴보는 건 OECD Learning Compass 2030이에요. 여기에 들어가 있는 내용은 아직도 보는 사람마다 해석이 다르고 집중하는 영역이 달라서 자세하게 설명하지는 않을게요. 왜냐하면 학생들과 이야기할 때는 딱 한 부분만 살펴보면 되거든요. 내용에 대한 이해는 모두가 다르지만 OECD Learning Compass 2030에서 가장 중요하게 여기는 부분은 Student Agency예요. 사람마다 다양하게 해석하지만 저는 여기서 Student Agency를 학생의 자기주도성이라고 부를게요. 다른 영역은 다 필요 없고 저는 학생들에게 이것만 이야기해 줘요. "OCED Learning Compass 2030이라는 자료를 보면 앞으로 우리가 어떻게 살아가야 하는지, 무엇을 배워야 하는지에 대한 이야기를 전하고 있어요. 여기서 가장 중요한 부분은 바로 Student Agency예요. 학술적인 영역이 더해져 있기 때문에 사람마다 이야기가 다 다르지만 Student Agency가 가장 중요하다는 사실은 모두가 공감하고 있는 내용이에요"라고 말해 줘요. 여기까지 진행하면 학생들은 '교육적으로 대단하다고 하는 사람들이 이게 중요하다고 말하는구나'하고 인정해요. 그러고 나면 아이들은 이렇게 생각하더라고요. '그런데 이렇게 배워도 결국 세상은 그걸 인정하지 않잖아요'라고요. 그래서 다음에 제시하는 자료가 Mackinsey & Company에서 만든 56 DELTAS 자료예요. 맥킨지는 전 세계적으로 가장 유명한 컨설팅 회사 중 한 곳이에요. 이곳에서 우리가 앞으로 갖추어야 할 역량들에 대해서 정리한 자료가 있는데요, 이 자료에서도 가장 중요하게 여기는 부분만 살펴봐요. 그건 바로 'Self-Leadership' 영역이에요. 어떠한 삶을 살아가든 간에 Self-Leadership은 우리에게 반드시 필요하다는 말을 꼭 전해 줘요.

이 정도까지 하면 이제 충분할까요? 아니요. 그래서 저는 중간중간에도 이 이야기를 계속하는 편이에요. 이 이야기를 중간중간 하기 제일 좋은 방법이 바로 AI 디지털교과서를 활용하는 방법이에요. **선생님은 교과서의 맨 첫 장을 자세하게 보시나요? 저는 학생들과 이 부분을 정독하는 편입니다.** 왜냐하면 우리가 이 교과에서 배워야 할 내용이 무엇인지 가장 정확하고 명료하게 설명한 부분이기 때문이에요. 이걸 살펴보면 우리는 수학 시간에 구구단을 외우는 것이 제일 중요한 게 아니라는 걸 알게 돼요. 국어 시간에 시를 암기하는 것, 영어 시간에 문장과 단어를 외우는 것이 제일 중요한 게 아니라는 걸 알게 돼요. 우리가 집중해야 할 것은 배우는 방식 그리고 그것을 통해 성장시켜야 할 역량이라는 점이 교과서 앞부분에는 자세히 나타나 있어요. 우리는 지금 배우는 방식을 배우는 것에 대해 이야기를 하고 있어요. 우리는 지식을 전수하는 사람이 아니잖아요. 이미 지식은 저보다 인터넷이 훨씬 많이 그리고 정확하게 알고 있어요. 제가 아무리 제 전공 분야에 대해 많은 부분을 외우고 있다 할지라도 인공 지능을 이길 수 없다는 걸 우리는 이미 알고 있고요. 그럼 이제 우리는 학생들에게 무엇을 가르쳐야할지 다시 생각해 보자고요.

하이테크 하이터치, 모두를 위한 맞춤 교육으로 교육 격차를 해소하겠다는 목적으로 AI 디지털교과서가 도입되었어요. AI 디지털교과서가 아니더라도 교육을 꿈꾸는 사람 모두가 이런 세상을 만들고 싶을 거예요. 이제 지식과 정보의 격차는 많이 줄어들었어요. AI 디지털교과서가 도입되면서 더 줄어들 것이고요. 우리는 이제 AI 디지털교과서를 이용하는 학생들에게 어떠한 배움의 경험을 심어 줄 수 있을지 고민해야 해요. 배우는 방법을 학생들이 배울 수 있도록 함께 고민하고 실천해 봐요.

✦ 이번 학기 선생님이 학생들에게 심어주고 싶은 배움의 경험은 무엇인가요?
그 배움의 경험이 진행되었을 때, 선생님은 무엇을 기대하시나요?

 **학생들과 함께 해 보세요**

🎤 가장 중요한 것에 동그라미를 쳐 보세요.

CREATING	Putting information together in an innovative way
EVALUTING	Making judgements based on a set of guidelines
ANALYZING	Breaking the concept into parts and understand how each part is related to one anotehr
APPLYING	Use the knowledge gained in new ways
UNDERSTANDING	Making sense of the material you have learned
REMEMBERING	Recalling relevant knowledge from long term memory

이유 _____

이유 _____

이유 _____

040 '하이테크를 넘은 하이터치 수업비법' - 디지털 교육변화를 대비한 PBL 비법서 -

진행 Tip

이 활동은 Bloom's Taxonomy, OECD Learning Compass 2030, 56 DELTAS 자료를 학생들과 함께 살펴보면서 어떤 방식과 내용이 우리에게 필요한지에 대해 함께 고민해 보고 생각을 정리하기 위한 활동입니다.

❶ 활동지를 학생들에게 나눠 준 다음 각각의 그림이 무엇을 나타내고 있는지에 대해 학생들에게 설명해 줍니다.
  - Bloom's Taxonomy는 교육학자 Bloom이 설계한 교육 목표 분류로, 실제 수업에서 어떤 목표가 진행되었을 때 가장 가치가 있다고 생각하는지에 대한 도표라고 설명합니다.
  - OECD Learning Compass 2030은 OECD에서 2030년을 살아가는 우리가 어떤 교육을 받아야 하는지에 대해 표시한 나침반이라고 설명합니다.
  - 56 DELTAS는 Mackinsey & Company에서 앞으로 우리가 갖춰야 할 핵심적인 역량이 무엇인지에 대해 적어 둔 도표라고 설명합니다.

❷ 각 활동지에서 이번 수업을 통해 이루어야 할 가장 중요한 목표가 있다면 무엇이라고 생각하는지 동그라미로 표시할 수 있게 안내합니다.

❸ 표시한 내용에 대해서 그 이유를 한 문장으로 정리해 봅니다.

❹ 다른 학생을 만나 각자 표시한 영역과 이유에 대한 설명을 진행합니다.
  - 학생들이 각자 생각하고 있는 요소가 무엇인지에 대해 이야기를 나눌 수 있도록 안내합니다.
  - 정답을 찾는 활동이 아니라 생각을 나누는 활동임을 강조합니다.

❺ 수업을 통해 우리가 나아가야 할 방향이 무엇인지에 대해 이야기를 나눕니다.

Q 배우는 방식을 배우는 것이 중요하다는 것도 알겠고 그걸 어떻게 강조해야 하는지에 대해서도 알겠어요. 그런데 막상 시작하려고 하면 정말 어려운 것 같아요. 사실 저도 학교 다닐 때 이런 걸 배운 건 아니었거든요. 다 알겠는데 어디서부터 어떻게 시작해야 할까요? 그리고 이걸 지속할 수 있는 방법이 있을까요? 사실 시작하고 나면 포기하지 않고 끝까지 더 잘 해내고 싶은 마음이 있어서요.

A 미국의 스포츠 용품 제조사인 나이키가 갖고 있는 슬로건이 무엇인지 알고 있나요? 바로 'Just Do it'이에요. 그냥 해 보라는 이야기죠. 배우는 방식을 배우자는 말까지 동의하고 나면 그 다음은 자연스럽게 어디서부터 시작해야 할지 고민하게 돼요. **저는 여기에 대해서는 그냥 Just Do it이라고 이야기를 해 줍니다.** 왜냐하면 정답이 없기 때문이에요. 그냥 무엇이든 해 보고 그걸 통해서 배우고 다시 수정해서 해 보는 과정이 배우는 방식을 가장 빠르고 잘 배울 수 있는 방법일 거예요. 다만 그냥 해 보라고 하면 너무 막막하고 어려우니까 제가 이걸 실천할 수 있는 하나의 프레임워크(Framework)를 설명해 드릴게요.

이번에 제가 설명할 프레임워크는 PDCA Cycle이에요. PDCA Cycle은 사업 활동에서 제품을 생산하고 품질 등을 관리하는 데 활용되는 방법이에요. 그래서 주로 경영학에서 다루고 있는 내용인데요, 수업을 경영하는 교사 입장에서 이 방법만큼 무언가를 시작하기에 좋은 건 없더라고요. PDCA Cycle은 매우 단순한 구성이에요. Plan(계획) - Do(실행) - Check(평가) - Act(개선)의 4단계로 구성되어 있어요. 분석을 바탕으로 계획을 세워서(Plan), 실제로 해 보고(Do), 차이를 분석하고(Check), 적절히 행동하는(Action) 방식이에요. Plan, Do, Check, Act의 앞 글자만 따서 PDCA라는 이름이 붙었고요. 각각의 요소를 조금 더 자세하게 설명해 드릴게요. Plan(계획)은 목표를 설정하고 그 목표를 실현하기 위해 구체적인 전략을 수립하는 과정이에요. 여기서 계획이란 미래의 모습을 이야기해요. 미래의 모습? 무언가 익숙하지 않나요? 맞아요. 비전을 떠올리시면 돼요.

Plan 단계에서는 떠올린 비전을 조금 더 구체적으로 실현할 수 있는 방법을 생각하면 좋아요. 앞에서 비전을 움직이게 만드는 방법에 대한 활동지를 학생들과 함께 만들어 봤던 것이 기억나나요? 그곳에 적은 5단계 중에 1단계만 먼저 계획(Plan) 단계에 적어 보세요. 1단계를 실현하는 것이 바로 우리의 처음 계획이에요. 계획 단계에서는 목표를 달성하기 위해 무엇을, 누가, 언제까지, 어떻게, 실행하는가가 한눈에 보이도록 작성하면 좋아요. 실행(Do) 단계는 계획을 실행에 옮기고 성과를 측정하는 과정이에요. Just Do it. 일단 해 보는거죠. 일단은 계획대로 해 보는 거예요. 실행 과정을 차분히 기록하는 것도 중요하긴 한데 이건 조금 나중에 더 자세하게 다루기로 해요. 핵심은 실행 후에 목표를 달성했다 또는 목표를 달성하지 못했다는 판단이 가능하도록 행동하는 거예요. 실행이 끝나고 나면 평가(Check) 단계예요. 평가(Check)는 내가 세운 계획(Plan)과 실제 실행(Do)한 내용의 차이점을 발견하는 단계예요. 내가 계획을 세울 때는 이렇게 될 줄 알았는데 실제 실행해 보니까 이게 계획대로 되지 않았다는 걸 확인하는 게 평가(Check) 단계라고 할 수 있어요. 진행 과정에서 시간, 장소, 사람, 비용, 내용 등이 제대로 적용되었는지를 확인하고 검토하는 시간이에요. 마지막으로 개선(Act)은 문제점과 개선점을 발견한 다음 이를 반영하는 단계라고 볼 수 있어요. 다음에 어떻게 해야 할지를 생각해 보는 것이죠. 생각하는 과정에서는 중요도가 높은 일에 시간을 더 투자하고 중요도가 낮은 일은 효율적으로 진행하는 방법을 고민해야 해요. 중요하지 않은 일을 그만두는 용기도 필요하고요.

이걸 무엇이라고 불렀는지 기억나나요? 바로 PDCA Cycle이었어요. 이걸 사이클(Cycle)이라고 부르는 이유가 있어요. 그건 **바로 한 번으로 끝나지 않고 몇 번을 해도 같은 순서를 되풀이해야 하기 때문이에요.** PDCA Cycle의 핵심은 한 번에 이 사이클을 완벽하게 해 내는 것이 아니에요. 빠르게 시도하고 실패하고 다시 전략을 수정하면서 반복적으로 이 사이클을 실행함으로써 점점 고도화시키는 과정이라고 할 수 있어요. 그런데 처음부터 이걸 잘할 수는 없잖아요? 그래서 하나씩 해 보시면 돼요. 어디서부터 시작하면 좋은지를 알려 드릴게요. PDCA Cycle을 해 봐야겠다고 생각하였다면 절대 계획(Plan)부터 하지 마세요. 처음에는 실행(Do)부터 시작하세요. 아니, 실행만 하세요. 실행만 하시면 돼요. 계획, 평가, 개선은 모두 건너뛰고 실행만 하세요. 그리고 나서 실행이 익숙해진다면 다음에는 계획(Plan)과 실행(Do)을 하시는 거예요. 계획과 실행이 익숙해질 때까지 연습해 보세요. 여기서부터는 영역을 살짝 나누면 좋아요. 나의 업무 영역을 나눠서 적용해 보세요. 행정 업무, 수업 업무, 학생 업무 등을 나눠서 계획과 실행을 적용해 보세요. 수업 하나만 적용한다면 AI 디지털교과서를 적용하는 교실별로 계획과 실행을 나눠서 적용해 보시면 좋아요. 이렇게 계획과 실행 단계를 반복하는 것이 익숙해진다면 PDCA를 실시하시면 돼요. 그럼 여기서 분명 격차가 생기기 시작할 거예요. 1학년 2반은 PDCA가 잘 이루어지는데 이상하게 1학년 5반은 PDCA가 제대로 작동하지 않는 모습을 발견하게 될 거예요. 그래서 그 다음 과정이 필요한데요, 격차가 발생하는 영역을 줄이는 노력이 필요합니다. 격차를 줄어들고 나면 이제 선생님은 PDCA Cycle을 전반적으로 실행하실 수 있게 될 거예요. 여기까지가 우리의 목표예요. 만약 여기서 더 발전하고 싶다면 PDCA를 빠르고 철저하게 실행함으로써 크고 작은 일들을 PDCA 프레임워크에 넣어 보는 방식을 추천드려요.

어떠한가요? 여기까지 보았을 때 무척 단순하고 간단해 보이지 않나요? 맞아요. PDCA Cycle은 생각보다 엄청 단순해요. 적용하기도 어렵지 않고요. 하지만 단순해 보이는 이 프레임워크야말로 가장 파괴력이 있는 프레임워크라는 사실을 잊지 않으셨으면 좋겠어요. 수업 시간에는 어떻게 적용할 수 있을까요? AI 디지털교과서를 활용하는 우리는 PDCA Cycle을 더 적용하기 쉬울 것 같아요. 학생들이 개인적으로도 PDCA Cycle을 내 수업 안에서 활용할 수 있도록 한번 준비하고 안내해 보는 건 어떨까요? 가장 파괴력 있는 이 프레임워크가 선생님의 가장 큰 무기가 되었으면 좋겠네요.

**✦ 선생님이 이상적으로 생각하시는 PDCA Cycle은 무엇인가요?
그걸 위해서 가장 먼저 실행(Do)하실 것은 무엇인가요?**

 학생들과 함께 해 보세요

🎤 내 수업의 PDCA 사이클 만들기

Plan	Do
Act	Check

진행 Tip

이 활동은 PDCA Cycle에 대해 이해한 내용을 바탕으로 내 수업의 PCDA Cycle을 만들어 보는 활동입니다. 학생들이 수업에 참여하는 과정에서 자신이 어떠한 태도로 임할지에 대해서 이야기 나눌 수 있게 할 수 있습니다.

❶ PDCA Cycle이 무엇인지에 대해서 간단하게 학생들에게 설명해 줍니다.

❷ 가장 먼저 나의 비전에 맞게 무엇을 해야 할지에 대한 내용으로 DO를 채웁니다.
- Do를 채우는 과정에서는 누가 읽더라도 무엇을 하는지 알 수 있게 명확하게 작성하도록 안내합니다.
- 숫자를 활용해서 기록하면 명료해집니다. 예를 들어 '공부를 열심히 한다'보다 '하루 30분 수학 공부를 한다'라는 형태로 기록하는 편이 좋습니다.
- 작성을 마친 이후에 당장 시행할 수 있는 형태로 기록하도록 안내합니다.
- PDCA Cycle에서 가장 중요한 부분임을 안내합니다.

❸ 작성한 Do를 진행하기 위한 Plan을 작성하도록 안내합니다.
- Do를 실제로 실행하기 위한 과정의 Plan을 작성하는 과정입니다.
- Plan을 기록할 때도 구체적이고 명료한 형태로 작성할 수 있도록 안내합니다.

❹ Do와 Plan을 바탕으로 Check, Act 부분을 작성하도록 안내합니다.
- PDCA Cycle을 지속적으로 운영하기 위한 준비 과정입니다.
- 각각의 영역에 맞는 내용을 작성하도록 안내합니다.

❺ 10분 동안 서로 다른 짝을 만나면서 자신의 PDCA Cycle을 설명하도록 안내합니다.
- PDCA Cycle을 설명한 이후에는 별도의 피드백을 진행하지 않습니다.
- 질문하지 않습니다. 학생들은 오롯이 설명하고 듣기만 합니다.
- PDCA Cycle에 대한 설명이 끝나면 하이파이브를 하고 다른 학생들을 만나서 다시 설명을 진행합니다.

그라운드를 재편한다는 건 무슨 말이에요?

Q 수업을 잘하시는 선생님들을 보면 그 선생님만이 갖고 계신 특징이 있는 것 같아요. 정말 유머러스하게 진행하시는 분, 강의를 잘하시는 분, 토론 수업을 잘하시는 분 등 다양한 특징과 강점을 갖고 계시더라고요. 그런 분들의 수업을 보고 나서 저 또한 적용해 보려고 노력하는데요, 막상 적용하려고 하면 똑같이 진행해도 같은 결과가 나오지 않더라고요. 도대체 왜 그런지 모르겠어요. 그럴 때마다 내가 교사로서 자격이 없는 건 아닌가 하는 생각도 들고요. 선생님은 교사로서 어떻게 하세요?

A 우리는 교사잖아요. 교사는 나무가 아니라 숲을 보는 사람이라고 생각해요. 학생들은 우리 수업을 통해 내가 오늘 가르치고 있는 하나의 지식에 집중해요. 오늘 구구단을 가르쳤다면 학생들은 구구단을 완벽하게 이해하려고 노력할 거예요. 그런데 수학을 전공한 우리는 알고 있어요. 사실 중요한 건 구구단을 외우는 것이 아니라 구구단이 어떻게 설계된 것인지 원리를 아는 게 중요하다는 사실을요. 그 원리를 알 때 12×12를 외우지 않고 풀 수 있게 되니까요. 결국 우리는 학생들에게 배움의 원리와 방법을 알려 주는 숲을 보여 줘야 하는 사람들인 거예요. 그런데 숲을 보여 주기 위해서는 우리가 숲을 알아야 하기도 하지만 그 숲이 내 것이기도 해야 해요. 이게 무슨 말이냐고요? 교육부에서 AI 디지털교과서를 도입한다고 했을 때 많은 선생님들이 이렇게 이야기했어요. 교육 현장에서 중요한 게 무엇인지 제대로 파악하지 못하고 새로운 정책만 도입하고 있다고요. 그런데 이게 AI 디지털교과서를 도입할 때 뿐이었을까요? 새로운 개정 교육과정이 도입될 때도 그랬고, 새로운 대입 제도가 도입될 때도 그랬어요.

항상 우리 교육 현장을 제대로 이해하지 못한다고 이야기했어요. 그런데 사실 우리 교육 현장을 교육 행정가가 아는 건 쉽지 않을 것 같아요. 저는 불가능에 가깝다고 봐요. 우리 교육 현장은 그 현장에 있는 우리가 제일 전문가일 테니까요. 그래서 저는 교육부에서 우리에게 제공해 주는 것이 숲을 만들 수 있는 재료라고 생각해요. 소나무 150그루, 참나무 100그루, 벚꽃나무 50그루 등 숲을 만들 수 있는 재료를 제공해 줄 뿐이에요. 그렇다면 **내가 속한 교육 현장에 맞게 그 나무를 심어야 하는 건 결국 교사인 나의 몫일 거예요.** 그래서 이제부터는 그 숲을 보는 걸 넘어 만들어 가는 방법에 대해서 함께 이야기 나눠 볼게요.

혹시 전체 지구에서 물이 차지하는 비율이 몇 %인지 알고 있나요? 일반적으로 육지가 30%, 바다가 70%라고 해요. 그러다 보니 전체 생물의 99%는 바다에 살고 있고 우리가 아는 건 고작 1%라는 말도 있어요. 보이지 않는 곳에서 더 많은 일이 벌어지고 있는 것이지요. 이걸 설명하는 또 다른 모델이 있는데 바로 ICE Berge 모델이에요. 이와 유사한 그림은 본 적이 있죠? 빙하 밑에 더 큰 빙하가 있는 그림이요. ICE Berge 모델은 시스템 사고를 설명할 때 사용되는 내용이에요. 시스템 사고는 시스템 내에서 서로 다른 활동의 관계를 찾고 패턴을 발견한 다음 근본적인 원인을 살펴보는 프레임워크를 말해요. ICE Berge 모델은 4가지 수준으로 나뉘어요. 우선, 가장 먼저 눈에 보이는 것이 이벤트(Event) 레벨이에요. 이건 일반적으로 우리기 발견하는 사건 또는 문제 상황이에요. 예를 들면 이해가 조금 편할 테니 학교에서 있을 법한 이야기로 설명해 볼게요. 모두가 흔히 겪을 수 있는 지각 문제로 이야기를 전개해 볼게요. 철수네 학급은 지각을 할 경우 지각비로 100원씩을 걷어요. 그럼 철수가 지각을 했을 경우 100원을 학급비로 내겠네요. 이게 이벤트예요. 다음은 반복되는 행동(Pattern) 레벨이에요. 여기서는 비슷한 이벤트가 언제 발생하는지를 살펴보는 거예요. 가만 보니까 철수는 쉬는 날이 끝나고 난 다음 날 지각을 해요. 매주 월요일 아침이면 지각을 하고요. 수요일에 휴일이 있으면 목요일 아침에 꼭 지각을 해요. 철수의 반복되는 지각 행동에는 휴일 다음 날이라는 특징이 있더라고요. 여기까지 발견했다면 그 다음은 행동을 유발시키는 구조화된 시스템(Structure)이 무엇인지 파악해 봐야 해요. 여기는 행동의 원인이 무엇인지를 살펴보는 과정이에요. 일반적으로 그 원인은 어떠한 구조로 나타나는 경우가 많아요. 예를 들어 철수네 학급에서는 100원을 내면 지각에 대해서 어느 것도 묻지 않아요. 왜 늦었는지도 따지지 않고 지각에 대해서 혼도 내지 않아요. 그냥 100원만 내면 돼요. 친구들도 철수가 왜 늦었는지에 대해서 궁금해하지 않고요. 그러다 보니 철수 또한 지각에 대해 별다른 생각을 하지 않아요. 그냥 늦으면 100원을 내면 된다고 생각할 뿐이에요. 결국 철수가 지각을 하는 행동에는 100원만 내면 괜찮다는 구조가 깔려 있던 거죠. 그런데 사실 지각을 하게 되면 100원이 문제가 아니잖아요? 지각하게 될 경우 수업 참여를 못 하게 되니까 철수 자신의 학습에도 어려움이 생기고, 수업을 준비한 선생님도 학생이 없으니까 수업하기에 어려움이 있을 거예요. 그리고 수업에 같이 참여하는 친구들도 철수가 없음으로 인해 학습에 불편함이 생기잖아요. 사실 이 모든 문제를 발생시키지 않기 위해서 지각비 100원을 만들었는데 그 100원이 철수의 지각을 더욱 합리화시켜 주고 있던 거였어요. 여기까지 발견했다면 이제 거의 다 왔어요. 마지막은 그 안에 박혀 있는 우리들의 사고방식(Mental Model)이에요. 우리의 사고방식이란 우리가 구조가 있는 그대로 행동하게 만드는 우리의 태도, 신념, 도덕, 기대, 가치 등을 말해요. 우리가 가족, 학교, 사회로부터 무의식적으로 배운 내용이라고 볼 수 있어요. 철수가 100원을 내면서 지각하는 이유는 우리의 머릿속에 서로가 합의한 것만 지키면 된다는 생각이 있기 때문일 거예요. 그래서 철수는 지각을 했을 때 100원을 성실하게 납부했어요. 다른 피해는 생각하지 않았던 거고요. 우리가 약속한 것만 잘 지키면 된다는 우리의 사고 방식이 이 안에 깔려 있던 거죠.

어떠한가요? 여기까지 이야기를 들었을 때 ICE Berge 모델이 눈에 잘 들어오나요? 사실 이건 내 수업의 큰 그림을 만드는 과정이기 때문에 매우 어려운 일이기도 해요. 한 번에 눈에 들어오지도 않고요. 하지만 분명한 것은 이 모델을 통해 내 수업을 준비하기 시작했을 때 그리고 학생들과 함께 수업을 만들어 가기 시작했을 때 그 결과는 어마어마하게 다를 거예요. 왜냐하면 그동안 우리는 사실 소공원을 만들어야 하는데도 불구하고 모두가 센트럴파크를 만들고 있었으니까요.

우리에게 주어진 소나무 150그루, 참나무 100그루, 벚꽃나무 50그루로 센트럴 파크를 만들고 있었어요. 이제부터는 교육부에서 제공한 재료를 갖고 선생님이 계신 교육 현장에 맞는 선생님의 숲을 만들어 보셨으면 좋겠어요.

✦✧ 내 수업의 한 장면을 ICE Berge 모델로 표현하면 어떻게 될까요?
선생님의 이벤트는 어떤 패턴을 갖고 있나요?

🎤 내 학습의 ICE Berge 모델 찾기

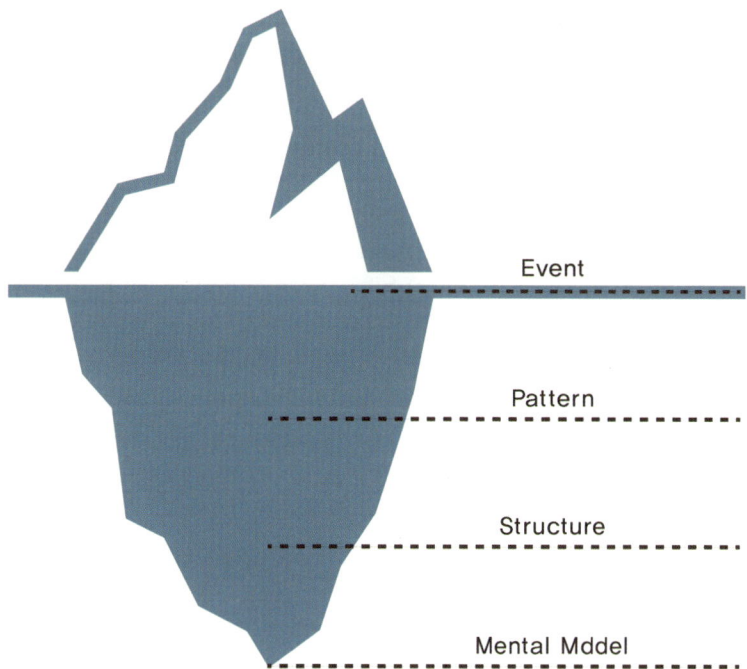

 진행 Tip

이 활동은 내 수업, 내 학습의 ICE Berge 모델을 만들어 보는 활동입니다.

❶ **학생들에게 Ice Berge 모델에 대해 설명해 줍니다.**
- 구체적인 사례를 들어서 설명을 해 주면 도움이 됩니다.
- 각각의 영역이 어떻게 연결 고리를 갖는지에 대해 이야기해 줍니다.

❷ **수업 시간에 보이는 나만의 행동 이벤트에 대해 정리합니다.**
- 이벤트는 다양하게 나타날 수 있습니다.
- 최대한 다양한 이벤트를 적을 수 있도록 안내합니다. 패턴을 보기 위해서는 하나의 이벤트가 아니라 여러 번 반복적으로 나타나는 일에 대한 이벤트가 필요합니다.
- 이벤트를 구체적으로 기록하면 좋습니다. 육하원칙에 따라 기록하는 것이 제일 좋은 방법입니다.

❸ **정리한 이벤트에 대한 내용을 바탕으로 각각의 이벤트에서 나타나는 패턴을 찾아봅니다.**
- 어느 순간 처음 기록한 이벤트가 실행되는지를 파악하면 좋습니다.
- 하나의 장면이 아니라 패턴으로 어떤 흐름 과정에서 나타나는지를 파악하도록 안내합니다.

❹ **패턴이 나타나는 구조가 무엇인지 찾아 봅니다.**
- 정리한 패턴을 보이는 이유가 무엇인지에 대해서 생각해 보게 합니다.
- 구조는 내가 만든 구조일 수도 있지만 다른 사람, 조직, 사회가 만들어 둔 구조일 수도 있음을 안내하고 폭넓게 생각할 수 있도록 안내합니다.

❺ **구조 안에 숨어 있는 Mental Model이 무엇인지 찾아 봅니다.**
- 이 과정은 학생들이 어려워할 수 있습니다. 구조를 찾았다면 그 구조를 마주하는 나의 감정이 어떠한지에 대해 생각해 보면 조금은 쉽게 접근할 수 있습니다.

Ice Berge 모델은 어려운 활동입니다. 완벽하게 모델을 만든다는 것보다는 이렇게 생각해 볼 수 있다는 시도로만 접근해도 의미가 있습니다.

Q 선생님의 이야기를 들을수록 정말 어렵기만 하네요. 그렇다고 포기하고 싶다는 이야기는 아니에요. 어렵지만 할 수 있는 일이고 어쩌면 해야 하는 일일 수도 있으니까요. 그런데 조금은 쉽게 그리고 더 잘해 보고 싶은데, 이에 대한 방법은 없을까요? 조금 쉽게 접근할 수 있는 방법이 있다면 이야기해 주실 수 있을까요?

A 사실 이 과정은 정말 어려운 게 맞아요. 쉽다면 누구나 잘하고 있을 거예요. 어려운 일이지만 제가 이 이야기를 꺼낸 이유가 있어요. 왜냐하면 그동안 많은 선생님들을 만나서 이야기를 들어 보았을 때 선생님이 갖고 계신 강점과 선생님이 계신 경기장이 달라서 힘들어하시는 경우를 많이 보았거든요. 운동을 예시로 들어 볼게요. 어떤 선생님은 마라톤을 정말 잘 가르치는 선생님이세요. 마라톤에 엄청난 재능도 있고 실력도 뛰어나시고요. 그런데 그 선생님이 계신 경기장은 수영장이더라고요. 마라토너가 아니라 자유형 선수를 키우는 경기장이었어요. 물론 마라톤이나 자유형이나 기초 체력을 다지는 부분에서는 비슷할 수 있어요. 하지만 올림픽에서 메달을 따기 위해서는 서로 운동하는 방식이 달라야 해요. 그런데 그 선생님의 경우 자유형 선수를 키우는 곳에서 열심히 마라토너를 키우는 방식으로 수업을 진행하시더라고요. 그러니 학생들이 대회에 나가서 좋은 결과를 얻지 못하고 선생님도 수업에 힘을 얻지 못하는 경우를 보았어요. 그렇다고 선생님이 열심히 하지 않거나 학생들이 열심히 하지 않은 것도 아니에요. 모두가 최선의 노력을 다했지만 누구도 만족스럽지 않은 결과를 얻게 되는 거죠. 그러면 이런 경우는 어떻게 해야 할까요? 두 가지 방법이 있을 거예요. 선생님이 마라톤 경기장으로 움직이든지 아니면 학생들을 마라톤 경기장으로 옮기든지요. 다시 이야기하면 그라운드의 재편이 필요한 상황이었어요. 마라톤과 수영으로 이야기를 꺼냈지만 사실 선생님은 선생님이 갖고 계신 강점이 분명히 있어요. 다른 선생님이 갖고 있지 않은 그 무엇인가를 선생님은 갖고 계세요. 그리고 저는 선생님이 갖고 계신 그 강점을 선생님의 메인 종목으로 삼으셨

으면 좋겠어요. **콩 심은 데 콩 나고 팥 심은 데 팥 난다는 말을 알고 계신가요? 선생님은 지금 수업에서 무엇을 심고 계신가요?** 마라토너를 키우는 수업 방식을 진행하시면서 자유형에서 금메달을 따기를 바라고 계시지는 않나요? 이제 선생님의 그라운드에서 선생님의 강점을 키우셨으면 좋겠어요.

　그럼 이제부터는 이걸 조금 더 잘하실 수 있는 방법을 알려 드릴게요. 제가 학생들과 함께 활동하는 자료를 보면서 이야기하면 조금 더 이해가 쉬우실 거예요. 그림을 보면 다양한 사람의 모습이 나와요. 학생들과 함께 하기 전에 선생님 먼저 해 보시면 선생님의 수업을 돌아보시기 좋을 거예요. 많은 사람들 중에 수업 시간에 선생님의 모습은 어떠한 사람의 모습인가요? 한번 색칠해 보시겠어요? 그리고 그 이유는 무엇이라고 생각하시나요? 간단하게라도 적어 보시길 바랄게요. 여기까지 하셨다면 다음으로 선생님이 바라시는 수업 시간 선생님의 모습은 어떤 사람인가요? 만약 현재와 똑같다면 선생님은 이미 충분히 잘하고 계신 거예요. 하지만 다를 수도 있어요. 대부분은 다른 상황이 많더라고요. 다르다면 그 사람을 한번 다른 색깔로 색칠해 보세요. 선생님은 왜 그 모습을 희망하고 계신가요? 여기까지 살펴보셨다면 이제 우리는 우리의 그라운드를 만들어 갈 첫 번째 준비가 끝났어요. 왜냐하면 그라운드를 개편하기 위해서 가장 먼저 해야 할 일은 바로 내가 바라는 모습과 현재의 내 모습을 발견하는 것이거든요. 그 차이를 확인하는 일이 첫 번째예요. 그 다음으로는 내가 현재의 모습에서 바라는 모습으로 가기 위해서 필요한 변수를 찾는 거예요. 여기서 핵심은 상수 말고 변수를 찾는 거예요. 왜냐하면 모든 일은 계획대로 진행되지 않으니까요. 내가 바라는 모습으로 가는 방법을 선생님은 충분히 알고 계실 거예요. 이미 어느 누구보다도 잘 알고 계실 거라 생각해요. 그럼에도 제대로 실행되고 있지 않다면 그건 알게 모르게 발생하는 변수 때문일 가능성이 커요. 선생님이 현재의 모습에서 바라는 모습으로 가기까지 발생하는 변수는 무엇이 있나요? 그 변수를 한번 적어 보셨다면 이제는 인과 관계를 그려 보면 좋겠어요. 선생님이 현재의 모습에서 희망하는 모습으로 가고자 했을 때, 어떤 변수가 작동하고 그 변수가 원인이 되어 어떤 결과를 가져오나요? 인과 지도를 그리고 나면 내가 왜 지금까지 이 자리에 있게 되었는가를 조금 더 명확하게 알게 돼요. 선생님은 결코 노력하지 않은 분이 아니실 거예요. 선생님은 충분히 노력하고 열심히 하셨어요. 하지만 예상치 못한 변수들이 꼭 선생님의 앞길을 막은 거였죠. 그럼에도 새로운 변화의 시작점에 서신 선생님, 이제 그 변수들이 가져온 인과 관계를 다시 정상적인 궤도에 올려 놓아 볼게요. 무엇을 바꾸면 그 변수들 사이에서도 선생님이 바라는 모습으로 다가갈 수 있을까요? 매우 다양한 방법이 있을 거라 생각해요. 수많은 방법이 있겠지만 우리 딱 한 가지, 가장 하기 쉬운 일부터 접근해 볼게요. 그 일이 선생님을 변화시킬거예요.

저는 이 과정을 그라운드를 재편하는 과정이라고 불러요. 왜냐하면 교사란 그라운드 안에서의 코치라고 생각하거든요. 코치는 운동 선수들에게 적절한 훈련을 제공하고 그들이 세계적인 대회에서 좋은 결과를 얻기를 바라는 사람들이에요. 코치는 운동 선수들이 원하는 것을 제공하지 않아요. 그들에게 필요한 것을 제공해요. 운동 선수가 아무리 늦잠을 자고 싶어 해도 새벽 운동이 필요하다면 코치는 그걸 하도록 이끌어 내는 사람들이에요. 결코 운동 선수가 싫어서가 아니라 그게 운동 선수에게 필요하니까 코치는 그걸 하는 거죠. 저는 교사도 마찬가지라고 생각해요. 선생님의 그라운드 안에서 선생님은 세계적인 운동 선수를 키워 내고 계신 중이에요. 그렇다면 선생님이 가장 어울리고 선생님이 가장 잘 성장시킬 수 있는 그라운드에 계셔야 할 거예요. 선생님이 마라톤에 최적화되신 분이라면 마라토너를 키울 수 있는 그라운드에서 학생들을 마주하셔야 해요. 그게 학생도 선생님도 행복한 길이기 때문이에요. 그라운드를 재편하는 과정에서 무엇보다도 중요한 것은 새로운 관점을 가지는 일이에요. 그동안 있었던 많은 일들을 하나하나 정지된 화면으로 보는 것이 아니라 그 일들을 한 편의 영화로 볼 필요가 있어요. 그 안에서 보여지는 변화의 패턴이 무엇인지를 발견하기 시작할 때 선생님의 그라운드는 더 선생님에게 맞게 재편되기 시작할 거예요.

 선생님이 현재 계신 그라운드는 어디인가요?
선생님은 어느 그라운드에 있고 싶으신가요?

🎤 그라운드 개편하기

진행 Tip

이 활동은 역할과 모습에 대해서 함께 이야기를 나눌 수 있는 활동입니다.

---

❶ **학생들에게 그림을 보여 주고 현재 수업 시간(학습 상황)에서 나타나는 내 모습이 어떤 사람에 가까운지를 표시하도록 안내합니다.**
- 수업 시간마다 달라서 한 명의 사람을 고르기 어려워하는 학생이 있을 수 있습니다. 이 경우 자신의 평상시 모습과 가장 가까운 사람의 모습을 고르도록 안내합니다.
- 여러 명이 아니라 딱 한 사람만 선택하도록 안내합니다.

❷ **학생이 스스로 자신이 수업 시간(학습 상황)에서 바라는 자신의 모습이 어떤 사람에 가까운지를 표시하도록 안내합니다.**
- 여러 명이 아니라 딱 한 사람만 선택할 수 있도록 안내합니다.
- 자신이 원하는 모습에 최대한 가까운 사람의 모습을 선택하도록 안내합니다.

❸ **선택한 두 명의 사람이 어떻게 다른지에 대해 이야기를 나눕니다.**
- 두 명씩 짝을 지어서 어떻게 두 사람이 차이가 있는지에 대해 이야기를 나누도록 안내합니다.
- 타이머를 켜고 약 2분 동안 서로 이야기를 나눌 수 있도록 안내합니다. 시간은 선생님의 수업 상황에 맞게 조정하시기 바랍니다.

❹ **현재의 내 모습에서 바라는 내 모습으로 가기 위해서는 어떻게 해야 하는지에 대해 이야기를 나눕니다.**
- 두 명씩 짝을 지어서 어떻게 행동해야 하는지에 대한 액션플랜을 중심으로 이야기를 나누도록 안내합니다.
- 타이머를 켜고 약 2분 동안 서로 이야기를 나눌 수 있도록 안내합니다. 시간은 선생님의 수업 상황에 맞게 조정하시기 바랍니다.

이 활동은 다른 주제로도 풀어 갈 수 있습니다. 예를 들어 학생들이 바라는 선생님의 수업 상황 속 모습, 선생님이 바라는 수업 상황 속 학생의 모습 등의 내용으로도 진행이 가능합니다. 선생님의 수업 상황에 맞게 적절하게 활용하시기 바랍니다.

Q 이제 제가 현재 어떤 모습인지 그리고 어떤 모습을 바라는 지에 대해서 조금은 잘 살펴볼 수 있게 된 것 같아요. 선생님이 말씀하신 것처럼 저의 그라운드를 조금 더 명확하게 규정하고 싶다는 생각이 드는데요, 이 과정에서 제가 염두에 두어야할 내용이 있을까요? 더 명료하게 표현하기 위해서는 어떻게 해야 할까요?

A '세상에는 두 종류의 사람이 있다'라는 문장 다음에 오는 표현들을 알고 있나요? '세상에는 두 종류의 사람이 있다. 현재 여기에 있는 사람과 현재 여기에 없는 사람이다.', '세상에는 두 종류의 사람이 있다. 이 음식을 먹어 본 사람과 이 음식을 먹어 보지 못한 사람이다.', '세상에는 두 종류의 사람이 있다. 자신을 사랑해 본 사람과 자신을 사랑해 보지 못한 사람이다.' 등 '세상에는 두 종류의 사람이 있다'라는 문장 뒤에는 정말 다양한 표현들이 따라오는데요, 선생님이 생각하시는 세상의 두 종류의 사람은 어떠한 사람들인가요? 저는 개인적으로 이 문장에 대해서 포드 자동차 회사를 창업한 헨리 포드의 말을 좋아합니다. '세상에는 두 종류의 사람들이 있다. 자신이 할 수 있다고 생각하는 사람과 할 수 없다고 생각하는 사람이다.' 여기까지 들었을 때 어떤 생각이 드시나요? '자신이 할 수 있다고 생각하는 사람은 훌륭하고 할 수 없다고 생각하는 사람은 미련하다고 말하겠구나' 하는 생각이 들지는 않나요? 저는 그렇게 생각했었거든요. 그런데 반전은 그 다음 문장이었어요. '물론 두 사람 다 옳다. 언제나 자신의 경험이 그러한 믿음을 만들기 때문이다.' 자신이 할 수 있다고 생각하는 사람과 할 수 없다고 생각하는 사람 모두가 옳다고 이야기한 헨리 포드의 말은 그동안 세상의 사람을 두 종류로 나눠 본 수많은 이야기와는 사뭇 다르게 다가오더라고요.

그라운드를 명확하게 규정하는 데 왜 이 이야기를 꺼냈냐고요? 선생님의 그라운드를 명확하게 규정하기 위한 방법으로 이렇게 나누는 것만큼 좋은 방법이 없거든요. 우리는 이 방법을 MECE(Mutually Exclusive Collectively Exhaustive)라고 불러요. MECE 프레임워크는 McKinsey & Company 회사에서 사용하는 기술로 많이 알려져 있어요. Mutually Exclusive Collectively Exhaustive의 맨 앞에 있는 M, E, C, E를 따서 만들 단어인데요, **이 프레임워크는 '서로 중복되지 않고(Mutually Exclusive) 전체적으로 누락이 없는(Collectively Exhaustive)' 이라는 뜻을 갖고 있어요**. 어떤 상황이나 개념을 중복하지 않으면서도 전체적으로 누락 없는 부분 집합으로 인식하는 것을 이야기해요. MECE의 예시를 살펴보면 조금 더 이해가 쉬울 거예요. 제가 가장 많이 드는 예시는 바로 치킨이에요. 세상의 치킨은 두 종류로 나뉘어 있어요. 어떻게 나뉘어질까요? 저는 뼈가 있는 치킨과 뼈가 없는 치킨으로 나눌 수 있을 것 같아요. 그러고 나면 치킨은 다시 나눠지겠네요. 양념을 한 치킨과 양념을 하지 않은 치킨으로요. 다른 것도 나눠 볼까요? MECE의 예가 잘 적용된 게임이 바로 가위바위보예요. 가위, 바위, 보는 서로 중복되어 있지 않죠. 그러면서 가위, 바위, 보는 가위바위보 게임의 전체 요소이기도 해요. 다른 예시로는 트럼프 카드 게임이 있어요. 트럼프 카드는 색깔을 기준으로 크게 두 가지로 나뉘어요. 빨간색 카드와 검정색 카드예요. 그 다음에는 모양을 기준으로 하트, 다이아몬드, 클로버, 스페이드로 나뉘어요. 하트 10이면서 클로버 10인 카드는 세상에 존재하지 않아요. 그리고 각각의 카드가 모두 합쳐졌을 때 트럼프 카드는 전체 집합을 갖게 되고요. 이처럼 세상의 많은 것들은 MECE하게 나눌 수 있어요. 선생님의 그라운드를 조금 더 명료하게 규정하고 싶으신가요? 선생님의 상황을 MECE하게 나눠 보시면 좋을 것 같아요.

그럼 지금부터는 MECE하게 나눠지는 MECE 프레임워크와 MECE의 방법을 조금 더 설명해 드릴게요. MECE 프레임워크는 크게 3가지가 있어요. 먼저는 요소를 분해하는 방법이에요. 전체적인 집합을 요소로 나눠서 보는 방법인데요, 마케팅에는 3C, 4P라는 개념이 매우 유명하게 쓰이고 있어요. 3C는 고객(Customer), 경쟁사(Competitor), 자회사(Company)를 말해요. 각각의 요소는 서로 중복되지도 않으면서도 전체적으로 누락되지 않은 상황이에요. 4P는 상품(Product), 가격(Price), 유통(Place), 판매(Promotion)를 말하는데요, 이 또한 마케팅을 각 요소로 MECE하게 나눠 본 결과예요. 교육 환경에서는 어떠한 것이 있을까요? 교육 주체의 3요소에 대해 들어 보셨나요? 학생, 학부모, 교사를 교육 주체의 3요소로 이야기해요. 학생이면서 학부모인 사람이 있을까요? 학부모이면서 교사인 사람은요? 물론 내 자녀를 내가 가르칠 수도 있지만 이는 일반적인 상황으로 보기 어려우니 배제하도록 할게요. 이와 같이 요소를 중심으로 나눠 보는 것이 MECE의 한 가지 방법이에요. 다음으로는 단계별로 나눠 보는 방법이에요. 앞서서 우리는 PDCA Cycle에 대해서 이야기를 나눴었어요. PDCA 또한 단계별로 MECE하게 나눠져 있어요. 계획, 실행, 평가, 개선이라는 각각의 요소가 단계별로 적용되고 있으니까요. 계획과 실행은 나뉘어 있고, 실행과 평가가 나뉘어 있잖아요. 또한 시간도 나눌 수 있어요. 과거, 현재, 미래 이렇게요. 마지막으로는 모든 일을 양면의 대조 개념으로 나눠 보는 거예요. 양과 질, 사실과 판단 등으로 나눠 보는 것도 MECE의 한 가지 방법이에요. 이렇게 프레임워크를 살펴보고 나면 '그래서 어떻게 하라는거지?'하는 생각이 드실 수 있어요. 그래서 그 방법을 구체적으로 설명해 드릴게요. 첫째, 전체 집합을 확인해야 해요. 나의 그라운드를 명확히 살펴보고 싶다면 내가 속해있는 그라운드의 전체 집합이 무엇인지를 봐야 해요. 나는 마라톤 경기장에만 있는지, 수영장에도 있는지, 빙상 경기장에도 있는지 등 나의 전체 집합이 무엇인지를 그려 봐야 해요. 둘째, 전체 집합을 나눌 MECE의 기준을 찾아야 해요. 앞에서 요소, 단계, 대조개념 등의 프레임워크를 설명해 드렸어요. 어떤 기준으로 나의 그라운드를 나눠 볼지를 생각해야 해요. **완벽한 정답은 없어요. 하나를 정해서 그냥 나누면 돼요.** 셋째, 하나의 기준으로 나눈 그룹을 다시 MECE하게 나눌 수 있는 기준이 있는지 생각해 봐야 해요. 여기서 필요한 건 제목이에요. 그룹을 나눈 다음에는 반드시 제목을 붙여야 해요. 그래야 내가 어디에 속해 있는지를 더욱 명료하게 확인할 수 있어요. 마지막으로 누락되거나 중복된 사항이 없는지 확인해야 해요. 내가 어디에 어떻게 속해 있는지를 보게 되면 내 모습이 더 잘 보일 거예요.

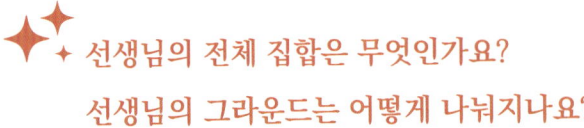

선생님의 전체 집합은 무엇인가요?
선생님의 그라운드는 어떻게 나눠지나요?

MECE 프레임워크 연습하기

다음 단어들을 MECE하게 나눠 보세요.

코카콜라, 칠성사이다, 데미소다, 밀키스, 맥콜, 스프라이트, 레쓰비, 비락식혜, 펩시, 웰치스, 환타, 레드불, 트레비, 비타파워, 게토레이, 핫식스, 파워에이드, 실론티, 포카리스웨트, 마운틴듀, 써니텐, 씨그램, 암바사, 하늘보리, 칸타타, 오렌지주스

바나나킥, 치토스, 예감, 빼빼로, 카스타드, 에이스, 홈런볼, 새우깡, 부셔부셔, 허니버터칩, 포카칩, 인디안밥, 오감자, 콘칩, 말랑카우, 쵸코하임, 고래밥, 자갈치, 꿀꽈배기, 버터링, 버터와플, 오뜨, 쿠크다스, 초코파이, 오예스, 포스틱, 고소미

진행 Tip

이 활동은 MECE 분류를 실제로 해 보면서 MECE 프레임워크를 연습해 볼 수 있는 활동입니다.

---

❶ **MECE의 방법에 대해 학생들에게 설명해 줍니다.**
   • 가위바위보, 트럼프 카드 등을 예시로 들어 설명을 진행합니다.

❷ **주어진 보기의 단어들을 MECE하게 분류해 볼 수 있도록 안내합니다.**
   • 이 과정에서 최소 3개의 기준으로 3단계까지 분류가 될 수 있도록 안내합니다.
   • MECE하게 나오는 과정의 정답은 존재하지 않습니다. 학생들이 자신이 정한 기준에 따라 분류를 진행할 수 있도록 안내해주시기 바랍니다.
   • 정답을 찾는 것이 아니라 생각의 과정을 연습하는 시간임을 인지할 수 있도록 안내해 주시기 바랍니다.

❸ **서로 MECE하게 정리한 내용을 공유하고 제대로 분류가 되었는 지를 확인합니다.**
   • 짝을 지어서 MECE하게 분류한 내용을 공유합니다.
   • MECE하게 분류되지 않은 부분이 있다면 수정할 수 있도록 안내합니다.

이 활동을 조금 더 재미있게 진행하는 과정으로는 보기의 단어를 바꾸는 방법이 있습니다. 예를 들어 '우리 교실에 있는 학생들의 이름'을 분류해 보자고 이야기하면 학생들은 조금 더 흥미를 갖고 MECE 프레임워크를 연습할 수 있습니다.
또한 저는 '수업 시간에 드러나는 다양한 모습들', '요즘 핫한 드라마', '신나는 노래 모음' 등 다양한 항목들을 모아 두고 이를 분류해 보도록 안내합니다. 핵심은 학생들이 MECE 프레임워크를 연습해 보는 것임을 이야기합니다.

호텔도 아닌데 체크인과 체크아웃이 있나요?

Q 일주일에 한 번만 수업을 하는 것도 아닌데 매번 새로운 수업을 구상할 수는 없을 것 같아요. 매번 새로운 수업을 진행하려고 생각하면 하루하루 스트레스가 엄청 쌓일 것 같거든요. 어느 정도 체계화된 틀이 있어야 다른 업무와 함께 수업을 진행할 수 있을 것 같은데, 선생님이 수업 시간에 매일 하시는 건 없나요? 매일 할 수 있는 활동이 있다면 조금은 편하고 좋을 듯해요.

A 한국인의 밥상에 빠지지 않는 반찬이 있다면 바로 김치일 것 같아요. 한식, 일식, 중식, 양식 등 어느 음식이든 간에 한국인의 밥상에 김치는 빠지지 않는 반찬이더라고요. 외국인들이 한국 식당에 왔을 때 놀라워하는 부분 중 하나가 김치이기도 하고요. 모든 음식에 이렇게 김치가 나올 줄은 상상도 못했다는 이야기를 들은 적이 있어요. 김치처럼 어떤 수업을 진행하더라도 빠질 수 없는 노하우가 하나 정도는 있어야겠죠. 저는 매 수업 시간의 시작과 끝에 체크인과 체크아웃 시간을 가져요. 꼭 호텔 같죠? 체크인은 수업에 들어가기에 앞서서 진행하는 마음 열기와 같은 활동이에요. 체크아웃은 수업을 마무리하는 과정의 활동을 이야기해요. 선생님도 나름의 활동이 있으실 것 같은데요, 여기서는 제가 진행하는 활동들의 방법과 적용에 대해 이야기를 전해 드릴게요.

가장 먼저 전해 드릴 이야기는 체크인과 체크아웃의 목적이에요. 저는 체크인과 체크아웃의 목적을 '이청득심(以聽得心)'으로 삼고 있어요. 이청득심(以聽得心)에 대해 들어본 적이 있나요? **이청득심은 '귀 기울여 경청하는 일은 사람의**

마음을 얻는 최고의 지혜'라는 말이에요. 저에게 있어 체크인과 체크아웃은 마음을 얻는 시간이에요. 보통 마음 열기라고 하면 이번 수업 시간에 무엇을 배울 지에 대해 이야기 나누는 시간으로 많이 활용하시더라고요. 그래서 많은 선생님들이 전시 학습 내용을 확인하기도 하고 미리 내 준 과제를 제대로 수행했는지 점검하는 시간으로 많이 활용하시는 걸 봤어요. 물론 각자 선생님들이 갖고 계신 강점대로 진행하면 되지만 저는 이 시간을 조금은 다른 목적으로 활용하는 편이에요.

귀 기울여 경청하는 일을 통해 사람의 마음을 얻는 것, 솔직하게 이야기하면 제가 제일 못하는 부분이기도 해요. 성격이 급해서 남의 이야기를 먼저 판단하고 내 이야기를 얼른 꺼내야 직성이 풀리는 모습을 지니고 있거든요. 그래서 저는 체크인과 체크아웃 시간에 더 듣는 연습을 진행하려고 해요. 이때 저는 인지적 공감을 하려고 노력해요. 공감은 기능적으로 크게 인지적 공감과 정동적 공감으로 나눌 수 있어요. 인지적 공감이란 타자의 심리 상태를 추론하여 이성적으로 정확히 이해하려는 것을 말해요. 타자의 배경이나 상황이 어떠한지 파악하고 이성적 사고 과정을 거치는 과정이에요. 그래서 어느 정도 온-오프의 전환이 의식적으로 이루어질 수 있는 부분이라고 할 수 있어요. 정동적 공감은 타자의 심리 상태를 감정적으로 공유하고 동기화하는 것을 말하고, 감정적 공감이라고도 해요. 상대의 생각이나 감정을 자신의 것처럼 느끼는 기예요. 정동적 공감은 까다롭게도 무의식에서 일시적이고 충동적으로 뿜어져 나오는 경우가 많아요. 슬픈 장면을 보면 나도 모르게 눈물이 주르륵 나오는 것처럼요. 따라서 공감을 끄고 켜는 온-오프의 전환이 상당히 어려워요. 체크인과 체크아웃은 인지적 공감을 하는 시간이에요. 이때는 상대의 이야기를 들으면서 그 사람의 상황과 배경이 어떠한지를 파악하고 이성적으로 생각해 보는 시간이에요. 그냥 감정적으로 '너 참 슬펐겠다. 정말 속상한 일이었구나'라고 이야기하지 않아요. 그리고 학생들에게도 이 부분에 대해서는 명확하게 설명해 줘요. 사람의 마음을 얻기 위해서는 그 사람을 받아들일 수 있어야 해요. 이청득심에 대해 잘 다루고 있는 〈경청〉이라는 책 표지에는 이런 글귀가 써있어요. **"다른 사람을 바꿀 수는 없다. 단지 그**

의 마음을 얻을 수 있을 뿐이다." 우리는 공감이라는 단어로 포장해서 상대를 있는 그대로 받아들이기보다 바꾸려는 노력을 할 때가 많아요. 체크인과 체크아웃은 상대를 바꾸는 시간이 아니에요. 과제를 하지 않았으니 다음부터 미리 과제를 확인하고 꼭 해야 한다는 메시지를 주기 위해 체크인을 하지 않아요. 서로가 서로를 받아들이기 위한 준비로 체크인과 체크아웃을 활용한답니다.

그런데 서로가 서로를 받아들이기 위해서는 서로서로 이야기를 해야 해요. 4명이 한 모둠으로 있는데 이야기를 하는 10분 중 한 사람이 8분을 이야기하면 다른 사람의 이야기를 들을 수 없잖아요. 그래서 저는 체크인과 체크아웃 시간은 통제하는 편이에요. 만약 50분 수업 시간을 기준으로 체크인 시간을 5분을 잡았다고 한다면 저는 5명을 한 모둠으로 구성해서 1분씩 타이머를 체크해요. 모둠 안에는 말하기침(말하기침이란 말하는 사람이 누구인지를 알려 주는 표시예요. 침 형태를 사용하기도 하고 딱풀, 매직, 보드마카, 인형 등 어떠한 도구든 활용할 수 있어요. 학생들은 말할 때 말하기침을 들고 이야기해야 해요.)을 하나씩 건네 주고요. 그러면 가장 먼저 말하기침을 잡은 학생이 1분 동안 이야기를 전개예요. 말하기침을 잡은 학생이 말하는 동안에 다른 학생은 말할 수 없어요. 질문도 금지예요. 그저 이야기를 듣기만 해야 해요. 1분이 지나고 나면 다른 학생에게 말하기침을 넘기고 또 다시 1분이 시작돼요. 이렇게 5명이 모두 이야기를 하고 나면 5분의 시간이 끝나요. 5분의 시간 동안 내가 말하는 시간은 1분, 듣는 시간은 4분이 돼요. 물론 상대의 이야기를 듣다 보면 궁금한 것도, 더하고 싶은 이야기도 많이 생길 거예요. 하지만 그 시간은 절대 주지 않아요. 필요하면 쉬는 시간을 활용하라고 이야기해 줘요. **왜냐하면 체크인과 체크아웃의 목적은 이청득심, 귀 기울여 경청함으로써 상대의 마음을 얻는 연습을 하는 시간이니까요**. 물론 처음부터 1분을 다 채우지 못하는 학생이 있을 수도 있어요. 어떤 학생은 10초 만에 이야기가 끝나기도 하거든요. 그래도 다른 학생으로 넘기지 않아요. 1분은 고요함을 견디기에도 그리 긴 시간이 아니거든요. 그 학생의 시간은 오롯이 그 학생의 목소리에 주목될 수 있도록 배려해 주는 것이 필요하답니다.

이를 위해서 무엇보다 중요한 것이 체크인과 체크아웃의 내용인 것 같아요. 어떤 내용으로 어떻게 이야기를 전개하느냐에 따라 체크인과 체크아웃의 방향이 완전히 달라지거든요. 하지만 여기서는 이것만 확실히 정리하고 넘어가면 좋겠어요. 체크인과 체크아웃이 향하는 방향은 '이청득심(以聽得心)'이라는 것을요. 선생님도 학생도 체크인과 체크아웃을 통해 서로의 마음을 얻어 가시면 좋겠어요.

✦ 선생님이 학생의 마음을 얻기 위해 하시는 일이 있다면 무엇인가요?
이청득심(以聽得心)을 잘하기 위해서 필요한 것이 있다면 무엇일까요?

 학생들과 함께 해 보세요

 이청득심 체크리스트

경험 나누기

에피소드 1

에피소드 2

에피소드 3

이청득심(以聽得心)을 하기 위해서 우리 이것만은 함께 지켜 봐요.

☐
☐
☐
☐
☐

진행 Tip

이 활동은 경청을 위해 함께 준비해야 할 사항이 무엇인지에 대해 이야기를 나누는 내용으로 구성되어 있습니다.

❶ '경험 나누기' 칸에 자신의 이야기를 누군가 경청해 준 경험이 있다면 그 내용을 작성하도록 안내합니다.
- 경청은 상대가 경청했다라고 말했다고해서 경청이 된 것이 아니라는 점을 이야기해 줍니다. 상대 기준이 아니라 자신이 느끼기에 경청이라고 느끼면 경청이라는 사실을 인지할 수 있도록 안내합니다.
- 경험을 적을 때는 구체적으로 적을 수 있도록 안내합니다. 누군가 나의 이야기를 경청했을 때 감정이 어떠했는지에 대해 기록하면 이야기를 나누는 과정에 효과가 더 좋습니다.

❷ 자신의 경험을 갖고 다른 학생을 만나서 경청과 관련된 경험에 대해 이야기를 나눕니다.
- 총 3명의 학생을 만나서 각자가 경험했던 경청에 대해 이야기 나누도록 안내합니다.
- 에피소드 1, 2, 3 칸에 다른 학생이 경험한 경청을 구체적으로 기록합니다. 경험을 공유할 때는 누군가 나의 이야기를 경청했을 때 감정이 어떠했는지에 대해 이야기 나누도록 안내합니다.

❸ 경청을 위해서 우리가 지켜야 할 체크리스트를 만드는 작업을 진행합니다.
- 나의 경험과 공유받은 상대의 경험을 종합적으로 판단해서 체크리스트를 작성하도록 안내합니다.
- 당장 실천할 수 있을 정도로 구체적으로 작성하도록 안내합니다.
- 정량적으로 표시하면 도움이 됩니다. 예를 들어 '2분간은 눈을 마주치며 대화한다'라고 적으면 실천하기에 좋습니다.

> **Q** 무엇을 중점으로 두고 계신지에 대해서는 이해가 되었습니다. 여기까지 듣고 나니 조금 더 구체적으로 어떻게 하시 는지가 궁금하네요. 선생님은 구체적으로 어떻게 이야기를 전개해 나가시나요? 먼저 체크인부터 이야기를 해 주실 수 있을까요? 선생님의 수업 시작은 어떠한가요?

A 정답의 뜻을 알고 있나요? 표준국어대사전에 따르면 정답은 옳은 답을 이야기한다고 해요. 옳은 답이 있다는 건 옳지 않은 답도 있다는 거겠죠? 우리는 어릴 때부터 옳은 것과 옳지 않은 것에 대해서 배워요. 그리고 도덕적으로 옳은 것은 좋은 것이고 옳지 않은 것은 좋지 않은 것이라고 판단하게 돼요. 그런데 옳다와 옳지 않다는 누가 정의 내린 걸까요? 앞에서 체크인과 체크아웃의 목적은 이청득심(以聽得心)이라고 이야기했어요. 누군가의 이야기를 경청하는 과정에서 제일 중요한 건 판단하지 않는 거예요. 그런데 어릴 때부터 옳은 것과 옳지 않은 것을 구분하며 살아온 우리가 판단하지 않는 게 쉬울까요? 저는 거의 불가능에 가깝다고 봐요. 그래서 판단하지 않기 위해서는 아예 판단할 수 없는 걸 이야기해야 한다고 생각해요. **그래서 저는 체크인 시간을 정답이 없는 활동으로 구성해요.** 누가 보더라도 옳은 것과 옳지 않은 것이 구별되지 않도록이요. 극단적으로는 이게 옳은 건지 옳지 않은 건지 토론할 수조차 없을 정도로 주관적인 이야기가 오가도록 만들어요. 왜냐고요? 체크인의 목적은 상대의 이야기를 듣고 마음을 얻는 시간이니까요.

정답이 없는 활동을 위해서 저는 체크인 시간에 이미지 카드를 매우 많이 활용하는 편입니다. 이미지 카드는 특별한 카드가 아니에요. 그냥 카드에 이미지만 있어요. 어떤 의미를 담고 있는 이미지를 고르냐고요? 그런 것도 생각하지 않아요. 그냥 검색엔진에 그림, 이미지, 배경 화면, 예쁜 그림, 멋진 배경 화면 등 이미지와 관련된 키워드를 검색하고 제 마음에 드는 걸로 갖고 와요. 저작권이 걸려있는 이미지들이 있는지 확인하면서요. 이미지의 의미는 제가 담지 않습니다.

그건 학생들과 함께 체크인 시간에 만들어 갈 거니까요. 저는 그냥 이미지만 준비합니다. 보통은 10장 정도의 이미지 카드를 준비해요. 그럼 저의 체크인 시간 준비는 끝입니다.

이제 그 이미지 카드를 갖고 어떻게 제가 체크인을 진행하는지를 보여 드릴게요. 가장 먼저 모둠에게 10장의 이미지 카드를 보여 줍니다. 어떤 그림인지도 설명하지 않아요. 학생들은 책상 위에 이미지 카드를 그냥 마구잡이로 놓아 둡니다. 그리고 저는 그냥 가볍게 질문을 제시해요. "오늘 나의 기분을 나타내는 이미지 카드는 무엇인가요?", "오늘 날씨와 어울리는 이미지 카드는 무엇인가요?". "오늘 내 옷차림과 어울리는 이미지 카드는 무엇인가요?"라는 식의 질문을 제시합니다. 그럼 학생들은 질문을 듣고 10장의 이미지 카드 중 한 장의 이미지 카드를 고릅니다. 그럼 저는 앞에서 이야기한 것처럼 말하기칩을 제공하고 한 명씩 돌아가면서 자신이 고른 이미지 카드의 이미지가 무엇인지와 그 카드를 고른 이유를 설명하도록 안내해줍니다. 학생들은 자신들이 고른 이미지 카드 속 이미지에 자신의 생각을 녹여서 이야기를 전개하고요.

정말 간단하지 않나요? 그런데 이 간단한 활동을 조금만 더 응용하면 폭넓게 활용할 수도 있어요. 예를 들어서 저는 이런 질문도 제시합니다. "오늘 나의 오른쪽 친구에게 주고 싶은 이미지 카드가 있다면 무엇인가요?", "오늘 선생님에게 어울리는 이미지 카드가 있다면 무엇인가요?", "오늘 나 자신에게 주고 싶은 이미지 카드가 있다면 무엇인가요?" 이 질문들을 듣고 나면 그때부터 학생들은 관찰을 시작합니다. 나의 오른쪽 친구가 오늘 무엇을 입었는지, 어떤 기분인지, 어떤 표정인지 살피기 시작해요. 선생님의 모습을 바라보고, 나 자신이 오늘 어떠한 지를 생각해 보게 됩니다. 서로에 대해 관심을 갖게 하는 방법이기도 해요. 만약 체크인 시간이 조금 더 여유롭다면 저는 이런 활동도 함께 진행해요. "자, 모두 1분씩 이야기를 끝냈나요? 그럼 이제 나의 오른쪽 친구에게 내가 갖고 있는 이미지 카드를 건네주세요. 이제 내 손에는 왼쪽 친구의 이미지 카드가 있겠네요. 그럼 지금부터는 내 친구는 이 이미지 카드로 이런 이야기를 전했는데, 제가 생각할 때는 이런 생각이 들었어요라고 이야기해 볼게요"라고 말합니다. 그럼 학생들은 내가 들었던 이야기를 다시 한번 생각해 보게 돼요. 상대의 이야기를 더 잘 들어야겠다는 반성도 같이 하면서요. 더 나아가 친구의 이야기와 내 이야기를 함께 정리하다 보면 조금은 색다른 관점을 발견하게 되는 시간을 갖기도 합니다. 간단해 보이는 이미지 카드지만 정말 많은 이야기를 꺼낼 수 있어요.

저는 학생들과 함께 이미지 카드를 만들기도 해요. 학생들에게 A4 용지를 잘라서 카드 형태로 나눠 주고 각자가 그림을 그려 보라고 이야기합니다. 그러면 인터넷에서 찾는 것보다 훨씬 뜻깊은 이미지들이 많이 나와요. 학생들이 직접 그린 이미지 카드를 갖고 이야기를 나누다 보면 '저는 이렇게 생각하고 그렸는데, 제 친구는 이런 생각을 갖고 있더라고요'라는 이야기도 듣게 돼요. 물론 그림으로 중간중간 장난치는 학생들도 있는데요, 이 부분만 적절하게 통제해 준다면 좋은 체크인 자료를 학생들과 함께 만드실 수 있습니다. 학생들이 만든 이미지 카드는 만든 학생들을 대상으로 사용하기도 하지만 저는 주로 옆 반 친구들을 대상으로 활용하는 편이에요. 2학년 1반 학생들이 만든 이미지 카드는 2학년 3반 학생들에게 사용하고, 2학년 3반 학생들이 만든 이미지 카드는 2학년 2반 학생들에게 사용해요. 학생들은 자신들이 만든 자료를 선생님이 다른 반 수업 시간에 활용한다는 것 자체로도 큰 의미를 갖는 경우가 많이 있습니다. 좋은 추억을 남겨 줄 수도 있고요.

체크인 시간에는 이미지 카드 외에도 다양한 활동들을 많이 해요. 하지만 그건 중간중간 이벤트처럼 이용하는 경우가 많이 있습니다. 인터넷에 검색하면 정말 활용할 내용이 많은 아이스브레이킹 자료들이 많이 있는데요, 선생님들도 필요에 따라서 한번씩 사용하셔도 좋을 것 같아요. 다만 매일매일 고정적으로 진행하는 활동이 하나 있다면 선생님의 교육 철학과 수업 방향을 더 정교하게 만들 수 있으니 참고하시기 바랄게요.

마지막으로 체크인 시간에 이미지 카드를 활용할 때 가장 중요한 게 있습니다. 바로 질문이에요. 제가 앞에서 판단하지 않도록 만든다고 했죠? **정답을 찾지 않기 위해서는 정답이 없는 질문을 하시는 게 중요해요.** 이를 위해서는 질문을 조금 고민하실 필요는 있어요. 저는 가끔 학생들에게 질문을 제보받기도 하는데요. 그래도 그 질문에 대한 결정은 꼭 선생님이 하시길 바랄게요. 선생님이 선생님이신 이유가 저는 그 질문의 차이에서 나타난다고 생각하니까요.

 이미지 카드를 활용할 때 선생님이 제시하고 싶으신 질문은 무엇인가요? 선생님은 어떤 이미지를 활용하고 싶으신가요?

🎤 이미지 카드 활용하기

| 오늘의 질문 |

나의 답변 카드 | 친구의 답변 카드 1

친구의 답변 카드 2 | 친구의 답변 카드 3

진행 Tip

이 활동은 이미지 카드를 활용하여 체크인 시간을 보내는 과정을 담았습니다. 이미지 카드는 선생님이 원하시는 카드로 바꿔서 활용하실 수 있습니다. 정해진 이미지는 없습니다.

① **학생들이 오늘의 질문을 확인할 수 있도록 안내합니다.**
- 오늘의 질문은 선생님이 학생들과 나누고 싶은 내용으로 정해서 주시기 바랍니다.
- 저의 경우 '오늘 나의 감정 날씨를 나타내는 카드는?', '오늘 선생님에게 추천하고 싶은 카드는?', '오늘 나의 옆자리 짝꿍에게 전해 주고 싶은 카드는?' 등의 질문을 활용합니다.
- 학생들이 체크인을 익숙하게 진행한다면 직접 오늘의 질문을 만들 수 있도록 안내합니다.

② **오늘의 질문에 대한 나의 답변을 '나의 답변 카드'에 기록하도록 안내합니다.**
- 카드 번호와 그 카드를 고른 이유를 작성하도록 안내합니다.
- 카드를 선택한 이유는 반드시 3문장 이상 기록하도록 안내합니다.

③ **오늘의 질문에 대해 다른 학생들은 어떤 카드를 골랐는지 이야기를 나누고 그 내용을 '친구의 답변 카드'에 기록합니다.**
- 최소 3명의 학생들을 만나 오늘의 질문에 대한 답을 공유하도록 안내합니다.

이미지 카드를 활용한 방법은 질문에 따라서 체크인뿐만 아니라 다양한 활동 등에서도 활용이 가능합니다. 선생님의 스타일대로 이미지 카드를 마련해 보시고 다양한 질문으로 학생들과 소통해 보시길 기대합니다.

Q 선생님이 어떻게 수업을 시작하시는지에 대해서는 알겠습니다. 그럼 선생님은 수업을 어떻게 끝맺음하시나요? 체크아웃은 어떤 방식으로, 어떻게 진행하시는지 궁금합니다.

A 사람은 끝날 때 좋은 걸 해야 한다는 말을 들어 본 적이 있나요? 어떠한 일을 고민할 때 이 일의 끝을 생각해 보고, 그 끝이 좋으면 해도 되는 일이라고 하더라고요. 예를 들어 보면 운동은 시작할 때 기분이 좋을까요? 끝날 때 기분이 좋을까요? 물론 운동을 즐기는 사람은 시작할 때부터 기분이 좋지만, 많은 사람들은 운동을 시작할 때 심란하고 힘들어한다고 해요. 반면 운동이 끝나고 나면 개운한 기분과 함께 오늘 하루도 잘 살았다는 만족감을 느낀다고 합니다. 끝날 때의 기분을 생각해 보면 운동은 해야 하는 일이 맞는 것 같아요. 야식은 어떠할까요? 야식은 사실 먹고 나면 후회하는 경우가 많은 것 같아요. 더부룩한 속과 바로 잠자리에 들지 못하는 어려움이 야식의 끝자락에는 항상 존재하는 듯해요. 다이어트 중이라면 오늘도 식욕을 억제하지 못했다는 마음에 스스로에게 속상하기도 하고요. 끝날 때 기분을 생각해 보면 야식은 좋지 않은 것이 맞는 듯합니다. 이처럼 무언가를 고민할 때 그 끝을 고민하면 결정이 쉬워지고 행동이 간결해진다고요. 체크아웃은 끝에 대한 이야기예요. 내 수업의 끝 모습은 무엇인지를 고민하고 실천하는 게 바로 체크아웃이에요.

체크아웃 시간에 무엇을 할지 결정하기 전에 체크아웃의 목적과 내용에 대한 가이드라인을 잡고 가면 좋아요. 저의 경우 체크아웃의 목적과 내용은 체크인과 동일해요. 이청득심(以聽得心)이라는 목적에 따라 서로의 마음을 얻기 위해 듣는 시간을 많이 갖고, 여전히 정답이 없는 내용으로 구성하는 편입니다. 이렇게 만들어진 저의 체크아웃 시간을 저는 배움성장기록이라고 불러요. 배움성장기록은 말 그대로 배움과 성장에 대해 기록을 남기는 시간이에요. 수업은 가르치는 시간이 아니라 배우는 시간이잖아요? 그래서 **수업이 끝났을 때는 배움에 대해서 그리고 수업을 통해 내가 성장한 부분에 대해서 기록을 남기는 시간을 가져요.**

그렇다고 무작정 배움과 성장에 대해 기록을 남기라고 하면 교사의 의도대로 진행이 되기 어렵겠죠?

저는 배움성장기록을 남기는 과정에서 PMI 기법을 활용합니다. PMI 기법은 에드워드 드 보노(Edward de Bono)가 고안한 기법으로 대상이 갖고 있는 다양한 측면을 고려하고 평가하여 최선의 아이디어가 나오게 하는 방법을 말해요. 보통은 회의 시간에 많이 활용을 하는데요, 저는 이걸 배움성장기록에 사용해요. PMI 기법은 3가지에 집중해요. 좋았던 점, 장점, 긍정적인 측면을 찾는 Plus와 아쉬운 점, 단점, 부정적인 측면을 찾는 Minus 그리고 흥미로운 점, 독특한 점, 새로운 측면을 찾는 Interest로 구성되어 있어요. 수업이 끝나고 나면 학생들은 오늘 수업 시간에 경험한 배움과 성장 측면에서 Plus, Minus, Interest 영역을 찾아서 기록하는 시간을 갖습니다. 그런데 이걸 기록할 때는 주의할 점이 하나 있습니다. 바로 한 번에 하나만 진행해야 한다는 점이에요. 어떤 이야기냐면 Plus에 대해 찾는 시간에는 Plus만 찾아야 해요. Plus를 찾는 과정에서 Minus와 Interest에 대한 것을 찾지 않도록 통제하는 게 필요합니다. 그래서 저는 배움성장기록을 남기는 과정에서 꼭 타이머를 함께 사용해요. 일정 시간(약 1~2분 정도를 제공합니다) 동안에 오늘 나의 배움과 성장에 대해서 Plus, Minus, Interest를 차례대로 찾아볼 수 있도록 안내합니다. PMI 기법을 활용하면 단계에 맞는 생각만 진행하면 되기 때문에 단순하고 쉽게 배움과 성장에 대해 접근할 수 있습니다. 또한 학생들이 남긴 의견을 그룹으로 모아 둔다면 오늘 나의 수업이 어떠했는지를 쉽게 돌아볼 수도 있습니다. 교사에게도 좋은 배움과 성장의 기록이 될 수 있어요. 무조건 맞다, 아니다를 떠나서 조금은 객관적으로 배움과 성장을 돌아볼 수 있는 기회도 만들 수 있습니다. 그런데 막상 해 보시면 학생들이 생각보다 잘 못 적는 걸 발견하실 거라 생각해요. 특히나 Interest를 적는 과정에서 학생들은 기록을 어려워합니다. **하지만 연습이고 내 수업의 문화를 만들어 가는 측면으로 생각하신다면 조금은 덜 채워져도 괜찮다는 마음을 가지시면 좋을 것 같아요.** 첫술에 배부를 수는 없으니까요.

PMI 기법을 진행하는 과정에서 조금은 색다르게 접근하실 수 있는 방법도 알려 드릴게요. 먼저는 체크인 때 활용했던 이미지 카드를 사용하는 방법이에요.

Plus, Minus, Interest 영역을 이미지 카드로 뽑아서 이야기를 나누도록 하면 조금은 학생들이 편하게 배움과 성장에 대해 생각해 볼 수 있어요. 기록을 남기는 측면에서는 나중에 이 학생이 왜 이 카드를 골랐는지 기억이 나지 않는 경우가 많기 때문에 조금 아쉬움이 있긴 하지만 학생 입장에서는 조금은 편하게 자신의 배움과 성장에 대해 접근할 수 있습니다. 이미지 카드에 대해서는 체크인 때 많이 설명해 드렸으니까 여기서는 이 정도만 말씀드릴게요. 다음으로는 형용사를 활용하는 방법입니다. 제가 자주 사용하는 방법 중 하나인데요, 학생들에게 형용사를 50~60개 정도 모아서 제공합니다. 형용사는 인터넷에 검색하면 사람들이 정리를 잘 해 둔 자료가 많아서 쉽게 얻으실 수 있어요. 형용사를 제공하고 Plus, Minus, Interest 각각의 영역을 형용사로 표현해 보도록 안내합니다. 형용사를 통하면 학생들의 마음과 감정을 조금 더 쉽게 파악할 수 있습니다. 학생들도 그냥 좋다는 개념을 신나다, 흥미롭다, 다채롭다, 다양하다, 놀랍다, 신비롭다, 새롭다 등 조금은 구체적인 표현으로 나타낼 수 있어요. 자신의 배움과 성장을 조금 더 명료하게 들여다보게 되지요. 마지막으로 Plus, Minus, Interest의 장면을 그림으로 그려 보도록 안내해요. 장면을 그려 보라고 하면 학생들은 수업 시간 전체를 회고하게 됩니다. 자연스럽게 각각의 장면이 갖고 있는 의미가 무엇이었는지도 생각해 보게 됩니다. 미술 시간이 아니니까 그림을 잘 그리는 것이 목적이 아니라고 이야기하는 게 중요합니다. 포인트만 잡아서 표현할 수 있게 안내해 주시면 충분히 배움과 성장에 대해 이야기를 나눌 수 있습니다.

제 수업의 끝은 항상 이렇게 자신의 배움과 성장에 대해 기록을 남기는 시간으로 마무리돼다. 수업 내용이 무엇이었는지는 크게 중요하지 않습니다. 수업을 통해 학생이 무엇을 배웠는지 그리고 어떠한 성장을 꿈꾸었는지에 대해 스스로 생각해볼 수 있게 안내합니다. **선생님이 바라시는 수업의 끝모습은 무엇인가요?** 이제 선생님이 설계하실 시간입니다.

선생님이 기대하시는 수업의 끝모습은 무엇인가요?
학생들이 자신의 배움과 성장을 어떻게 기록에 남길 수 있을까요?

PMI 기법으로 배움성장기록 작성하기

Plus	Minus	Interest
친구의 답변	친구의 답변	친구의 답변
친구의 답변	친구의 답변	친구의 답변

진행 Tip

이 활동은 수업이 종료된 이후에 자신의 배움 과정에 대해 돌아보는 내용으로 구성되어 있습니다.

❶ **오늘 참여한 학습 과정에서 내가 새롭게 얻은 점(Plus)을 기록하도록 안내합니다.**
- 주어진 시간 동안 Plus 부분만 기록하도록 안내합니다. 간혹 빠르게 기록하고 다음 챕터로 넘어가는 학생이 있습니다. 주어진 시간 동안 차분하게 하나씩 함께 기록할 수 있도록 안내합니다.
- 체크아웃 활동이기 때문에 저는 각 부분을 기록하는 데 1분의 시간을 제공합니다.
- 글로 작성하기가 어렵다면 그림으로 간단하게 표현해도 괜찮습니다. 일정한 장면을 떠올려서 표현하도록 해도 좋습니다.

❷ **오늘 학습 과정에서 내가 경험한 아쉬운 부분(Minus)을 기록하도록 안내합니다.**
- 주어진 1분의 시간 동안 자신의 모습과 주변 환경을 돌아보면서 기록합니다.
- 글로 작성하기가 어렵다면 그림으로 간단하게 표현해도 괜찮습니다. 일정한 장면을 떠올려서 표현하도록 해도 좋습니다.

❸ **오늘 학습 과정에서 흥미가 생긴 부분(Interest)을 기록하도록 안내합니다.**
- 흥미가 생긴 부분은 학생들이 찾아 기록하기 어려워할 수도 있습니다. 반드시 찾아야 하는 영역은 아니라고 이야기해 주시기 바랍니다.
- 글로 작성하기가 어렵다면 그림으로 간단하게 표현해도 괜찮습니다. 일정한 장면을 떠올려서 표현하도록 해도 좋습니다.

❹ **작성한 내용에 대해서 다른 학생과 내용을 공유하고 그 내용을 활동지에 기록합니다.**

이 활동을 진행하는 과정에서 핵심은 반드시 모든 영역을 채우도록 안내하는 것입니다. 사실 학습 과정에서 흥미가 생긴 부분 등이 없을 수도 있습니다. 하지만 가급적 학생이 학습 과정에 집중해서 그 영역을 찾아볼 수 있도록 안내해 주시기 바랍니다. 찾는 연습이 핵심인 활동입니다.

왜 교사도 그라운드룰이 있어야 하죠?

Q 그라운드룰에 대해서는 어디선가 들어 봤던 것 같아요. 용어가 전혀 낯설지는 않네요. 그런데 사실 제 수업과 그라운드룰은 거리가 멀어 보였어요. 이건 운동에서 사용하는 용어 아닌가요? 왜 수업을 이야기하시는데 그라운드룰이라는 개념을 갖고 오시는지 궁금하네요. 도대체 그라운드룰이란 무엇인가요?

A 교사란 어떤 사람이라고 생각하시나요? 교사의 역할에 대해 사람마다 생각하는 게 다른 것 같아요. 누군가는 지식과 정보를 제공하는 사람, 누군가는 부모와 같은 역할을 하는 사람, 누군가는 인성을 지도하는 사람 등 매우 다양하게 교사의 역할에 대해 이야기를 전하더라고요. 교사의 역할에 대해서는 각 교사가 갖고 있는 교육 철학에 따라 다를 수 있기 때문에 여기서 어떤 역할이어야 하는지에 대해서는 이야기 나누지 않을게요. 다만 제가 생각하는 교사의 중요한 역할 중 하나는 코치라고 생각해요. 코치라는 단어는 체육에 등장하는 개념인데요, 운동 경기의 정신, 기술, 전술 따위를 선수들에게 지도하고 훈련하는 일 또는 그 일을 하는 사람을 코치라고 표현한다고 해요. **저는 교사란 학생들의 배움과 성장을 지도하는 코치라고 생각해요.** 학생들이 배우고 성장할 수 있도록 마음가짐, 지식, 태도 따위를 지도하고 훈련하는 역할이라고 생각합니다. 운동을 가르치는 코치들은 운동 선수에게 반드시 알려 줘야 할 것이 있습니다. 바로 그라운드룰이에요.

그라운드룰은 경기장의 사정에 따라 정식 경기 규정을 적용할 수 없을 경우에 임시로 정하는 경기 규정을 말해요. **여기서의 핵심은 임시로 정하는 경기 규정이라는 점이에요.** 예를 들어서 축구 경기는 11명이 진행하는 것이 기본적인 룰입니다. 하지만 전체 선수가 20명 밖에 없다면 어떻게 경기를 해야 할까요? 각 팀을 10명으로 구성해서 경기를 진행해야겠죠? 이건 정식 축구 경기의 룰과 맞지 않는 선택입니다. 하지만 우리가 당장 진행하는 경기에는 적용되는 룰이에요. 이게 바로 그라운드룰입니다. 임시로 정하는 경기 규정. 임시로 정하기 때문에 이 경기를 벗어나면 해당 사항이 없습니다. 저번에 10명이 한 팀으로 축구 경기를 진행했으니까 전체 22명이 있는 경우에도 10명이 한 팀이 되자고 주장할 수는 없겠죠? 수업도 마찬가지예요. 각 교사마다 갖고 있는 강점과 특징이 모두 다릅니다. 앞서서 배움의 방식을 이야기할 때 강의가 가장 효율적이지 않다고 이야기했지만 어떤 선생님은 강의를 정말 잘하셔서 강의를 듣는 학생들마다 너무 만족도가 높은 경우도 있어요. 반면에 어떤 선생님은 아이들의 생각을 이끌어 내는 질문을 너무 잘하셔서 아이들이 선생님의 질문을 들을 때마다 신선하고 새롭다고 이야기는 경우도 있고요. 이렇게 선생님마다 갖고 계신 강점이 모두 다른데 모든 선생님에게 같은 룰을 적용할 수 있을까요? 그렇기 때문에 그라운드룰이 필요합니다. 내가 갖고 있는 특성에 맞게, 내가 갖고 있는 강점에 맞게 나의 수업에 최적화된 그라운드룰이 필요합니다.

그래서 실제로 많은 선생님들이 자신에게 맞는 그라운드룰을 설정해서 갖고 계신 경우가 많이 있습니다. 선생님이 갖고 계신 장점과 강점을 누구보다 잘 알고 계시기 때문입니다. 그런데 그라운드룰을 갖고 계시지만 많은 분들이 놓치고 계신 두 가지 사항이 있습니다. 첫째, 그라운드룰을 명확하게 정리하지 않습니다. 내 수업의 특징이 무엇이라고 어렴풋이 말로 표현할 수는 있지만 그것이 명료하게 텍스트화되어 있지 않습니다. 그렇다 보니 어떤 경우에는 그라운드룰이 적용되고 어떤 경우에는 적용되지 않는 경우가 발생합니다. 실제로 저는 교탁에서 강의를 잘 진행하지 못합니다. 10분 정도면 아이들을 숙면에 들게 하는 재주가 있습니다. 그래서 저는 10분 이상은 아이들 앞에서 말하지 않는다는 그라운드룰을 스스로에게 적용하고 있습니다. 그런데 처음에는 이렇게 명료하지 않았습니다. 그냥 학생들에게 강의를 오래 하지 않아야겠다고만 생각했습니다. 그러다 보니 어떤 경우는 5분, 어떤 경우는 15분 이렇게 다양해지더라고요. 수업을 준비하는 저 또한 '내가 얼마나 교탁에 서서 수업 내용을 설명하려고 했지?'라고 매번 정리를 해야 했고요. 그래서 텍스트로 정리하는 것이 필요합니다. 글로 표현할 때 나의 그라운드룰은 명확해집니다. 그라운드룰이 명확해질수록 수업을 준비하고 진행하는 과정에서의 고민은 반으로 줄어듭니다. 둘째, 그라운드룰을 공유하지 않습니다. 그라운드룰은 한 사람만 지키는 것이 아닙니다. 경기에 참여하는 모두가 함께 인지하고 있어야 하며 함께 지켜야 하는 룰입니다. 수업 시간의 그라운드룰이라면 교사와 학생 모두가 해당 룰을 알고 있어야합니다. 그런데 대부분의 경우 수업 시간의 그라운드룰은 교사인 본인만 알고 있는 경우가 많습니다. 물론 내 수업 시간을 위해 내가 세운 룰이기 때문에 이걸 모두에게 반드시 공유할 필요는 없습니다. 하지만 수업 시간을 학생과 함께 만들고 채워가는 과정이라고 여기신다면 학생들과 반드시 선생님의 그라운드룰을 공유하시길 추천합니다. 앞서서 저는 10분 정도면 아이들을 숙면에 들게 하는 재주가 있다고 이야기했습니다. 그래서 '10분 이상 아이들 앞에서 강의하지 않아야지'라는 그라운드룰을 세운 다음에는 학생들에게 저의 그라운드룰에 대해서 설명해 주었습니다. 그라운드룰을 설명한 것은 두 가지 목적이 있었습니다. 첫 번째는 내가 세운 그라운드룰을 나 스스로 지킬 수 있는 명분을 만드는 것입니다. 두 번째는 내가 어떤 사람이고 내가 어떤 강점을 갖고 있는 사람인지 오해 없이 전달하는 것입니다. 물론 그라운드룰을 이야기하고 나서도 10분 이상 설명을 진행한 적도 있습니다. 그럴 때마다 학생들이 이야기하더라고요. '선생님, 10분 지났어요'라고요. 그럴 때면 가볍게 알았다고 이야기하고 넘어가면 됩니다. 때로는 10분이 지났어도 학생들이 이야기하지 않을 때도 있습니다. 자신들도 몰랐다고 하면서요. 중요한 건 그라운드룰이 헌법처럼 작용하는 것이 아니라 교사와 학생들이 함께 수업을 만들어 가는 과정에서 중요한 도구로서 활용된다는 점입니다. **그라운드룰은 임시 규정이니까요.**

수업 시간마다 그라운드룰은 얼마든지 바뀔 수 있습니다. 토론 수업의 경우에는 토론 수업에 맞게 진행하고 실험 수업의 경우 실험 수업에 맞게 바뀔 수 있습니다. 핵심은 그라운드룰이 필요하다는 것과 그 그라운드룰이 선생님이 갖고 계신 장점과 강점을 극대화시킬 수 있게 도움을 드릴 수 있다는 점입니다. 그리고 학생들과 함께 수업을 만들고 채워 가는 과정에서 매우 요긴하게 활용될 수 있다는 사실입니다. 선생님이 갖고 계신 장점과 강점이 그라운드룰을 통해 수업에 녹아들길 기대합니다.

 선생님이 갖고 계신 장점과 강점은 무엇인가요?
장점과 강점이 녹아들기 위해서 필요한 그라운드룰은 무엇일까요?

학생들과 함께 해 보세요

🎤 장점과 강점을 기반으로 그라운드룰 만들기

장점과 강점	☐ ☐ ☐
바라는 모습	☐ ☐ ☐
그라운드룰	☐ ☐ ☐ ☐ ☐

진행 Tip

이 활동은 장점과 강점이 무엇인지 파악해 보고 이를 기반으로 그라운드룰을 만드는 과정을 담았습니다.

❶ **자신이 갖고 있는 장점과 강점에 대해 서술하도록 안내합니다.**
- 구체적이고 명료하게 적도록 안내합니다.
- 장점과 강점이 언제 잘 발현되는지를 떠올리고 그 과정에 대해서 함께 기록하도록 안내합니다.
- 사소한 것도 자신이 갖고 있는 장점과 강점이 될 수 있음을 안내합니다.
- 최소 3개 이상의 장점과 강점을 찾아서 기록할 수 있도록 안내합니다. 너무 많을 경우 자신이 집중하고 있는 장점과 강점을 선택해서 기록할 수 있도록 안내합니다.

❷ **장점과 강점을 극대화하기 위해 바라는 모습을 적도록 안내합니다.**
- 바라는 모습은 약점을 보완하는 것이 아니라 장점과 강점을 극대화하는 모습임을 안내합니다.
- 장점과 강점이 극대화되었을 때 자신이 갖고 있는 약점은 자연스럽게 상쇄될 수 있음을 이야기해 줍니다. 약점을 보완하는 것이 목적이 아니라 자신이 갖고 있는 장점과 강점을 최대한으로 끌어올리는 것에 포인트를 둘 수 있도록 안내합니다.
- 최소 3개 이상의 모습을 작성할 수 있도록 안내합니다.

❸ **자신이 갖고 있는 장점과 강점을 극대화하기 위해서 필요한 그라운드룰을 기록하도록 안내합니다.**
- 당장 실천할 수 있을 정도로 구체적으로 작성하도록 안내합니다.
- 항목은 5가지를 기준으로 작성하되 최소 3개 이상은 작성할 수 있도록 안내합니다.

Q 그라운드룰에 대한 개념은 이해가 되었습니다. 내 수업 안에서 나만의 그라운드룰이 필요한 것 같아요. 그럼 이제 구체적으로 그라운드룰을 구성하고 실천에 옮겨야 할 것 같은데요, 선생님은 그라운드룰을 세울 때 어떤 점을 중점에 두시나요? 무엇을 고려하시면서 진행하시는지가 궁금합니다.

A 함께 수업에 참여하고 만들어 가는 교사인 저와 학생은 하나의 팀이라고 생각합니다. 함께하고 있는 이 시간 최고의 팀이 되어 최상의 수업 시간을 채워 가는 과정이라고 여깁니다. 사실 그라운드룰은 만든다고 해서 당장 효과가 드러나지 않습니다. 그라운드룰을 만들고 나서 열심히 해 보자고 다짐해도 다음과 같은 생각이 떠나지 않습니다. '왜 교사인 나만 수업을 열심히 하는 것 같지?', '쟤는 도대체 왜 저러는 걸까?', '진짜 하고 싶은 마음이 있긴 한 걸까?', '마음이 급한건 나뿐인가?', '열심히 하겠다는 말에 또 속았다', '이번 학기만 버티고 견디자' 등의 생각들이 머릿속을 가득 채웁니다. 그러다 보니 막상 그라운드룰을 만들고 적용해 보자고 마음 먹었던 내 모습이 금방 사라집니다. '당장 효과도 없는데 이게 중요할까?'라는 생각이 가득 차게 됩니다. 하지만 분명한 것은 최고의 팀을 만드는 과정에서 가장 중요한 핵심 요소로 뽑고 있는 건 그라운드룰입니다. 우리가 알고 있는 최고의 팀들은 모두가 각자의 그라운드룰을 갖고 있습니다. 함께 수업을 만들어 가고 있는 교사와 학생들도 그 안에 그라운드룰이 존재합니다. 우리는 그라운드룰을 통해 문화를 만들 수 있습니다. 내 수업 시간에 맞는 문화가 만들어질 때 우리는 지금보다 더 나은 팀이 될 수 있습니다. 최고의 팀이 되기 위해 노력하지 마시기 바랍니다. 오늘보다 한 단계 업그레이드된 팀이면 충분합니다. **우리의 목표는 최고가 아니라 성장임을 기억하시면 좋겠습니다.**

하나의 팀이 되기 위해 그라운드룰을 만들고 적용하는 과정에서의 목적은 문화를 만드는 것입니다. 저는 제 수업 시간에 피드백이 활성화되는 문화를 만들기 위해 노력합니다. 표준국어대사전에 따르면 피드백은 '학습자의 학습 행동에 대하여 교사가 적절한 반응을 보이는 일'이라고 표현하고 있습니다. 저는 사전적 의미보다 조금은 넓은 개념으로 피드백을 활용합니다. 사전적 개념에서의 학습자는 꼭 학생이 아니라고 생각합니다. 수업 시간에 학생들을 통해 배우는 저 또한 학습자이기 때문입니다. 교사 또한 꼭 직업으로서 교사가 아니라고 생각합니다. 제 수업에 참여하며 저에게 또 다른 깨달음을 주는 학생이 저에게는 교사이기 때문입니다. 그래서 저는 피드백을 다음과 같이 수정해서 정의합니다. **'수업에 참여하는 모두가 학습 행동에 대해서 적절한 반응을 보이는 일'**입니다. 그래서 제 수업은 적절한 반응을 보이도록 하는 것이 목적입니다. 여기서 적절한 반응이란 칭찬과 격려입니다. 칭찬은 좋은 점이나 착하고 훌륭한 일을 높이 평가하거나 그런 말을 의미합니다. 격려는 용기나 의욕이 솟아나도록 북돋워 주는 걸 말합니다. 쉽게 이야기하면 좋은 점은 칭찬하도록 하고 아쉬운 점은 격려로서 표현되도록 합니다. 지적과 비난을 격려로 바꿔서 표현될 수 있도록 만들어 갑니다. 이를 위해서 그라운드룰에 필요한 내용이 있습니다. 그 개념을 잘 설명한 책이 있습니다. 바로 도서 〈실리콘 밸리의 팀장들〉입니다. 여기서는 그 책에 나오는 내용을 잠시 설명해 드리겠습니다.

〈실리콘 밸리의 팀장들〉이라는 책에는 '개인적 관심'과 '직접적 대립'이라는 개념이 등장합니다. 개인적 관심이란 말 그대로 개인적인 관심을 기울여 주는 일을 말합니다. 단순히 일로서 상대를 대하는 것이 아니라 더 높은 꿈을 품은 존재로서 상대방을 대하는 것입니다. 개인적 관심을 갖기 위해서는 서로 대화를 나눌 시간이 필요합니다. 인간적인 측면을 서로 이해하고 각자가 무엇을 중요하게 여기는지 알아 가는 과정이 필요합니다. 학교는 어떤 마음가짐으로 오는지, 학교에 오기 싫은 순간이 있다면 언제인지 등에 대해서 함께 공유하는 것입니다. 저는 이 개인적인 관심을 갖기 위한 시간으로 체크인과 체크아웃을 활용합니다. 각자에 대해서 조금은 깊이 있게 알아 갈 수 있는 시간을 갖습니다. 직접적 대립이란 과정과 결과가 좋을 때나 아쉬울 때나 모두에게 피드백을 전하는 노력을 말합니다. 직접적 대립은 좋은 점과 아쉬운 점을 모두 언급합니다. 이 점이 매우 중요한데요, 그 이유는 우리는 피드백을 아쉬운 점을 고쳐주기 위한 요소로 많이 활용하기 때문입니다. 좋은 점과 아쉬운 점이 같이 이야기될 때 상대에 대해 충분한 관심을 갖고 있다는 사실을 보여 주게 됩니다. 직접적 대립은 상대방에게 스트레스를 제공합니다. 스트레스를 주지 않는 피드백은 존재하지 않습니다. 따라서 스트레스를 주지 않는 척하거나 내가 제공한 피드백을 후회하는 데서 그치면 서로에게 상처만 남습니다. 상대에게 많은 관심을 기울이고 있다는 사실을 보여 주는 게 필요합니다. 문제가 해결될 수 있도록 도와야지 상대의 기분을 좋게 하려고 문제를 덮어 두는 것은 바람직하지 않습니다. 그래서 이 과정을 위해서는 시간과 주의가 필요합니다. 핵심은 다음과 같은 마음가짐을 갖는 것입니다. "그게 우리의 차이점이라고 생각해. 너는 우리가 싸우고 있다고 생각하지만, 나는 드디어 우리가 대화를 시작했다고 생각해"라는 마음가짐입니다. 개인적 관심과 직접적 대립이 잘 연결되었을 때 '완전한 솔직함'의 영역을 추구할 수 있습니다. 책에서는 솔직함이라는 의미를 'Honesty'가 아니라 'Candor'로 표현하고 있습니다. Honesty가 정직하고 솔직함을 나타낸다면 Candor는 솔직, 정직, 허심탄회라는 의미를 담고 있습니다. 자신의 생각을 제시함과 동시에 상대도 각자 갖고 있는 생각을 제시하기를 기대한다는 뜻을 내포합니다. 수업 시간에 주어지는 피드백의 모습이 완전한 솔직함으로 진행될 때 **칭찬은 '상대의 그런 점을 존경합니다'라는 의미로, 격려는 '더 잘되기 위해 현재의 잘하는 점을 수정하기를 요청합니다'라는 의미로 전달되게 됩니다.** 교사인 나와 학생들 관계에서도, 학생과 학생 사이의 관계에서도 칭찬과 격려가 꽃피는 문화를 만들 수 있게 됩니다.

　이런 그라운드룰은 연습이 필요합니다. 절대 한 번에 되지 않습니다. 그리고 아쉽게도 선생님께서 이번 학기 내내 열심히 적용하신다고 해도 단번에 되지 않을 가능성이 매우 높습니다. 많은 분들이 이런 문화를 만들기 위해서는 서로가 친해져야 가능하다고 이야기하십니다. 맞습니다. 하지만 **솔직하게 서로의 생각을 주고받는 기회는 우리가 친밀한 관계가 될 때까지 기다려 주지 않습니다.** 칭찬과 격려로 만들어 가는 피드백 문화가 선생님의 교실에도 꽃피는 날을 함께 만들어 가면 좋겠습니다.

선생님이 생각하시는 피드백이란 무엇인가요?
그라운드룰을 통해 만들고 싶은 내 수업 시간의 문화는 무엇인가요?

칭찬과 격려가 꽃피는 피드백 문화 만들기

내가 생각하는 칭찬의 방법	☐ ☐ ☐
내가 생각하는 격려의 방법	☐ ☐ ☐
피드백을 위한 그라운드룰	☐ ☐ ☐
우리가 기대하는 수업 시간의 모습 상상하기	☐ ☐ ☐ ☐ ☐

진행 Tip

이 활동은 수업 시간(학습 과정)에 피드백 문화를 만들기 위한 내용으로 구성되었습니다.

❶ **자신이 생각하는 최고의 칭찬 방법이 무엇인지 기록하도록 안내합니다.**
- 구체적인 장면을 떠올리면서 기록하면 도움이 된다고 안내해 주시기 바랍니다.
- 최고의 칭찬 문장이 기억나면 대화 내용 또는 문장을 직접적으로 인용해서 적는 것도 좋은 방법이라고 이야기해 주시기 바랍니다.

❷ **자신이 생각하는 최고의 격려 방법이 무엇인지 기록하도록 안내합니다.**
- 구체적인 장면을 떠올리면서 기록하면 도움이 된다고 안내해 주시기 바랍니다.
- 최고의 격려 문장이 기억나면 대화 내용 또는 문장을 직접적으로 인용해서 적는 것도 좋은 방법이라고 이야기해 주시기 바랍니다.

❸ **모둠 안에서 또는 다른 학생들을 만나 기록한 내용을 공유합니다.**
- 공유 과정에서 칭찬의 방법과 격려의 방법을 수정할 수 있음을 안내합니다.

❹ **공유한 내용을 바탕으로 피드백을 위한 그라운드룰을 작성합니다.**
- 당장 실천할 수 있는 형태로 구체적으로 작성하도록 안내합니다.
- 피드백의 목적을 중점에 두고 실천할 수 있는 그라운드룰을 작성합니다.

❺ **피드백을 위한 그라운드룰이 실천됨으로써 기대되는 모습에 대한 상상을 그림으로 표현합니다.**
- 분위기, 감정, 느낌 등이 드러날 수 있도록 안내합니다.
- 미술 시간이 아니기 때문에 그림을 잘 그리는 것보다 그 안에서 어떤 감정을 느끼고 싶은지에 대해 표현하도록 안내합니다.

Q 설명해 주신 내용을 바탕으로 이해를 한다고 해도 쉽지 않네요. 그라운드룰을 인터넷에 검색하면 여러 가지 자료가 많이 나오던데, 실제로 그라운드룰을 세우는 과정에서 참고할 만한 자료가 있을까요? 선생님은 어떤 자료를 참고해서 그라운드룰을 세우시는지가 궁금합니다.

A '치킨은 살 안 쪄요. 살은 내가 쪄요'라는 마케팅 문구를 본 적이 있나요? 배달의 민족이라는 회사에서 진행한 배민 신춘문예에서 대상을 받은 글귀인데 참신하면서도 공감을 일으킨다는 점에서 많은 사람들에게 기억되는 문구 중 하나입니다. 이 외에도 '아빠 힘내세요 우리고 있잖아요 – 사골국물', '난 한방이 있어 – 삼계탕', '내 인생의 주인공은 – 라자냐', '떡상하면 안되는데 – 떡집 사장', '어떻게든 잘 – 대게찜' 등 배달 음식을 중심으로 하나의 문화를 가는 회사예요. 이 회사가 이런 문화를 잘 드러내는 것 중 하나가 이 회사만의 그라운드룰이었습니다. 인터넷에 검색하면 쉽게 찾을 수 있는데요, 이번에는 여러 그라운드룰의 예시를 실제적으로 보여 드리면서 내 수업의 그라운드룰을 만들어 보는 시간을 갖도록 해 볼게요.

먼저 앞에서 언급을 했으니 배달의 민족의 그라운드룰을 살펴보지 않을 수 없겠죠? 이 회사는 '송파구에서 일 잘하는 방법 11가지'라는 이름으로 그라운드룰을 만들어 두었습니다.

1. 9시 1분은 9시가 아니다.
2. 업무는 수직적, 인간관계는 수평적.
3. 간단한 보고는 상급자가 하급자 자리로 가서 이야기 나눈다.
4. 잡담을 많이 나누는 것이 경쟁력이다.
5. 개발자가 개발만 잘하고, 디자이너가 디자인만 잘하면 회사는 망한다.
6. 휴가 가거나 퇴근 시 눈치 주는 농담을 하지 않는다.
7. 팩트에 기반한 보고만 한다.
8. 일을 시작할 때는 목적, 기간, 예상 산출물, 예상 결과, 공유 대상자를 생각한다.

> 9. 나는 일의 마지막이 아닌 중간에 있다.
> 10. 책임은 실행한 사람이 아닌 결정한 사람이 진다.
> 11. 솔루션 없는 불만만 갖게 되는 때가 회사를 떠날 때다.

어떠하신가요? 저는 첫 번째 그라운드룰인 '9시 1분은 9시가 아니다'라는 문구가 확 와닿더라고요. 시간의 중요성을 참신하게 표현했다는 점에서 신선함이 느껴졌었습니다. 선생님이 보시기에는 어떻게 다가왔나요? 공감이 되는 문구도 있고 또 '왜 이렇게 만든거야?'라는 생각이 드는 글귀도 있을 것 같아요. 이런 그라운드룰이 생긴 후에 한 회사에서는 '서초동에서 일 잘하는 방법 11가지'로 다음과 같은 그라운드룰을 만들었습니다.

> 1. 9시 1분은 9시에서 1분이 지난 시간이다.
> 2. 업무는 수직적, 인간관계도 수직적
> 3. 간단히 보고할 일이라면 보고하지 말고 알아서 하자.
> 4. 잡담처럼 일 얘기도 즐기자.
> 5. 개발자는 개발만이라도, 디자이너는 디자인만이라도 잘하자.
> 6. 휴가 가거나 퇴근 시 눈치 안 봐도 될 만큼만 하자.
> 7. 팩트에 기반한 보고는 카메라와 녹음기를 이용하고 내 생각을 보고하자.
> 8. 일을 시작할 때는 일의 시작만 생각하자.
> 9. 나는 일의 마지막이어야 한다.
> 10. 책임은 실행한 사람과 결정한 사람이 함께 진다.
> 11. 솔루션 없는 불만만 갖게 되는 때가 언젠가는 꼭 온다.

비슷하면서도 서로 다른 이야기를 전하고 있죠? 앞서 이야기한 것처럼 그라운드룰은 나에게 맞는 경기장에 적용하는 룰이기 때문에 어떤 것이 맞고 틀리다를 이야기할 수 없습니다. 나에게 맞는 룰이 무엇인지를 찾고 만들고 실천하는 게 가장 중요하기 때문입니다.

제가 담당했던 학생들이 세웠던 그라운드룰도 공유해 드립니다. 이 그라운드룰은 사회 문제를 찾고 정의하던 프로젝트 팀에서 세웠던 룰입니다. 이들은 하루 2~3시간씩 모여서 자신들끼리 준창업과정에 해당하는 프로젝트를 진행했었습니다.

> 1. 칭찬이 고플 때 지각을 하자.
> 2. 우리의 집중력은 90분임을 기억하자.
> 3. '행복하자고 하는 거잖아요?'
> 4. 팩트는 폭행이 아니라 다행으로 여기자
> 5. 긴 회의보다 짧은 공유가 효과적이다
> 6. 자동차는 바퀴가 하나만 터져도 못 간다
> 7. 텐션의 나비 효과를 기억하자
> 8. 팀 성찰은 팀을 돌아보는 시간이다.

이 팀의 경우 누군가 지각을 하면 그 사람을 향해 칭찬을 제공하는 문화가 있었습니다. 화를 내는 대신 지각한 사람이 얼마나 소중한 사람인지를 느끼게 해주는 방법을 선택했습니다. 집중력이 90분임을 알고 난 다음부터는 90분이 지나면 무조건 쉬는 시간을 가졌습니다. 아무리 급한 일도 90분 타이머가 끝나면 무조건 쉬었습니다. 7번에 보면 텐션의 나비 효과라고 써 있는데요, 이 팀 학생들은 한번 신이 나면 주체할 수 없는 경우가 많았습니다. 목소리도 커지고 딴 세상 이야기로 빠지는 경우도 많았어요. 그래서 이들은 자신들의 텐션을 붙잡는 게 중요하다고 생각했었습니다.

본격적으로 선생님 수업의 그라운드룰을 만들어 보실 시간입니다. 아무것도 없이 만들기는 쉽지 않습니다. 그래서 함께 고민하면 좋을 질문들을 몇 가지 제시해 드리고자 합니다. 밸런스 게임하듯이 질문을 보시고 함께 의견을 나누면서 답을 해 보시면 좋겠습니다.

> - 선생님은 9시와 9시 1분이 다른 것 같나요? 같은 것 같나요?
> - 설명은 얼마나 자주, 얼마나 길게 해야 한다고 생각하시나요?
> - 팩트는 바로 이야기하는 게 좋으신가요? 돌려 말하는 게 좋으신가요?
> - 질문하면 바로 대답하는 편이신가요? 생각하는 편이신가요?
> - 선생님은 학생과 얼마나 친해지면 좋겠다고 생각하시나요?
> - 교사와 학생이 서로 의견이 다를 때는 어떻게 하는 게 좋다고 생각하시나요?
> - 교사와 학생은 서로에 대해 얼마나 솔직해야 한다고 생각하시나요?
> - 교사와 학생 모두가 수업 시간에 잘하고 있다는 것을 알 수 있는 방법은 무엇일까요?
> - 선생님은 언제 동기 부여가 가장 잘 되시나요?

✦ 그라운드룰을 만들 때 선생님이 중요하게 여기시는 건 무엇인가요?
선생님의 그라운드룰 중 딱 하나만 남긴다면 그건 무엇인가요?

 학생들과 함께 해 보세요

🎤 그라운드룰 패러디하기

배달의 민족 그라운드룰을 패러디해서 우리의 그라운드룰을 만들어 보세요.

1. 9시 1분은 9시가 아니다.
2. 업무는 수직적, 인간관계는 수평적.
3. 간단한 보고는 상급자가 하급자 자리로 가서 이야기 나눈다.
4. 잡담을 많이 나누는 것이 경쟁력이다.
5. 개발자가 개발만 잘하고, 디자이너가 디자인만 잘하면 회사는 망한다.
6. 휴가 가거나 퇴근 시 눈치 주는 농담을 하지 않는다.
7. 팩트에 기반한 보고만 한다.
8. 일을 시작할 때는 목적, 기간, 예상 산출물, 예상 결과, 공유 대상자를 생각한다.
9. 나는 일의 마지막이 아닌 중간에 있다.
10. 책임은 실행한 사람이 아닌 결정한 사람이 진다.
11. 솔루션 없는 불만만 갖게 되는 때가 회사를 떠날 때다.

1.
2.
3.
4.
5.
6.
7.
8.
9.
10.
11.

진행 Tip

이 활동은 배달의 민족 그라운드룰을 패러디해서 수업 시간에 활용되는 그라운드룰을 만들어 보는 과정입니다. 수업 전체의 그라운드룰, 모둠의 그라운드룰, 개인의 그라운드룰 등을 만드는 과정에 활용하실 수 있습니다.

① **그라운드룰의 개념과 목적에 대해서 안내해 줍니다.**
- 그라운드룰이 나에게 맞는 경기장에만 적용되는 룰이라는 사실을 잊지 않도록 안내합니다.

② **배달의 민족 그라운드룰을 읽으면서 각각의 룰이 갖고 있는 의미와 목적이 무엇인지 추측해 보도록 안내합니다.**

③ **배달의 민족 그라운드룰을 바탕으로 자신에게 맞는 그라운드룰을 만드는 과정을 진행합니다.**
- 전체적인 문장을 가져오고 일부만 변경해도 괜찮음을 이야기해 줍니다.
- 핵심은 나의 경기장에 필요한 룰이 무엇인지에 대해 생각하는 과정임을 안내해 줍니다.
- 그라운드룰은 누가 보더라도 이해할 수 있어야함을 이야기해 줍니다. 구체적이고 명료하게 표현할 수 있도록 안내합니다.

④ **작성한 그라운드룰을 다른 학생들과 함께 공유합니다.**
- 이 과정에서 모두가 함께 지킬 모두의 그라운드룰을 재설정하는 과정이 더해지면 활동이 풍성해집니다.

 읽자마자 적용하는 디지털 교육변화 PBL 활용편

학기를 진행할 때 펼쳐 볼 5가지 비법

❶ 왜 자꾸 뭘 하지 말라는 거예요?

❷ 라면 끓일 줄 아냐고 왜 물어보세요?

❸ 문제가 문제가 아니라고요?

❹ 왜 자꾸 성 밖으로 끄집어내시나요?

❺ 기억하기 위해 기록한다니 무슨 말이에요?

왜 자꾸 뭘 하지 말라는 거예요?

Q 교사가 되고 나서 이것저것 하고 싶은 마음이 많이 들었어요. 그래서 새로운 연수도 신청하고, 교수 학습 방법 연구도 많이 해 보고, 책도 읽고 취미 생활도 시작했어요. 수업에 대해서 고민하려고 연구회도 참석하고요. 이렇게 이것저것 많이 하면 확실히 교사로서 저도 더 많이 성장하지 않을까요? 저는 앞으로 달라지는 제 모습이 무척이나 기대가 돼요.

A 우리는 매일 아침, 내가 오늘 하루를 잘 살아가기 위해 해야 할 일을 떠올려요. 출근하면 포스트잇으로 내가 할 일을 정리하고 오늘 하루 동안 어떤 일들을 처리하면서 시간을 보낼지를 생각합니다. 그런데 저는 조금은 다른 이야기를 하고 싶어요. 우리는 매일 To-Do라는 이름으로 해야 할 일을 정리하면서 살아가는데 막상 우리가 하지 말아야 할 일은 잘 정하지 않고 살아가요. 왜 그럴까요? 무언가를 잘하기 위해서는 무언가를 하지 말아야만 해요. 저는 이걸 학생들에게 이야기할 때 물병에 물을 채우는 방법으로 설명하곤 합니다. 한번 물어볼게요. 여기 텀블러가 있습니다. 여기에 물을 가득 채우고 싶습니다. 어떻게 하면 될까요? 물병을 들고 텀블러에 물을 채우면 되는 걸까요? 아니요. 텀블러에 물을 채우기 전에 가장 먼저 해야 할 일이 있습니다. 바로 텀블러를 뒤집어 보는 것입니다. 텀블러가 가득 차 있으면 아무리 물을 부어도 텀블러에 물이 차지 않습니다. 그냥 넘쳐서 흘러 버리고 말아요. 텀블러에 물을 가득 채우기 위해서는 먼저 텀블러를 비워야 합니다. 텀블러를 비운 다음에 물을 넣기 시작했을 때 우리는 비로소 텀블러에 물을 가득 채울 수 있습니다. 저는 선생님이란 직업 또한

마찬가지라고 생각합니다. **우리가 선생님이란 이름으로 무언가를 잘 해내기 위해서 가장 먼저 해야 할 일은 우리가 하고 있는 일들을 비우는 일입니다.** 왜 그래야 하는 걸까요?

저는 이게 교사란 직업이 갖고 있는 특징이라고 생각합니다. 교사가 마주한 현실은 다음과 같이 정리할 수 있습니다. 먼저 교사는 다른 사람들을 위해 시간을 내야 하는 경우가 많이 있습니다. 교사는 자신의 많은 시간을 학생을 위해 사용합니다. 학생 상담이 끝나고 나면 학부모 상담으로 이어지는 경우도 많이 있고요. 뿐만 아니라 동료 교사들과 함께 논의해야 하는 일도 많이 있습니다. 외부 사업을 담당하고 있다면 학교 밖에 있는 또 다른 사람들과도 함께 협의해야 할 일도 많이 있습니다. 다른 사람들을 위해 시간을 내야 하는 경우가 많은 교사는 시간을 효율적으로 사용해야만 합니다. 다음으로 교사는 자신이 살고 있고 일하고 있는 현실을 바꾸기 위해 적극적으로 행동하지 않으면 기존에 주어진 일상적인 업무에 쫓겨 다니기가 쉽습니다. 교사란 직업은 제자리에 머물기에 너무 좋은 환경입니다. 특히 AI 디지털교과서가 도입되면서 교사는 더 머물기에 편한 직업이 되었는지도 모릅니다. 같은 학년을 몇 번만 반복하고 나면 교과서 수업 내용과 해야 할 업무들은 기계적으로 완벽하게 처리 됩니다. 그래서 교사는 적극적으로 행동해야 만합니다. 또한 교사는 학교라는 조직 내에서 일하는 사람입니다. 교사는 혼자 일하지 않습니다. 조직 내에서 지켜야 할 규율과 규칙 사이에서 움직입니다. 그러다 보니 교사는 자연스럽게 학교라는 조직 내부에 존재하면서 학교 밖을 조금은 왜곡된 렌즈로 바라보게 됩니다. 마치 학교 밖도 학교와 동일한 조직인 것처럼 착각하게 됩니다. 이를 벗어나기 위해서는 교사는 현실을 알아야 합니다. 또한 남다른 노력을 기울이지 않으면 무능한 교사가 된다는 사실도 인지해야 합니다.

그래서 교사에게 필요한 것은 자신이 세운 비전을 달성할 수 있는 능력입니다. 감사하게도 이건 배울 수 있는 능력입니다. **비전을 달성하는 교사는 무엇보다 자신의 시간이 어디에 사용되는지를 알고 있습니다.** 그들은 아주 작은 시간이라도 자신이 통제할 수 있다면 체계적으로 관리하여 활용합니다. 짧은 10분의 쉬는 시간도 결코 헛되게 사용하지 않습니다. 또한 자신의 노력을 업무 그 자체가 아니라 결과로 연결 짓습니다. 자신이 수업을 통해 만들어 내야 하는 결과가 무엇인가를 끊임없이 생각합니다. 무작정 교과서를 펴고 진도를 나가는 일부터 시작하지 않습니다. 이들은 자신의 강점을 바탕으로 수업을 이끌어 갑니다. 약점을 기반으로는 결코 성과를 낼 수 없습니다. 내 능력으로 어떻게 할 수 없는 것을 갖고는 시작할 수 없기 때문입니다. 이를 위해서 교사는 업무의 우선순위를 정하고 스스로 결정하고 움직여야 합니다. 그리고 가장 중요한 것은 두 번째로 중요한 일은 결코 하지 않는다는 점입니다. 가장 중요한 것, 지금 당장 해야 하는 일에 집중합니다. 의사 결정 과정에서도 의사 결정이 사실에 대한 만장일치를 내리는 것보다 다양한 의견을 바탕으로 하는 판단이라는 사실을 놓치지 않습니다. 그래서 올바른 전략을 세우는 과정으로 바라봅니다. 시행착오는 누구나 진행하지만 극복은 아무나 하지 못합니다. 교사는 교사이기 때문에 갖고 있는 특징을 이해하고, 자신이 세운 비전을 달성할 수 있는 능력을 배울 필요가 있습니다.

애플의 CEO였던 스티브 잡스는 직원들을 향해 이와 같이 이야기했습니다. "사람들은 집중력을 자신이 집중해 온 아이디어에 더 몰입하는 것이라고 생각합니다. 그러나 전혀 아닙니다. **집중력은 100개의 좋은 아이디어에 '아니요'라고 대답하는 것입니다.** 당신은 신중하게 선별해야 합니다. 사실 저는 우리가 하지 않은 것에 대해 우리가 한 것만큼이나 자랑스럽게 생각합니다." 선생님, 우리는 선생님이라는 이름으로 무엇을 하지 않아야 할까요? 어쩌면 내가 지금 하고 있는 일보다 먼저 생각해야 할 것은 내가 하지 말아야 할 일을 정리하는 것일지도 모릅니다. 무언가를 잘하기 위해서는 무언가를 하지 말아야 합니다.

선생님이 오늘 하루 하셔야 하는 일은 무엇인가요?
그 일을 실행하기 위해 하지 말아야 하는 일은 무엇인가요?

 학생들과 함께 해 보세요

🎤 목표설정 월드컵

내가 해야 할 일	내가 하지 말아야 할 일
5	5
4	4
3	3
2	2
1	1
0	0

진행 Tip

이 활동은 목표를 설정하기 위해 자신이 해야 할 일과 하지 말아야 할 일을 명료하게 정리해보는 내용을 담고 있습니다.

---

❶ 가장 먼저 '5번' 칸에 자신이 바라는 모습을 이루기 위해 해야 할 일과 하지 말아야 할 일을 5가지씩 적어 봅니다.
  • 구체적이고 명료하게 적을 수 있도록 안내합니다.
  • 수업과 연계하거나 학습 활동과 연결지어서 적을 수 있도록 안내합니다.

❷ 다음 '4번' 칸에 '5번' 칸에 적었던 5가지 중에 한 가지를 버리고 남은 4가지를 적습니다.
  • 한 가지를 버리는 기준은 여러 가지가 있을 수 있습니다. 빠르게 처리해야 하는 시급성이 기준일 수도 있고 중요성이 기준일 수도 있습니다. 기준은 사람마다 다릅니다. 자신이 세운 기준에 따라 한 가지 행동을 버릴 수 있도록 안내해 주시기 바랍니다.

❸ 다음 '3번' 칸에 '4번' 칸에 적었던 4가지 중 한 가지를 버리고 남은 3가지를 적습니다.

❹ 다음 '2번' 칸에 '3번' 칸에 적었던 3가지 중 한 가지를 버리고 남은 2가지를 적습니다.

❺ 마지막 '1번' 칸에 '2번' 칸에 적었던 2가지 중 한 가지를 버리고 남은 1가지를 적습니다.

❻ 마지막 '0번' 칸에 '1번' 칸에 적은 내용을 행동으로 옮기기 위한 다짐을 적습니다.
  • 예를 들어서 '1번' 칸에 20분 동안 영어 단어 외우기를 적었다면 '0번' 칸에는 '나는 0월 0일 0시 0분부터 0시 0분까지 영어 단어를 외우겠다'라는 형태로 옮겨 적을 수 있도록 안내합니다.

Q 무언가를 잘하기 위해 무언가를 하지 말라는 선생님의 말씀에 어느 정도 공감합니다. 하지만 진짜 해야 할 일이 많이 있습니다. 이미 제가 하고 있는 일들은 하지 말아야 할 일이 아니라 해야 할 일들만으로도 가득 차 있습니다. 그런데 여기서 무얼 더 하지 말아야 하는 걸까요? 이것도 하지 않으면 제대로 할 수 있는 일이 없는 상황입니다.

A 인간은 누구나 하루를 24시간으로 살아갑니다. 이건 나이, 성별, 재산 정도, 직업, 학력 등 어떤 기준에도 상관없이 모두에게 동일합니다. 그리고 24시간을 정말 바쁘게 살아갑니다. 노래 제목처럼 정말 24시간이 모자라게 살아갑니다. 그런데 24시간이 모자라기 때문에 우리는 멈춰야만 합니다. 저는 바쁘게 살아가는 제 자신을 마주할 때마다 가끔은 일을 멈추고 제가 사용하는 시간을 생각해 봅니다. 온종일 업무에만 매달리고 있을 때, 하던 일을 멈추고 내가 처리하고 있는 일의 처리 방식과 시간 배당이 적절한지를 생각해 봅니다. 우리는 모두가 평범한 사람입니다. 평범한 우리가 비범한 일을 수행하기 위해서는 우리에게 주어진 평범한 시간을 비범하게 사용할 수 있어야 합니다. 다시 말하자면 우리는 시간을 금쪽같이 활용할 수 있어야 합니다. 그래서 저는 선생님의 시간을 아는 것이 중요하다고 생각합니다. 선생님뿐만 아니라 선생님과 함께 학습을 진행하고 있는 학생들도 자신의 시간을 아는 것이 매우 중요합니다. 시간을 알기 위해서는 방법이 필요합니다. 앞에서 자신이 세운 비전을 달성할 줄 아는 능력을 배워야 한다라고 이야기했는데요. 그 비법이 바로 나의 시간을 아는 것입니다. 시간을 알기 위해서는 3가지 행동을 진행해야 합니다. 여기서는 그 행동을 조금 더 구체적으로 말씀드리고자 합니다.

가장 먼저 해야 할 행동은 선생님의 시간을 기록하는 것입니다. **내 시간이 어떻게 사용되고 있는지를 파악하고 시간을 어떻게 관리해야 하는지를 생각하기 전에 해야 할 일은 바로 시간을 기록하는 일입니다.** 여기서 중요한 것은 실제 시간을 기록해야 한다는 점입니다. 실제로 일한 그 시간이 얼마만큼인지 즉시

기록해야 합니다. 다음으로 해야 할 행동은 시간을 관리하는 것입니다. 시간을 관리하기 위해서는 먼저 시간에 대한 진단이 필요합니다. 기록한 내 시간을 살펴보면서 전혀 필요 없는 일, 다시 말해서 어떠한 결과도 얻을 수 없는 완전한 시간 낭비의 기록을 찾아야 합니다. '만약 이 일을 시작하지 않았더라면 어떤 일이 일어났을까?'라는 질문에 대해 '별 일 없었을거야'라는 대답이 나온다면 그 일은 그만두어야 하는 일입니다. 시간 낭비의 기록을 찾아서 제거하는 일이 첫 번째입니다. 실제로 바쁘게 살아가는 많은 사람들이 하지 않아도 아무런 문제가 없을 일을 정말 많이 실행하면서 살아갑니다. 교사는 해야 할 일이 많은 사람입니다. 조직을 위해 자신을 위해 그리고 다른 사람을 위해 어떠한 결과도 얻을 수 없는 시간을 발견한다면 단호하게 No라고 말씀하시기 바랍니다. 다음으로는 자신의 시간표에 기록된 여러 가지 활동 가운데 다른 사람이 더 잘하지는 못해도 최소한 나만큼은 잘 할 수 있지 않을까? 하는 일이 무엇인지 찾아봐야 합니다. 특히 AI 디지털교과서가 도입되면서 교사가 하는 많은 일들을 AI가 대신해 주고 있습니다. 물론 선생님이 직접하시는 것이 AI가 하는 것보다 훨씬 낫습니다. 하지만 AI가 선생님의 일을 대신했을 때 최소한 선생님만큼은 할 수 있는 일들도 많이 있습니다. 선생님의 시간은 매우 소중하고 중요합니다. 선생님이 중요한 일에 집중할 시간을 확보하기 위해서는 맡길 수 있는 일은 맡겨야 합니다. 특히 AI 디지털교과서를 활용하실 때는 AI에게 선생님의 일을 일부 맡기시고 선생님의 일에 집중하시기를 추천드립니다. 일을 맡기는 것은 일을 하지 말라는 것이 아니라 선생님이 직접 해야 할 일에 집중하는 것이기 때문입니다. **위임하는 것이야말로 비전을 달성하는 능력을 키우기 위한 중요한 발걸음입니다.** 이렇게 시간을 관리하다 보면 시간을 낭비하는 요인들이 하나씩 제거됩니다. 반복해서 나타나는 일은 언제가 예견할 수 있습니다. 이에 대해서 예방적인 조치를 취하거나 다른 사람이 처리할 수 있도록 한다면 어느 순간부터 갑작스러운 일은 일상적인 업무가 됩니다. 어느 누구도 일과 회의를 동시에 진행할 수 없습니다. 우리가 매일 마주하는 회의 또한 당연한 것이 아니라 예외적인 것이어야 합니다. 선생님의 시간을 스스로 통제하고 제거하면서 하지 않아도 해야 할 일을 함으로써 낭비되는 시간을 관리하시기 바랍니다. 마지막으로 **선생님의 시간을 통합해야 합니다**. 시간을 기록하고 관리하다 보면 나에게 주어진 재량 시간이 많다는 것을 알게 됩니다. 그럼 이제는 그 재량 시간들을 통합할 필요가 있습니다. 선생님께 주어진 자유 재량 시간에 대해서 선생님 스스로 판단하여 기초로 삼고 중요한 업무에 집중하시기 바랍니다. 시간은 가장 희소한 자원입니다. 선생님의 시간을 분석하는 것은 선생님의 업무에서 무엇이 가장 중요한지 생각하게 하는 간단하면서도 체계적인 방법입니다. 선생님의 시간이 선생님의 손에서 움직일 수 있도록 컨트롤하시기 바랍니다.

선생님은 선생님의 시간을 연구해 본 적이 있으신가요? 시간에 대해 정리하다 보면 내 시간이 어떠한지 생각해 보게 됩니다. 그러면서 다시금 계획을 세우기 시작하는데요, 여기서 말씀드리고 싶은 한 가지는 **시간에서 시작하라**는 점입니다. 선생님이 하시는 업무는 계획으로부터 시작하지 않습니다. 시간으로부터 시작합니다. 어떤 것에 시간을 빼앗기고 있는지를 분명하게 하는 것으로부터 시작합니다. 그 다음에는 시간을 낭비하는 비생산적인 업무들을 멀리하고, 이렇게 얻어진 여분의 시간을 효과적으로 배치함으로써 업무를 진행할 수 있습니다. 선생님의 시간을 육하원칙의 기준 속에서 누구와 언제, 어디서, 어떻게, 무엇을, 왜 했는지 기록하기 시작할 때 선생님의 일은 시간에서 시작하실 수 있습니다.

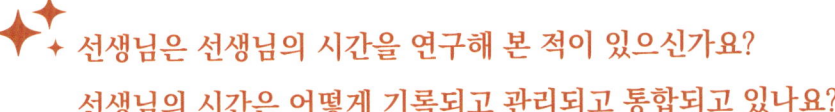

**선생님은 선생님의 시간을 연구해 본 적이 있으신가요?
선생님의 시간은 어떻게 기록되고 관리되고 통합되고 있나요?**

🎤 나의 시간 기록하기

	월	화	수	목	금
08:00 ~ 09:00					
09:00 ~ 10:00					
10:00 ~ 11:00					
11:00 ~ 12:00					
12:00 ~ 13:00					
13:00 ~ 14:00					
14:00 ~ 15:00					
15:00 ~ 16:00					
16:00 ~ 17:00					
17:00 ~ 18:00					
18:00 ~ 19:00					
19:00 ~ 20:00					
20:00 ~ 21:00					

진행 Tip

이 활동은 자신의 시간을 기록하고 관리하고 통합하기 위한 활동입니다.

❶ **월요일부터 금요일까지 1시간 단위로 된 활동지에 자신의 시간을 먼저 기록합니다.**
  - 시간표가 아니라 실제 시간을 기록하는 것이 중요합니다.
  - 학생들이 자신의 시간을 육하원칙에 따라 기록할 수 있도록 안내해 주시기 바랍니다. 언제, 어디서, 무엇을, 누구와, 어떻게, 왜 했는지를 구체적으로 기록할수록 시간의 빈틈을 찾을 수 있습니다.

❷ **노란색 색연필을 들고 '어떤 결과도 얻을 수 없는 완전한 시간 낭비'를 찾아서 색칠합니다.**
  - 시간 낭비를 찾기 위해서는 '이 일을 시작하지 않았다면 어떤 일이 발생했을까?'라는 질문을 진행하면 됩니다. 해당 질문에 대해서 '별 일 없었을거야'라는 답변이 나온다면 시간 낭비라고 볼 수 있습니다.

❸ **파란색 색연필을 들고 위임할 수 있는 시간표를 찾아서 색칠합니다.**
  - 만약 이 일을 내가 하지 않고 다른 사람 또는 다른 무언가가 진행했을 때 나보다 더 잘하지는 못하더라도 어느 정도 할 수 있다는 생각이 드는 시간을 찾아서 색칠할 수 있도록 안내합니다.

❹ **초록색 색연필을 들고 자유 재량 시간에 표시합니다.**
  - 자신의 자유 재량 시간을 확인하고 통합할 수 있도록 안내합니다.
  - 자유 재량 시간을 통합하여 어떻게 활용할 수 있을지에 대해 생각해 볼 수 있도록 안내합니다.

❺ **작성한 시간 기록 활동지를 바탕으로 다른 학생과 이야기를 나눕니다.**
  - 자신의 시간을 어떻게 기록하고 관리하고 통합할 수 있는지에 대해 함께 이야기 나눌 수 있도록 안내합니다.

> **Q** 시간을 기록하다 보니 하루가 어떻게 돌아가고 일주일이 어떻게 돌아가는 지 눈에 잘 보이네요. 그런데 왜 이걸 학기를 진행할 때 하라고 말씀하시는 걸까요? 미리할 수도 있을 것 같은데 말이에요. 그리고 시간을 기록하고 관리하고 통합해도 여전히 저에게는 해야 할 일이 남아 있습니다. 이제 진짜 업무를 해야 할 때가 된 것 같기도 해요. 선생님은 어떻게 일을 처리하시나요?

A 멀티태스킹이라는 말에 대해서 들어 본 적이 있나요? 컴퓨터 분야에서 나온 용어인데 한 번에 2가지 이상의 일을 동시에 처리하는 다중 직업 또는 다중 과업화를 멀티태스킹이라고 말합니다. 혹시 주변에 멀티태스킹을 잘하는 사람이 있나요? 그런 사람이 있다면 정말 부럽지 않나요? 어떻게 한 번에 여러 가지 일을 동시 다발적으로 잘 처리할 수 있을까 하는 생각이 들면서 그렇게 하지 못하는 내 자신이 참 부족해 보이기도 하는데요, 이에 대해서 너무 실망하지 않아도 될 것 같습니다. MIT 뇌 신경학자인 Earl K. Miller 교수는 이렇게 말했습니다. "우리의 뇌는 멀티태스킹을 잘할 수 없도록 설계되어 있습니다. 사람들이 멀티태스킹을 수행할 때 실제로는 단지 한 가지 일에서 다른 일로 매우 빨리 전환할 뿐입니다. 우리의 뇌는 도파민을 사랑하며 작은 만족감을 주는 작은 업무들 사이를 전환하도록 권장받습니다."

우리는 목표를 달성하기 위해 일을 진행합니다. 주어진 목표를 달성하기 위한 단 한 가지 비법이 있다면 그건 무엇일까요? 바로 집중입니다. **한 번에 한 가지 일만 하면 그 일을 빨리 처리할 수 있습니다.** 굳이 잘 되지 않는 멀티태스킹을 하기 위해 노력할 필요가 없습니다. 한 번에 한 가지씩 일을 빠르게 처리하면 되기 때문입니다. 집중하기 위해서는 해야 할 일이 몇 가지 있습니다. 이 부분을 조금 더 자세히 말씀드리겠습니다. 가장 먼저 해야 할 일은 과거와 단절하는 일입니다. 우리가 목표를 달성하기 위해서는 생산적이지 않은 과거와 단절해야 합니다. '만약 내가 아직도 이 일을 하지 않고 있다면 지금이라도 이 일을 해야 하는

가?'라는 질문에 무조건 YES라는 대답이 나오지 않는다면 그 일은 멈춰야 하는 일일 가능성이 높습니다. 또는 그 일을 줄여야 할 필요가 있습니다. 우리는 우리가 하고 있는 일의 모든 계획과 실천, 결과를 정기적으로 점검해야 합니다. 그러면서 '이것은 계속할 만한 가치가 있는 일인가?'라고 스스로에게 물어봐야 합니다. 만약 그게 아니라면 일을 중단하고 내가 집중했을 때 성공적으로 수행할 수 있는 일에 시간을 투자하는 것이 맞습니다. 목표를 달성하기 위해서는 반드시 과거부터 정리해야 합니다. 낡은 것을 체계적으로 폐기하는 것만이 새로운 것을 강력하게 추진할 수 있는 가장 좋은 방법이라는 사실을 잊지 않아야 합니다. 과거와 단절한 다음 해야 할 일은 우선순위와 후순위를 나누는 일입니다. 여기서 먼저 할 일은 우선순위를 정하는 것이 아닙니다. 우선순위를 정하는 것은 생각보다 쉽습니다. 많은 사람들이 이미 우선순위를 정해서 일을 진행하고 있습니다. 우선순위를 정하는 것보다 중요한 것은 후순위를 정리하는 것입니다. 2순위는 지금 당장 하지 않아도 되는 일을 말합니다. 2순위를 정하고도 우리는 2순위를 먼저 실천합니다. 왜냐하면 우선순위를 결정하고 실천하는 과정에는 분석이 아니라 용기가 필요하기 때문입니다. 우리가 정한 우선순위는 대개 이런 경우가 많습니다. 과거가 아니라 미래를 기준으로 선택한 경우, 문제가 아니라 기회를 중심에 두고 선택한 경우, 누군가의 말에 의해서가 아니라 나의 독자적인 방향에 의해 선택한 경우, 무난하고 달성하기 쉬운 일이 아니라 뚜렷하게 차이가 나는 조금 더 높은 성과를 가져오는 일의 경우입니다. 그러다 보니 우선순위로 결정된 일을 하기 위해서는 용기가 필요합니다. 여기에 대해서는 이렇게 말씀드리고 싶습니다. '**선생님, 비전을 이루시기 위해서는 지금 당장 집중하고 있는 하나의 업무 이외에 다른 업무에는 전혀 몰입하지 않는 것이 가장 빠른 길입니다**'라고요.

주변을 살펴보면 열심히 일하는 분들이 정말 많습니다. 그런데 열심히 일한다고 모두가 성과를 내는 것은 아닙니다. 때로는 아무런 업무 성과를 내지 못하는 사람들이 더 열심히 일하기도 합니다. 그들은 진행하고 있는 업무에 필요한 시간을 과소평가하는 경우가 많습니다. 업무를 진행할 때는 그 업무를 수행하는 데 필요한 절대적인 시간이 필요한 경우가 있습니다. 그런데 그 시간을 과소평가하고 그저 열심히 일을 진행합니다. 또한 서두르는 경향이 있습니다. 빠르게 처리하는 것이 답이라고 생각합니다. 무엇보다도 여러 가지 일을 동시에 추진하려는 경우가 많이 있습니다. 우리는 일을 열심히 하기 위해서 일을 진행하지 않습니다. 목표를 달성하기 위해서 일을 진행합니다. 선생님의 시간 능률성 주기를 파악하고 선생님의 업무 시간을 탄력적이면서 효율적으로 배치하는 걸 추천합니다. 가장 능률이 좋은 시간에 가장 중요한 일을 처리하면 됩니다. 저 같은 경우 매일 아침이 가장 능률이 좋습니다. 그래서 그 시간이 되면 가장 어렵고 짜증나고 힘든 일을 합니다. 대개는 중요한 일이 가장 어렵고 짜증나고 힘든 경우가 많습니다. 가끔은 능률이 좋은 시간을 더 쪼개서 활용합니다. 더 능률이 오르는 시간과 덜 오르는 시간을 분석해서 활용하기도 합니다. 주변 사람들 중에 가장 능률이 좋은 시간에 사소하거나 단순한 일을 처리하고 그렇지 않은 시간에 중요하거나 복잡한 일을 처리하는 경우가 있는 걸 보았습니다. 우리는 생각보다 목표 달성에 기여하지 않고 있지만 그렇다고 무시할 수 없는 그런 일들에 대해 많은 시간을 보내고 있습니다. 목표 달성에 기여되지 않는 일을 붙들고 시간을 허비하는 일을 피하시기 바랍니다.

　미국 역사상 최고의 영부인이라는 평가를 받고 있는 엘리너 루스벨트는 장애가 있는 프랭클린 루스벨트 대통령을 대신해서 많은 일을 처리한 사람으로 유명합니다. 엘리너 루스벨트는 시간을 최대한 활용하기 위한 방법을 이렇게 이야기 했습니다. "첫째는 마음을 차분하게 가라앉혀서 주변에서 무슨 일이 일어나든 동요하지 않고 일하는 것이다. 둘째는 당면한 문제에 집중하는 것이고, 셋째는 특정한 시간에 특정한 활동을 할당하는 하루 일정을 정해 반드시 해야 하는 일을 사전에 계획해 두는 것이다. 하지만 그와 동시에 예기치 못한 일을 처리할 수 있는 여지도 남겨 두어야 한다."

 오늘 선생님이 집중하셔야 하는 일은 무엇인가요?
우선순위와 후순위 업무는 무엇인가요?

🎤 업무 매트릭스로 우선순위 정하기

중요성

시급성

진행 Tip

이 활동은 2X2 매트릭스를 활용하여 일의 우선순위를 정하는 내용으로 구성되어 있습니다. 학생들의 경우 자신이 지금 해야 하는 학습 영역의 우선순위를 정하는 데 활용할 수 있습니다.

❶ **포스트잇을 활용하여 자신이 해야 할 일을 포스트잇에 기록합니다.**
- 포스트잇 1장에는 1개의 해야 할 일을 적도록 안내합니다.
- 해야 할 일은 구체적으로 적을수록 우선순위를 정하기에 좋습니다.

❷ **가로축은 시급성, 세로축은 중요성을 기준으로한 2X2 업무 매트릭스 활동지에 자신이 해야 할 일을 적은 포스트잇을 붙입니다.**
- 가로축과 세로축의 기준은 바꿀 수 있습니다. 비용이 적음/많음, 개인적임/단체적임, 시간이 많이 소요됨/적게 소요됨 등 상황에 맞는 기준으로 분류할 수 있도록 안내합니다.
- 모두가 시급하고 중요한 일일 수 있습니다. 이 경우 그중에서도 더 시급하고 더 중요한 일이 무엇인지 찾아볼 수 있도록 안내합니다. 2X2 매트릭스 곳곳에 나눠서 포스트잇이 붙을 수 있도록 살펴봐 주시기 바랍니다.

❸ **부착한 업무 매트릭스 표를 보면서 자신이 하지 않아야 하는 일이 무엇인지 먼저 확인합니다.**
- 해야 할 일을 잘 처리하기 위한 방법은 후순위를 먼저 배정하는 것임을 이야기해 줍니다.
- 후순위를 하지 않기 위해서는 후순위가 무엇인지를 명확하게 정하는 것이 중요함을 안내합니다.

❹ **시급성과 중요성을 기준으로 우선순위를 정합니다.**
- 해야 할 일의 우선순위를 정하고 살펴볼 수 있도록 안내합니다.

이 활동은 업무, 해야 할 일을 예시로 설명하였지만 학생들의 경우 내 수업에서 지금 당장 해야 할 우선순위가 무엇인지를 파악하는 과정으로 활용할 수도 있습니다.

라면 끓일 줄 아냐고 왜 물어보세요?

Q 계획대로 되는 것이 하나도 없는 것 같아요. 분명 괜찮은 수업 방식이라서 시작했는데 제대로 운영되지 않더라고요. 정말 망한 느낌이었습니다. 학생들 반응도 별로였고 교사인 저도 그리 만족스럽지 못한 수업 시간이었어요. 그래서 새롭게 다른 수업 방식을 찾아보려고 합니다. 이것저것 하다보면 언젠가 저에게 맞는 수업 방식을 찾게 되지 않을까요? 저에게도 그런 날이 오겠죠?

A 2022년 FIFA에서 주관하는 카타르 월드컵 장면을 혹시 기억하고 있나요? 당시 대한민국은 포르투갈과의 경기를 앞두고 있었습니다. 세계 최고의 축구 슈퍼스타였던 크리스티아누 호날두가 있는 포르투갈과의 경기에 대해 많은 국민들은 승리를 염원하면서도 한편으로는 지는 게 당연한 것이라는 마음의 준비를 하고 있었다고 합니다. 당시 대한민국은 1무 1패로 마지막 경기인 포르투갈을 반드시 이기면서도 상대편인 우루과이와 가나의 경기 결과에 따라 경우의 수를 따져야 16강에 진출할 수 있는 상황이었습니다. 게다가 2차전 당시 대한민국 축구대표팀 감독이었던 벤투가 주심에게 항의하던 중 레드카드를 받아서 3차전 경기인 포르투갈과의 경기에는 정식 감독이 없는 채로 경기에 임해야 했습니다. 경기가 시작되고 전반 5분만에 대한민국은 포르투갈에게 선제 골을 허용하게 됩니다. 그렇게 모두가 좌절을 경험하고 있을 때 전반 27분에 동점골이 터집니다. 하지만 그뿐이었습니다. 후반 90분이 될 때까지 더 이상의 골은 나오지 않았고 공격적인 경기도 이끌어 가지 못했습니다. 그리고 맞이한 추가 시간, 대한민국은 극적인 추가골을 성공시킵니다. 모두가 포기하고 있던 그 순간

터진 추가골에 모두가 환호했습니다. 최종적으로 2대 1로 경기를 승리하고 대한민국은 월드컵 16강 진출의 기쁨을 맞이하게 됩니다. 그런데 이 경기가 끝나고 나서 사람들 사이에 유명해진 문구가 하나 있습니다. 바로 '중요한 건 꺾이지 않는 마음'이라는 문구입니다. 줄여서 '중꺾마'라고 부르면서 2022년 말 대한민국에서 가장 많이 쓰인 유행어로 평가됩니다.

저는 이와 관련해서 핀란드 출신의 유명 사진 작가인 아르노 라파엘 밍킨넨이 한 사진 학교 졸업식에서 꺼낸 축사 이야기를 학생들과 많이 나누는 편입니다. 아르노 라파엘 밍킨넨은 당시 성공과 실패를 가르는 것이 무엇인지를 알려 주기 위해 헬싱키 버스터미널 이야기를 전해 주었습니다. 핀란드 헬싱키 시의 중간에는 24개의 플랫폼이 있는 버스 정류장이 있습니다. 각 플랫폼마다 출발하는 버스 번호는 모두가 다릅니다. 예를 들면 21번, 71번, 58번 이런 식으로 다른 버스 번호를 지니고 있습니다. 이 버스들은 도시를 벗어나기 전까지 약 1km 정도의 정류장 노선이 모두 같습니다. 그러면서 아르노 라파엘 밍킨넨은 이와 같이 이야기합니다. "각각의 정류장이 사진 작가로서의 인생 1년을 의미한다고 생각해 보죠. 세 번째 정류장은 3년을 의미하겠죠. 그리고 여러분들이 탄 21번 버스를 누드 사진 코스라 비유해 봅시다. 자, 이제 21번 버스가 세 번째 정류장까지 왔습니다. 3년째 누드 사진 분야에 파고들었다는 이야기입니다. 여러분이 3년 동안 찍은 작품들을 보스턴 미술관에 가지고 갔더니 큐레이터는 세계적 사진작가 어빙 펜의 누드 작품과 비슷하지 않느냐고 묻습니다. 이번에는 파리 갤러리에 가지고 갔더니 누드 사진 작가 빌 브란트의 작품들과 같지 않느냐는 이야기를 듣습니다. 충격 받은 여러분들은 3년간 여러분들이 해 온 작업들을 이미 다른 사람들이 해 버렸다는 사실을 깨닫습니다. 여러분들은 버스에서 뛰어내려 택시 잡아타고 다시 헬싱키 버스터미널로 돌아가겠죠. 다른 플랫폼에서 다른 노선을 타러 말이죠. 이번에는 해변에 누워 있는 사람들이나 흔들리는 야자수들을 대형 카메라로 찍어 보기로 합니다. 그 작업에 3년을 쏟은 후 작품들을 내 놓자 이번에는 사진작가 리차드 미즈락이나 셀리 만의 작품들을 보지 못했냐는 이야기를 듣습니다. 그럼 여러분들은 또 버스에서 내려 터미널로 돌아가겠죠. 이게 우리가 항상 겪는 일입니다. 항상 남들의 것과 비교되면서 새로운 작품을 내놓아야 하는 작가들의 일생이죠. 그럼 우린 어떻게 해야 할까요? **버스에서 내리지 마십시오. 계속 그 버스에 앉아 계세요.** 헬싱키 시를 벗어나기 전까지 버스는 다른 작가들과 같은 노선을 달립니다. 어쩔 수 없습니다. 하지만 이건 잠시뿐이에요. 1~2km를 더 달리기만 하면 버스들은 각기 다른 목적지를 향해 갈라질 겁니다. 여러분들이 탄 21번 버스와 어빙 펜의 버스가 처음엔 같은 길을 가겠지만 결국 다른 곳을 향하게 됩니다. 여러분들이 탄 버스가 다른 길을 가고 있다는 걸 깨닫게 되면 이제 여러분들만의 작품 세계를 구축하게 될 겁니다. 하지만 이렇게 되려면 일단 버스를 타고 그들과 같은 노선을 따라가야 합니다. 이것이 버스에 계속 타고 있어야 하는 이유입니다. "아르노 라파엘 밍킨넨은 아무리 많은 시간을 투자해도 버스를 계속 바꿔 탄다면 헬싱키 시내를 벗어날 수 없다고 말합니다. 결국 자신만의 예술 세계를 구축할 수 없게 되는 것이죠. 버스에서 내리지 않고 꾸준히 반복하고 수정하면서 시간을 쏟을 때, 그때서야 비로소 남들을 모방하는 단계를 제대로 벗어나서 자신만의 예술을 할 수 있게 된다는 사실을 이야기해 줍니다. 그럼 궁금해집니다. 우리는 어떤 버스를 타야 할까요? 여기에 대해서 자기 계발 컨설턴트 제임스 클리어는 이렇게 조언합니다. "아무도 어떤 버스가 최고인지는 모른다. 하지만 잠재력을 펼치기 위해서는 하나의 버스를 골라 타야 한다. 어렵지만 이건 당신만이 할 수 있는 선택이다. 그리고 **가장 중요한 것은 버스에서 내리지 마라.**"

    선생님에게 완벽하게 맞는 수업 방식이란 존재하지 않습니다. 이건 학생들도 마찬가지입니다. 세상에 완벽한 공부 방법이란 존재하지 않습니다. 어떤 수업 방식을 선택하든, 어떤 학습 방식을 선택하든 그건 중요하지 않습니다. 중요한 것은 중간에 그만두지 않는 것입니다. 선생님이 선택하신 그 수업을 끝까지 이뤄 나가시기 바랍니다. 끝은 실패가 아니라 포기입니다. 선생님의 수업은 결과가 좋지 않을 때 끝나지 않습니다. 포기했을 때 끝납니다.

✦ **선생님이 그동안 시도했다가 포기했던 수업 방식은 무엇이 있나요? 그 수업들을 포기하시고 난 다음 선생님의 모습은 어떠하셨나요?**

 학생들과 함께 해 보세요

 포기 박람회 나누기

포기 베스트 어워드

나의 포기 스토리

1위	
2위	
3위	
4위	
5위	

진행 Tip

이 활동은 그동안 포기했던 경험들, 아쉬웠던 경험들을 모두 함께 공유하면서 끝나는 지점은 실패가 아니라 포기라는 점을 함께 나누는 것을 목적으로 진행되는 과정입니다.

❶ 나의 포기 스토리 부분에 내가 그동안 포기했던 경험을 서술하도록 안내합니다.
- 실패가 아니라 포기했던 경험을 적도록 안내합니다. 학생들에게 실패와 포기는 엄연히 다른 것임을 안내해 주시기 바랍니다.
- 포기했던 사례를 구체적으로 적을 수 있도록 안내합니다. 육하원칙에 따라서 적으면 가장 좋습니다.
- 너무 개인적인 일은 적지 않도록 안내합니다. 때로는 마음속에 담아 두는 것이 가장 좋은 방법이라는 이야기도 덧붙여 주면 좋습니다.

❷ 모둠별로 함께 모여서 자신이 포기했던 사례를 서로 공유합니다.
- 1인당 3분의 시간 동안 자신이 포기했던 경험을 나누도록 이야기합니다.
- 1인당 3분의 시간 동안에는 포기했던 경험과 함께 자신이 포기했을 때 어떤 감정이었는지, 포기했던 일에 대한 현재의 마음은 어떠한 지를 함께 이야기하도록 안내합니다.

❸ 서로 다른 모둠을 만나서 자신이 포기했던 사례를 서로 공유합니다.
- 기존과 동일하게 1인당 3분의 시간 동안 포기했던 사례를 이야기합니다.

❹ 자신의 포기 사례를 제외하고 공유받았던 다른 학생의 이야기 중에 어떤 포기가 가장 아쉬운 포기인지 1위부터 5위까지 적을 수 있도록 안내합니다.
- 자신의 기준에서 판단해서 적을 수 있도록 안내합니다.

학생들에게 성공 사례를 나누는 것은 너무 익숙하고 당연하게 다가옵니다. 성공은 드러내길 원하지만 포기는 숨기는 경향이 있습니다. 하지만 포기했던 일에 대해서 당당하게 마주하기 시작할 때 다음에는 포기하지 않고 끝까지 해낼 수 있는 에너지를 얻게 됩니다. 학생들이 이 활동을 통해 포기를 포기로 마주하지 않고 실패의 경험으로 바꿔 나갈 수 있도록 안내해 주시기 바랍니다.

Q 중요한 건 꺾이지 않는 마음이라는 문구가 참 좋네요. 그런데 막상 수업이 시작되고 나니까 학생들 사이에서 배우는 방식에 대한 회의감을 많이 표현해요. 사실 당장 중요한 건 교과서 내용인 게 사실이니까요. 눈에 보이는 교과서 내용을 눈에 보이지 않는 배우는 방식으로 수업을 진행하는데, 눈에 보이지 않는 것이 더 중요하다고 이야기하니 학생들 사이에서 불만이 많습니다. 선생님은 이런 학생들의 반응에 대해서 어떻게 이야기하시나요?

A 영화 〈봄날은 간다〉를 알고 있나요? 사실 저도 이 영화를 보지는 않았습니다. 그런데 영화는 보지 않아도 이 영화 속 유행어는 너무 많이 들어서 익숙합니다. 무엇인지 알고 계시나요? 바로 '라면 먹고 갈래요?'입니다. 실제로 이 영화에는 라면이 많이 등장한다고 합니다. 생라면, 떡라면 등 영화에서 지속적으로 라면이 나온다고 해요. 라면 이야기가 나왔으니까 선생님께도 한 번 물어보고 싶네요. 선생님은 어떤 라면을 좋아하시나요? 저는 개인적으로 매운 라면을 참 좋아합니다. 스트레스를 받은 날이면 그렇게 매운 라면이 먹고 싶더라고요. 그럼 한 가지 더 여쭤 보고자 합니다. 라면은 잘 끓이시나요? 어떤 라면을 잘 끓이시나요? 제 주변에도 라면을 잘 끓이는 사람이 많이 있습니다. 같은 라면인데도 제가 끓이는 것보다 그들이 끓인 라면이 훨씬 맛있더라고요. 다른 비법이 있는 것도 아닌데요. 물론 남이 끓인 라면이라서 맛있을 수도 있습니다. 그런데 재밌는 사실이 하나 있더라고요. 매운 라면을 잘 끓이는 사람은 짜장 라면도 잘 끓인다는 사실입니다. 짜장 라면을 잘 끓이는 사람은 비빔 라면도 잘 끓이고요. 분명 매운 라면 하나만 잘 끓이는 줄 알았는데 알고 보니 짜장 라면, 비빔 라면, 하얀 라면 등 온갖 라면이란 라면은 다 잘 끓이더라고요. 그리고 라면을 잘 끓이시는 분은 다른 요리도 잘하시는 걸 보았습니다. 그래서 한번은 물어보았습니다. 라면을 잘 끓이는 비법이 있냐고요. 그랬더니 이렇게 대답해 주시더라고요. '그냥 레시피대로 끓이면 됩니다.'

너무 뻔한 대답 아니었나요? 레시피대로 끓이면 된다는 말이요. 그런데 정말 레시피대로 끓이시더라고요. 500ml의 물을 넣으라고 하면 딱 500ml의 물을 넣습니다. 4분 동안 면을 익히라고 하면 타이머를 4분에 설정해 두고 면을 익힙니다. 레시피대로 하면 정말 맛있는 라면을 먹을 수 있습니다. 저랑 다른 부분은 딱 이 부분이었습니다. 저는 대충 눈대중으로 물 양을 맞춥니다. 면이 익는 정도도 젓가락으로 휙휙 저어 본 다음에 '이 정도면 괜찮네'라고 생각하면 익히는 걸 멈춥니다. 라면을 잘 끓이는 그분이 레시피대로 할 때 저는 저의 감대로 라면을 끓였습니다.

라면을 잘 끓이기 위해서는 먼저 레시피를 확인해야 합니다. 레시피를 보고 나면 준비물이 명확해집니다. 그리고 레시피에 나온 대로 실행하면 됩니다. 500ml의 물을 냄비에 넣고 끓입니다. 물이 끓으면 스프와 면을 넣고 레시피에 써 있는 시간대로 면을 익히면 맛있는 라면을 먹을 수 있습니다. 선생님의 수업도 마찬가지입니다. 새로운 수업 방식을 고민하고 도입하신다면 레시피대로 하면 됩니다. '이 활동을 30분이나 하라고?'라고 고민하지 마세요. 30분 활동하라고 하면 30분 활동을 시키면 됩니다. 수업 방식에 자꾸 고민이 생기는 건 자꾸 나의 감을 믿으려고 하기 때문입니다. 고민하지 마세요. 그냥 레시피대로 교수 학습 지도서에 나와 있는 대로 실행해 보시기 바랍니다. 수업은 라면과 동일합니다. 레시피대로 하면 완성도 있게 됩니다.

그런데 라면을 끓이는 과정에서도 이슈가 있습니다. 바로 라면을 끓이는 환경입니다. 실내에서 모든 도구와 재료가 완벽하게 구현된 상태에서 라면을 끓이면 레시피대로 끓이면 됩니다. 그런데 냄비가 없는 야외 환경이거나 여러 개의 라면을 동시에 끓여야 하는 상황이 되면 이때는 레시피대로 할 수 없습니다. 여기서 필요한 건 라면을 끓이는 사람의 감입니다. 수업도 유사한 상황을 마주합니다. 분명 교수 학습 지도서에는 30분 동안 활동을 지도하라고 써 있는데 이상하게도 내가 담당하고 있는 학생은 30분이 지나도 주어진 활동의 절반밖에 수행하지 못하는 경우가 있습니다. 반대로 15분 만에 모든 활동을 마치는 경우도 있고요. 그러면 어떻게 해야 할까요? 온갖 상황에서도 라면을 잘 끓이기 위한 방법은 온갖 상황에서 라면을 끓여 보는 방법 밖에 없습니다. 온갖 상황에서 수업을 잘하기 위한 방법은 수업을 많이 해 보는 방법 밖에 없습니다. 그런데 많이 해 보는 것만큼 중요한 사실이 있습니다. **바로 끝까지 해 보는 것입니다.** 온갖 상황에서 라면을 잘 끓여 보려면 온갖 상황에서 라면을 끓이는 데 끝까지 끓여 봐야 합니다. 중간에 힘들다고 다른 사람에게 라면을 완성하라고 하면 그 상황을 온전하게 경험하지 못합니다. 수업도 마찬가지입니다. 선생님이 마주하고 계신 환경이 어떠한지는 알 수 없지만 끝까지 수업을 해 보셔야 합니다. 중간에 이 방법은 아닌 것 같다고 이야기하시는 건 끓고 있는 라면 물을 버리고 새로운 라면 물을 받는 것과 마찬가지입니다. 끝까지 해 봐야 알 수 있습니다.

결론적으로 저는 라면을 잘 끓이는 방법과 수업(학습)을 잘 하는 방법이 같다고 생각합니다. 사실 그냥 하면 됩니다. 라면을 계속 끓이다 보면 어느 순간 눈대중으로도 물 양을 정확하게 맞추게 됩니다. 1개 끓일 때, 2개 끓일 때, 3개 끓일 때마다 다른 물 양과 비빔 라면일 때와 국물 라면일 때의 물 양을 기가 막히게 알게 됩니다. 언제 면발이 가장 탱글탱글한지 시간을 재지 않아도 면발을 젓가락으로 휙휙 저어 보면 알게 됩니다. 수업도 마찬가지입니다. 계속 해 보면 어느 순간 학생들의 표정만 보더라도 학습 내용을 이해했는지 아니면 딴 생각을 하고 있는지를 알게 됩니다. **가장 어려운 건 끝까지 하는 것입니다.**

저는 자신만의 수업 방식을 찾는 선생님들 그리고 나에게 맞는 학습 방법을 찾는 학생들을 많이 만나 보고 이야기를 나눠 보았습니다. 그들이 갖고 있는 고민은 모두가 공통적으로 딱 하나였습니다. '이게 맞나요?'라는 질문이었습니다. 내가 끓인 라면의 면발이 제대로 익었는지, 국물의 양은 적절한 지를 언제 알 수 있는지 아시나요? 바로 마지막 그 순간, 라면을 먹는 순간이 되어야 알 수 있습니다. 선생님의 수업이 적절했는지는 언제 알 수 있을까요? 수업이 끝났을 때요? 아닙니다. 학기가 끝났을 때 알 수 있습니다. 그런데 대부분의 선생님들이 한 차시 수업이 끝나고 나서 고민을 시작합니다. 수업이 적절했는지에 대해서요. 그리고 무언가 이상한 것 같으면 바로 그 수업을 접고 다른 수업을 구상하기 시작합니다. 수업 방식이든 학습 방법이든 제일 중요한 사실은 이것입니다. **끝까지 하는 것입니다.**

✦ 선생님이 진행하는 전체적인 수업 과정은 어떻게 되나요?
그 과정을 끝까지 하기 위해서는 무엇이 필요한가요?

학생들과 함께 해 보세요

🎤 나의 학습 과정 로드맵 그리기

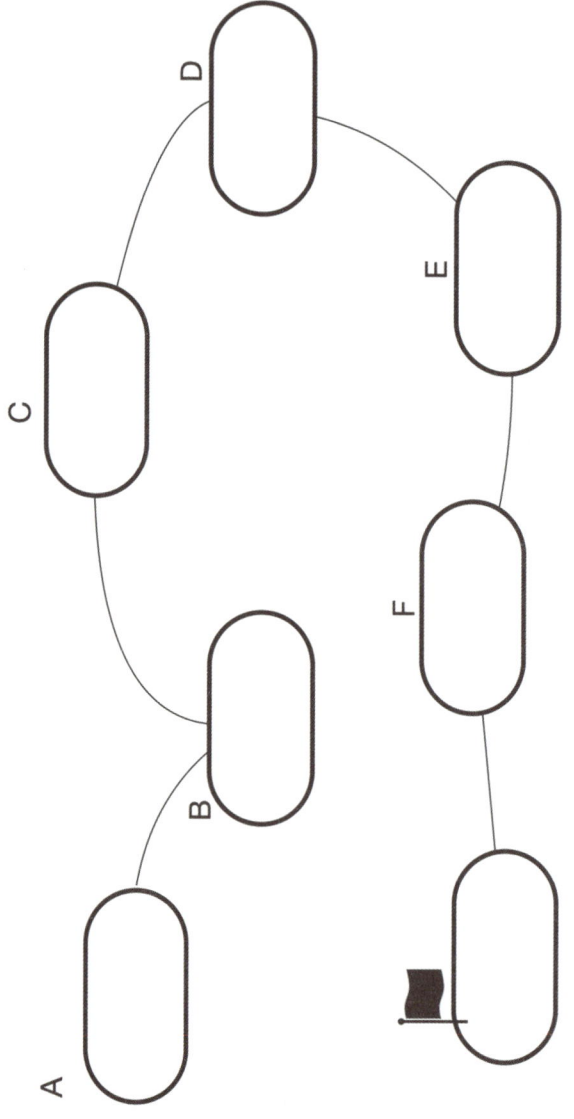

진행 Tip

이 활동은 자신의 학습 과정을 돌아보면서 그 과정을 끝까지 실현하기 위해 필요한 내용이 무엇인지를 확인해보는 내용으로 구성되어있습니다.

❶ **깃발이 있는 부분에 자신이 이번 학습을 통해 이루고 싶은 성장이 무엇인지를 기록합니다.**
   - 성장의 모습은 구체적으로 기록합니다. 정량적인 숫자를 이용해서 표현하면 좋습니다. 그냥 시간이 지나면서 달성되는 목표가 아니라 구체적이고 현실적이면서도 노력했을 때 달성하는 목표를 기록하도록 합니다.

❷ **깃발이 있는 곳까지 가기 위해서 해야하는 과정들을 역순으로 기록합니다.**
   - F부터 A까지 역순으로 해야할 학습의 여정을 기록해봅니다.
   - 로드맵은 길을 만들기 위한 과정임을 안내하고 목표를 달성하기 위한 로드맵을 만들자는 이야기가 필요합니다.
   - 역순으로 기록할 때는 구체적이고 즉각적으로 실천할 수 있는 내용을 기록합니다.

❸ **A의 내용을 기록하고 시작일을 적습니다.**
   - A의 내용은 당장 실천할 수 있는 사항을 적는게 좋습니다. 가급적 빠른 미래에 실천할 수 있도록 디데이를 적습니다.

❹ **작성한 로드맵을 동료와 공유합니다.**
   - 해당 로드맵을 공유함으로써 실천할 수 있는 의지를 다지는 시간을 갖습니다.

Q 끝까지 해 보는 것이 중요하고 필요하다는 말에는 공감합니다. 저 또한 끝까지 하지 못해서 아쉬운 일들이 있었으니까요. 그럼에도 포기해야 하는 순간도 있지 않나요? 시간은 정해져 있고 끝까지 해내고 싶지만 사실 끝까지 하지 않아도 눈에 보이는 결과가 있기도 하잖아요. 결과가 눈에 뻔히 보이는데 끝까지 해야 한다는 말 때문에 일을 진행하는 건 때로는 아집처럼 보이기도 합니다. 포기해야 하는 순간이란 존재하지 않는 걸까요?

A 앞에서 이야기했던 텀블러에 물을 채우기 위해 가장 먼저 해야 하는 일, 기억하고 계신가요? 텀블러에 물을 채우기 위해서 가장 먼저 해야 할 일은 텀블러에 물을 넣는 것이 아니라 텀블러를 비우는 것이라고 이야기했습니다. 무언가를 하기 위해서 무언가를 하지 않아야 하는 선택의 순간이 우리에게는 항상 필요하니까요. 저 또한 어떤 일을 시작하면 끝까지 포기하지 않고 해내야겠다는 마음으로 매 순간을 살아가기 위해 노력하지만 포기를 생각하는 순간도 많이 있습니다. 그리고 **때로는 포기가 앞으로 나아가기 위한 유일한 방법일 때도 있습니다.** 막연하게 긍정적으로 생각하면서 하고 있는 일을 진행하는 것보다 현실적으로 생각하면서 발생하는 심리적 외상을 받아들일 때, 궁극적으로 더 나아가고자 하는 방향을 제대로 설정하고 성취할 수 있는 길이 열리기도 합니다. 이런 의미에서 포기가 꼭 잘못되었다고 생각하지 않습니다. 가끔은 정말 좋은 것을 포기해야 하는 순간도 있습니다. 미국의 사업가로 뛰어난 경제 수완을 발휘하여 석유 사업을 대성공시켜 세계적인 부자가 된 존 D.록펠러는 포기에 대해서 이렇게 이야기하기도 했습니다. "위대한 것을 추구하기 위해 좋은 것을 포기하는 걸 두려워하지 마라"라고요.

포기도 필요합니다. 중요한 건 포기도 계획적으로 진행할 필요가 있습니다. 개인, 기업, 정부 등 모든 사람과 조직은 자연스러운 본능을 지니고 있습니다. 바로 지난날의 성공에 대한 미련입니다. 한 번 성공했던 과거의 기억을 떠올리면서 현재의 모습을 과거와 동일하게 만들어갑니다. 하지만 새로운 일의 성공 가능성을 높이기 위해서는 무엇보다도 낡고 더 이상 생산성이 없는 기존의 목표, 계획, 실행을 포기할 수 있어야 합니다. 우리는 야식이 건강에 좋지 않다는 사실을 알고 있습니다. 그럼에도 야식을 포기하지 못합니다. 왜 그럴까요? 야식으로 성공했던 경험이 있어서일까요? 아닙니다. 우리가 야식이 건강에 좋지 않다는 사실을 알고도 야식을 포기하지 못하는 이유는 야식이 우리에게 익숙하기 때문입니다. 운동이 건강에 좋다는 사실은 모두가 알고 있습니다. 다이어트를 위해서는 먹는 양을 조절하고 운동을 해야 한다는 사실도 모두가 알고 있습니다. 하지만 왜 우리는 항상 다이어트에 실패할까요? 방법을 몰라서가 아닙니다. 그저 그 방법이 우리에게 익숙하지 않기 때문입니다. **사람은 좋은 것을 선택하지 않습니다. 익숙한 것을 선택할 따름입니다.** 따라서 우리는 계획적으로 포기해야 합니다. 우리가 진행하고 있는 그 일들이 예상보다 빠르게 진부해진다는 사실을 인정해야 합니다. 사람들은 과거의 성취를 쉽게 버리고 싶어하지 않습니다. 하지만 이것만큼 성장에 걸림돌이 되는 것도 없습니다.

특히 다음과 같은 상황이 되면 단호하게 포기를 해야 합니다. 첫째, 현재 내가 진행하고 있는 수업 방식으로 아직은 몇 년 더 좋은 시절을 보낼 수 있을 것 같다는 생각이 들 때입니다. 이 순간은 과거의 성공에 자꾸 나를 잡아매는 걸림돌이 됩니다. 성장을 위한 발걸음을 주저하게 만듭니다. 둘째, 내가 진행하고 있는 나의 수업 방식을 지속하는 이유가 이것보다 더 나은 방법을 찾지 못했기 때문일 때입니다. 좋은 것이 아니라 익숙한 것을 선택하는 것이 사람입니다. 더 나은 방법이 존재하지 않는 것이 아닙니다. 아직 내가 발견하지 못했을 뿐입니다. 마지막으로 새로운 수업 방식을 받아들여야하는 과정에서 기존의 수업 방식을 지켜야 하는 사람이 필요하기 때문에 현재의 수업 방식을 지속할 때입니다. 이는 새로운 수업 방식이 들어오는 것을 방해하고 무시하게 만듭니다. 성장을 위한 디딤돌이 아니라 걸림돌로 작용할 뿐입니다. 이런 경우에는 단호한 포기가 필요합니다. 단호한 포기는 내가 수업을 통해 성장하고자 하는 영역을 분명하게 하기 위함입니다. 이는 나의 더 나은 수업에 집중하는 행동이기도 합니다. 집중은 때로 특히 포기를 가리키는 순간이 많습니다. 기존의 것은 진부해집니다.

교사의 수업은 내일을 만드는 것이 아니라 오늘을 만드는 것입니다. 특히 장기적인 계획을 꿈꾸고 계신다면 지금 시작하시기 바랍니다. 장기와 단기라고 부르는 것은 반드시 시간의 소요를 말하는 것이 아닙니다. 우리의 시간은 두 가지 차원에서만 존재합니다. 바로 오늘과 내일입니다. 내일은 바로 오늘이 되는 날입니다. 따라서 미래는 내일 만드는 것이 아닙니다. 오늘 선생님이 선택한 의사 결정과 행동이 오늘을 만듭니다. 이를 뒤집어 말하면 내일을 만들기 위한 선생님의 행동이 오늘 이 시간에 직접적인 영향을 미친다는 것입니다. 변화와 연속성은 수단이지 목표가 아닙니다. 변화는 예측할 수 없습니다. 유일하게 기대할 수 있는 수업 변화의 근본적인 힘은 노력일 뿐입니다. 성장을 만들어 가시는 선생님에게 변화는 일상적인 업무가 될 것입니다. 그렇기 때문에 무엇을 포기해야 할지 그리고 어떤 순간 포기해야 할지를 명확하게 하는 것은 더욱 중요합니다.

많은 사람들이 고민 앞에 이야기합니다. 포기하면 편하다고 말합니다. 저는 선생님에게 조금 다르게 말씀드리고 싶습니다. **'포기하면 편해? 포기하면 변해!'**라고요. 변화와 성장을 위해 포기를 결심하신 선생님께 끝으로 네델란드 출신의 로마 카톨릭 사제였던 헨리 나우웬의 말을 전해 드리고자 합니다. "너는 보물을 발견한 사실에 기쁨을 느낄 것이다. 그러나 보물을 발견했다고 해서 네 것이 되는 것은 아니다. 다른 모든 것을 포기할 때 보물을 네 것으로 만들 수 있다."

선생님이 선택하고 있는 익숙한 것은 무엇인가요?
선생님이 선택하고 싶은 좋은 것은 무엇인가요?

익숙한 것 그리고 좋은 것

익숙한 것	좋은 것
나에게 익숙한 것	나에게 좋은 것
다른 친구에게 익숙한 것	다른 친구에게 좋은 것

진행 Tip

이 활동은 나에게 익숙한 것과 좋은 것을 구분해 보면서 무엇을 선택하고 무엇을 포기해야할지에 대해 정리해 볼 수 있는 내용으로 구성되어 있습니다.

---

❶ **나에게 익숙한 것과 나에게 좋은 것을 적을 수 있도록 안내합니다.**
   - 익숙한 것이 좋은 것일 수도 있습니다. 이미 운동을 규칙적으로 하고 있는 학생은 규칙적인 운동이 익숙한 것일 수 있습니다. 이 경우 익숙한 것과 좋은 것 양쪽 모두에 적을 수 있도록 안내해 주시기 바랍니다.
   - 좋은 것의 기준이 애매할 수 있습니다. 저는 무엇이든 끝났을 때 좋은 것이 좋은 것이라고 이야기해 줍니다. 예를 들어서 야식을 먹으면 야식 시간이 끝났을 때는 기분이 좋을 수 있지만 살이 찌는 것과 속이 더부룩해지는 것 등은 좋은 것이 아님을 알게 됩니다. 반면 운동의 경우 시작은 너무 힘들지만 끝났을 때의 개운함과 만족감은 운동을 지속하게 만드는 힘이 됩니다. 이와 같이 끝났을 때 좋은 것이 좋은 것이라는 기준으로 이야기를 풀어 갈 수 있습니다.

❷ **다른 친구들과 함께 익숙한 것과 좋은 것을 공유합니다.**
   - 다른 친구에게 익숙한 것과 좋은 것이 무엇인지 공유하면서 빈칸에 내용을 기록합니다.
   - 각각의 내용을 구체적으로 기록할 수 있도록 안내합니다.

❸ **현재 익숙한 것에서 좋은 것으로 바꾸고 싶은 것에 동그라미를 칩니다.**
   - 나에게 익숙한 것에서 나에게 좋은 것으로 바꾸고 싶은 것에 동그라미를 치고 두 개를 서로 연결합니다.

❹ **나에게 익숙한 것과 나에게 좋은 것을 적은 다음에는 다른 친구에게 익숙한 것과 다른 친구에게 좋은 것 중에서 내가 반영하고 싶은 것에 동그라미를 칩니다.**
   - 다른 친구의 항목을 통해서도 자신의 행동을 변화시킬 수 있음을 이야기합니다.

문제가 문제가 아니라고요?

Q 정말 문제가 끊이지 않습니다. 무슨 문제가 이렇게 많은 걸까요? 하나 해결하고 나면 하나가 또 발생합니다. 이렇게 문제가 계속 발생하는 과정에서 도대체 무엇을 할 수 있을지 모르겠어요. 그리고 계속 문제가 발생하니까 이제 눈앞에 펼쳐진 모든 것이 문제로만 느껴집니다. 무엇이 문제고 무엇이 문제가 아닌지 조차 구별이 어려워지고 있어요. 그래서 도대체 문제란 무엇일까요?

A '열 번 찍어 안 넘어가는 나무 없다'라는 속담을 알고 계신가요? 아무리 어려운 일도 노력하면 못 이룰 게 없다는 뜻으로 어려운 일이라고 회피하거나 두려워하지 말고 끝까지 노력하라는 걸 강조한 말입니다. 그런데 살다 보면 열 번 찍어도 넘어가지 않는 나무가 존재한다는 걸 알게 됩니다. 어떤 순간일까요? 바로 무딘 도끼로 나무를 찍었을 때입니다. 날카롭지 않은 도끼는 아무리 나무를 찍어도 나무를 쓰러뜨리지 못합니다. 아주 작은 흠집만 남길 뿐입니다. 이런 맥락을 알고 있어서일까요? 미국 대통령이었던 에이브러햄 링컨(Abraham Lincoln)은 이와 같은 이야기를 했습니다. '**만일 나에게 나무를 베기 위해 한 시간이 주어진다면 나는 도끼를 날카롭게 만드는 데 45분을 사용할 것이다.** (If I only had an hour to chop down a tree, I would spend the first 45 minutes sharpening my axe.)' 여기서 말하고자 하는 핵심은 무엇일까요? 열 번 찍어도 나무가 넘어가지 않는다면 문제의 원인이 나무에 있는 것이 아니라 도끼에게 있을 수 있다는 점입니다.

이 과정에서 우리는 문제 해결보다 중요한 건 문제에 집중하는 것임을 알 수 있습니다. 문제가 무엇인지 명확하게 정리할 수 있을 때 비로소 문제를 해결할 수 있습니다. 그렇다면 문제란 무엇일까요? **문제란 내가 현재 있는 현실과 바라는 이상 사이의 갭이라고 표현할 수 있습니다.** 현재의 모습이 불만족스러운건 내가 바라는 이상이 있기 때문입니다. 그리고 그 사이의 갭을 줄이는 것이 문제를 해결하는 과정이라고 볼 수 있습니다. 따라서 문제를 명확하게 확인하기 위해서는 현재 내가 있는 현실이 무엇인지부터 알아야 합니다. 그리고 내가 바라는 이상의 모습이 무엇인지를 정리할 필요가 있습니다. 현실과 이상을 명확하게 할 때 무엇이 문제인지를 분명하게 바라볼 수 있습니다.

이제 조금 더 문제를 세분화해서 나눠 보겠습니다. 우리가 마주하는 문제를 세분화해서 바라볼 때 조금 더 명확하게 해결할 수 있습니다. 가장 먼저 우리가 마주하는 문제는 이미 일어난 문제입니다. 이미 일어난 문제는 과거에 발생해서 현재에 영향을 미치는 경우입니다. 이는 일정한 기준에 미달하거나 기준을 이탈함으로써 발생합니다. 이미 일어난 문제를 해결하기 위해서는 원인을 추적해야 합니다. 눈에 보이는 부분에 집중하고 원인을 규명할 필요가 있습니다. 기준에 미달한 문제는 예정 목표나 과제를 달성하지 못하기 때문에 마주한 문제입니다. 기준을 이탈한 문제는 미리 정해진 기준이나 규칙에서 벗어났기 때문에 마주한 문제입니다. 원인을 명확하게 규정할 때 이런 문제는 해결이 쉬워집니다. 다음으로 마주하는 문제는 아직 일어나지 않고 눈에도 보이지 않는 문제입니다. 이런 문제는 현재 발생해서 가까운 미래에 영향을 미칩니다. 아직 일어나지 않고 눈에 보이지 않기 때문에 방치하기 쉽지만 계속해서 방치하면 큰 손실이 따르거나 해결할 수 없는 상황을 마주하게 됩니다. 이를 위해서는 현재의 상황을 개선해야 합니다. 문제의 목표를 명확하게 설정해서 해결할 수 있습니다. 조금 더 세분화하면 다음과 같이 나눠집니다. 문제 상황이 잠재되어 있어 보지 못하거나 인식하고 있지 못하다가 결국 문제가 확대되어 해결이 어려워지는 문제, 지금 현재로는 문제가 없으나 앞으로 일어날 수 있는 가능성이 보이는 문제, 현재는 아무 문제가 없으나 다른 사람들의 모습을 볼 때 개선하거나 향상시킬 수 있는 문제 등으로 나뉩니다. 이런 문제들은 찾아 내고 개선하면 해결할 수 있습니다. 마지막으로 마주하는 문제는 앞으로 어떻게 미래 상황에 대응할지와 관련된 문제입니다. 이런 문제는 현재의 상황이 미래에 영향을 미칩니다. 이를 위해서는 문제 해결을 위한 창조적인 노력이 필요합니다. 목표 지향적이고 창조적인 접근을 해야합니다. 지속적으로 새로운 걸 생각하고 시도하는 노력으로 해결할 수 있습니다.

그럼에도 여전히 문제가 어렵고 그래서 문제를 외면하는 순간이 존재합니다. 그리고 현실적으로 문제라고 해서 모든 걸 접근하고 해결할 수도 없습니다. 그래서 진짜 내가 마주해야 할 문제가 맞는지를 판단하는 기준도 매우 중요합니다. 저는 이 과정에서 3가지 기준으로 내가 마주할 문제인지 아닌지를 판단합니다. 가장 먼저 살펴보는 기준은 의도성입니다. 내가 지금 마주하고 있는 이 문제 상황이 시간이 지날수록 점점 심해지고 있어서 의도적으로 집중하고 해결해야 할 필요가 있는 문제인지를 살펴봅니다. 만약 수업에서 학생들의 학습 효율이 시간이 갈수록 낮아지고 있다면 이는 의도적으로 집중하고 해결해야 할 필요가 있는 문제라고 볼 수 있습니다. 다음으로 살펴보는 기분은 추가성입니다. 그동안 관심을 두고 있지 않았는데 더 심해지기 전에 관심의 영역으로 추가할 필요가 있는 문제인지를 살펴봅니다. 그동안 내 수업에서 강의는 내가 충분히 잘하고 있는 영역이라서 크게 신경쓰지 않았는데, 디지털교과서가 도입되면서 강의라는 수업 방식을 이제 고민해야 할 영역으로 넣어야 하는 건가하는 생각이 든다면 추가성 측면에서 접근할 수 있습니다. 마지막으로 살펴보는 기준은 유익성입니다. 단순히 이익만을 위한 것이 아니라 이 문제가 해결될 경우 시스템적으로 유익을 창출할 수 있는 문제인지를 살펴봅니다. 내가 수업 방식을 바꾸게 되었을 때, 이는 단순히 수업 방식을 바꾸는 것에서 끝나는 것이 아니라 이후 학생과 교사인 나의 삶을 시스템적으로 바꿀 수 있는 영역이라고 본다면 이는 유익성 측면에서 접근합니다.

문제를 살펴보는 과정에서 가장 중요한 건 문제를 해결하는 것이 아니라 무엇이 문제인지를 명확하게 설정하는 것입니다. 이와 관련해서 알버트 아인슈타인은 다음과 같이 이야기했습니다. "나에게 1시간이 주어진다면 문제가 무엇인지 정의하는 데 55분의 시간을 쓰고 해결책을 찾는 데 나머지 5분을 사용할 것입니다. (If I had only 1 hour to save the world, I would spend 55 minutes defining the problem and only 5 minutes finding the solution.)" 문제의 핵심이 무엇인지만 확인하면 해결책은 5분만에라도 만들 수 있습니다.

✦ 선생님이 마주하고 계신 문제 상황은 무엇인가요?
　선생님이 마주하고 계신 문제는 진짜 문제인가요?

학생들과 함께 해 보세요

🎤 문제 상황 정의해 보기

내가 마주한 현실	내가 바라는 이상
그림으로 표현해 보세요	그림으로 표현해 보세요

의도성   추가성   유익성

한 문장으로 문제 상황 정의하기

진행 Tip

이 활동은 현실과 이상 사이에 있는 격차가 무엇인지를 확인하고 이를 통해 내가 생각하는 문제가 핵심 문제인지를 확인해 보는 내용으로 구성되어 있습니다.

❶ 학생들에게 현재 마주하고 있는 현실과 내가 바라는 이상의 모습을 적도록 안내합니다.
- 현실과 이상을 적을 때는 Fit이 맞는 것이 매우 중요합니다. 예를 들어서 현재의 상황이 '공부를 열심히 하지 않는다'라면 이상은 '공부를 열심히 한다'입니다. 현재 상황에 '공부를 열심히 하지 않는다'라고 적었는데 이상에 '성적이 오른다'라고 적는다면 이는 Fit이 맞지 않는 과정입니다. 이상이 '성적이 오른다'라면 현실은 '성적이 오르지 않는다'라고 적어야 맞습니다.
- 구체적인 상황을 적을수록 문제를 정의하는 과정에 도움이 됩니다.

❷ 현실에서 이상으로 가는 과정에서 이 문제가 '의도성, 추가성, 유익성' 측면에서 적절한지 판단하는 시간을 갖습니다.
- 하나의 문제 상황이 3가지 기준에 모두 적합할 수도 있고, 1개만 적합할 수도 있습니다. 몇 가지 기준에 적합하냐가 중요하지 않습니다. 다만 기준에 적합한 것인지는 살펴볼 필요가 있습니다.
- 학생들이 자신들의 문제 상황이 진짜 문제인지를 명확하게 확인할 수 있도록 안내해 주시기 바랍니다.

❸ 자신이 마주하고 있는 문제를 한 문장으로 정의할 수 있도록 안내합니다.
- 문제 정의는 한 문장으로 이루어질 수 있도록 안내해 주시기 바랍니다. 구체적이고 명료해야 한다고 이야기해 주시기 바랍니다. 누가 읽더라도 명확하게 이해하는 것이 핵심입니다.

Q 문제에 대한 이야기를 듣고 정리하다 보니 진짜 문제가 보이기 시작했습니다. 그런데 문제를 마주하고 나니까 더 심란해지네요. 이게 진짜 문제인데 이 문제를 과연 해결할 수 있을까부터 시작해서 이걸 해결하기 위해 들여야 할 시간과 노력을 생각하니까 막상 문제를 마주하기가 더 싫어졌습니다. 도대체 문제를 알면 도움이 되긴 하는 걸까요? 문제를 알아서 좋은게 뭐가 있을까요?

A 올림픽 경기를 지켜본 적이 있으신가요? 올림픽을 보고 있으면 세계적으로 뛰어난 기량을 가진 선수들이 출전해서 자신이 전공으로 하고 있는 종목에서 정말 훌륭한 경기를 보여 줍니다. 순위가 정해지고 금메달, 은메달, 동메달이 정해지긴 하지만 막상 그들의 실력 차이는 엄청 크지 않다고 합니다. 특히 금메달과 은메달을 따는 선수들의 기량은 종이 한 장 차이 정도라고 합니다. 그런데 어떤 선수들이 금메달을 따고 어떤 선수들이 은메달을 따는 걸까요? 물론 경기 당시의 선수 컨디션에 따라서 그리고 운에 따라서, 실수 여부에 따라서 메달 색깔이 달라질 수 있습니다. 하지만 그들이 갖고 있는 가장 큰 차이는 바로 긴장을 에너지화하는 것이라고 합니다. 올림픽 경기에 출전하는 선수들은 모두가 자신의 경기를 앞두고 긴장을 합니다. 4년만에 열리는 올림픽이니 얼마나 떨릴까요. 게다가 어쩌면 올림픽 금메달을 위해 자신의 인생을 바친 사람도 있을테니 경기를 앞둔 긴장감은 어떻게 표현하기 어려울 것 같습니다. 그런데 금메달을 따는 선수들은 그 긴장감을 긴장감으로 내버려두지 않는다고 합니다. **긴장감을 자신의 에너지원으로 삼아서 경기에 임한다고 해요.** 남들이 긴장감에 휘말려서 실수를 저지를 때 금메달리스트는 긴장감을 에너지로 삼아 자신의 기량을 더 잘 뽐내는 기회로 만든다고 합니다. 그래서 긴장감이 없는 경기보다 긴장감이 있는 경기일 때 더 좋은 결과를 만들어 낸다고 합니다. 경기 때마다 올림픽 신기록, 세계 신기록이 나오는 이유도 바로 이 긴장감이 만들어 내는 에너지 때문이라고 하네요.

우리는 앞에서 문제를 정의하면서 현실과 이상 사이에 있는 격차를 확인했습니다. 이제는 현실과 이상 사이의 격차, 그 차이를 에너지 원천으로 만들어야 합니다. 현실과 이상의 격차를 확인하고 나면 우리의 감정은 부정적으로 자리매김합니다. 슬픔과 좌절, 절망 그리고 걱정과 불안이 가득차게 됩니다. 이런 감정에 빠지게 되면 우리는 내가 바라는 이상의 모습을 낮추게 됩니다. 실현되지 않을 이상적인 현실 때문에 깊은 절망감을 느끼고 어떻게든 그 절망감을 벗어던지기 위한 강한 욕구를 갖기 때문입니다. 하지만 문제는 이상을 낮추는 일은 일반적으로 한 번으로 끝나지 않는다는 점입니다. 현실과 이상 사이의 괴리를 일으키는 또 다른 압력이 발생합니다. 그리고 그 압력은 다시 이상을 낮추는 강한 압력으로 작용합니다. 현실에서 이상으로 가기 위한 도전을 시도한 다음 목표 달성에 실패하고 나면 이상을 낮추고, 낮추어진 이상으로 인해 잠시나마 긴장감이 줄어듭니다. 그러고 나면 다시 이상을 낮추라는 새로운 압력이 들어오면서 악순환의 고리가 만들어집니다. **가장 큰 문제는 이상을 낮추기 시작하면서 나쁜 소식을 그다지 나쁘지 않다고 정의하기 시작한다는 점입니다.** 그렇고 그런 평범한 상태에서 항상 기분 좋은 상태로 있게 됩니다.

그래서 현실와 이상 사이의 격차를 에너지를 만드는 원천으로 만들어야 합니다. 현실과 이상 사이의 격차는 우리를 실패로 이끕니다. 실패는 현실에 대한 부정확한 이미지와 예상대로 가능하지 못하다는 전략 그리고 우리의 이성을 명확하게 표현하는 방법 등을 배울 수 있는 좋은 기회입니다. 실패는 그저 하나의 사건일 뿐입니다. 실패는 더 현명하게 다시 시작할 수 있는 기회일 뿐입니다. 실패는 부끄러운 일이 아닙니다. 지금은 아니지만 언젠가는 실패에서 얻은 교훈이 온전히 선생님의 장점으로 작용할 거라 확신합니다. 현실과 이상 사이의 격차를 에너지원으로 삼는 사람은 인내하고 참는 능력을 갖게 됩니다. 자세 전반에 대한 근본적인 변화가 생깁니다. **가장 큰 변화는 바로 현실을 적이 아닌 동지로 받아들이는 점입니다.** 정확하고 통찰력 있는 현실 감각은 명확한 이상 만큼이나 중요합니다. 현실을 적이 아닌 동지로 받아들일 때 더 이상 현실을 부정하지 않습니다. 현실은 나를 성장시키는 좋은 기회가 되기 때문입니다. 그리고 이상에 솔직해져야 합니다. 현실과 이상 사이의 격차를 확인하고 나면 내가 바라는 이상의 모습이 정말 이상적인 모습인지를 생각해 보게 됩니다. 그러고 나면 내가 바라는 이상이 진짜 이상인지 아닌지를 알게 됩니다. 선생님이 바라시는 이상의 모습에 솔직해지시기 바랍니다. 대부분의 선생님이 학생들이 배움을 얻는 수업을 하기 원한다고 말씀하십니다. 그런데 이야기를 나누다 보면 선생님이 원하는 건 학생들이 배움을 얻는 수업이 아니라 학생들이 선생님의 수업을 기다리는 것임을 알게 되는 순간이 있습니다. 선생님의 이상에 솔직해질 때 우리는 현실과 이상의 격차를 우리의 에너지원으로 삼을 수 있습니다. 현실과 이상의 격차를 에너지원으로 삼는 선생님은 이상을 현실로 만드는 과정에서 발생하는 제약을 극복하기 위해 노력합니다. 도리어 제약을 창조의 과정으로 만듭니다. 제약이 없으면 창조도 존재하지 않습니다. 선생님의 에너지원은 현실과 이상 사이의 격차 그 안에서 이루어지는 솔직함과 창조에서 시작됩니다.

그래서 저는 때로 제가 만나는 선생님들에게 이렇게 이야기합니다. 현재의 상황이 나쁘다고 생각하시나요? 저는 선생님의 상황이 충분히 나빠져야 한다고 생각합니다. 상황이 충분히 나쁘지 않으면 사람들은 근본적으로 바꾸려고 하지 않기 때문입니다. 선생님이 무언가를 시도하시는 데 사람들이 그 변화에 저항한다고 생각하시나요? 사람들은 변화에 저항하지 않습니다. 다만 억지로 변화키는 것에 저항합니다. 선생님이 좋은 것을 하는데 왜 자꾸 문제가 발생하는지 궁금하시나요? 사람들은 좋은 것을 선택하지 않습니다. 사람들은 익숙한 것을 선택합니다. 디지털교과서를 맞아 새로운 변화를 추구하는 선생님, 선생님의 현실과 이상 사이의 격차가 선생님을 새로운 변화로 이끄는 에너지원이 되기를 바랍니다.

 선생님이 마주하시는 현실 그리고 바라는 이상은 무엇인가요? 그걸 에너지원으로 삼기 위해서 어떻게 해야 할까요?

 학생들과 함께 해 보세요

🎤 현실과 이상을 에너지원으로 삼기

내가 마주한 현실	내가 바라는 이상

실패를 통해 배울 수 있는 것

에너지원이 되기 위한 방법

한 문장으로 정리해 보는 나의 에너지원

진행 Tip

이 활동은 현실과 이상 사이에 있는 격차가 무엇인지를 확인하고 이를 통해 나의 에너지원을 삼아 보는 내용으로 구성되어 있습니다.

---

❶ **학생들에게 현재 마주하고 있는 현실과 내가 바라는 이상의 모습을 적도록 안내합니다.**
- 현실과 이상을 적을 때는 Fit이 맞는 것이 매우 중요합니다. 예를 들어서 현재의 상황이 '공부를 열심히 하지 않는다'라면 이상은 '공부를 열심히 한다'입니다. 현재 상황에 '공부를 열심히 하지 않는다'라고 적었는데 이상에 '성적이 오른다'라고 적는다면 이는 Fit이 맞지 않는 과정입니다. 이상이 '성적이 오른다'라면 현실은 '성적이 오르지 않는다'라고 적어야 맞습니다.
- 구체적인 상황을 적을수록 문제를 정의하는 과정에 도움이 됩니다.

❷ **현실과 이상 사이의 격차를 줄이기 위한 방법을 시행하면서 발생하는 실패를 통해 배울 수 있는 점이 무엇인지 적도록 안내합니다.**
- 실패는 하나의 사건일 뿐이라는 걸 강조하면서 안내합니다.
- 실패를 통해 배우기 시작할 때 제대로 성장할 수 있음을 이야기해 줍니다.

❸ **현실과 이상 사이의 격차를 나의 에너지원으로 삼기 위한 방법을 적도록 안내합니다.**
- 이상을 낮추지 않고 달성할 수 있는 방법이 무엇인지 고민하도록 안내합니다.
- 실패는 통해 배운 내용들을 어떻게 적용했을 때 에너지원이 될 수 있는지를 생각하며 적도록 안내합니다.

❹ **자신의 에너지원을 한 문장으로 정리하도록 안내합니다.**
- 실패를 통해 배운 내용을 에너지원으로 삼는 방법을 정리했으니 이제 나의 에너지원이 무엇인지를 명료하게 표현하도록 안내합니다.
- 문장을 적을 때는 누가 보더라도 쉽게 이해할 수 있고 암기할 수 있도록 적는 것이 중요하다고 이야기해 줍니다.

❺ **다른 학생들을 만나 자신이 적은 내용을 공유합니다.**
- 서로에 대한 피드백은 제공하지 않습니다. 오직 내용에 대한 공유만 진행하도록 안내합니다.

Q 문제에 대해서 정말 많이 생각해 보게 되네요. 그런데 결국 문제를 해결하긴 해야 하잖아요. 물론 문제를 해결하는 방법이 매우 다양하고 다채롭다는 사실도 알고 있어요. 그래도 문제를 정의하는 과정까지 살펴보았으니 문제를 해결하기 위해 꼭 실천해야 하는 방법이 있을까요? 문제를 해결하기 위한 가장 좋은 방법이 있다면 이것에 대해서 알려 주실 수 있을까요?

A 기억에 남는 카피가 있으신가요? 저는 평소 주위를 둘러보면서 좋은 카피가 있는지 찾아보곤 합니다. 광고가 넘치는 세상에서 광고를 즐기는 저만의 방법이기도 합니다. 그런데 카피가 유독 꽃피우는 순간이 있는데 언제인지 아시나요? 바로 선거철입니다. 선거철이 되면 여러 카피들이 흥미를 일으킵니다. "땀에는 빨간색, 파란색이 없습니다.", "여섯 명의 장관을 경기도에 바칩니다.", "사람특별시" 등 정말 다양한 카피가 떠오르는데요, 제가 인상 깊게 보았던 카피 중 하나는 바로 "사람이 먼저다"입니다. 이 카피가 인상 깊었던 이유는 문제를 해결하는 과정에서 가장 먼저 고려해야 할 대상이 '사람'이라는 사실을 정의했기 때문입니다. 우리는 문제 상황을 마주할 때 사람은 항상 마지막에 고려합니다. 기업에서 소비자에게 이런 게 필요할 거라고 생각해서 새로운 제품을 만들지만 막상 만들고 나면 사람들의 반응이 시큰둥할 때가 많이 있습니다. 사람을 생각하지 않고 그저 생각만으로 제품을 만들었기 때문입니다. 이런 측면에서 '사람이 먼저다'라는 카피는 문제를 해결하는 가장 좋은 방법으로 느껴집니다.

실제로 사람을 먼저로 삼고 문제를 해결할 때 우리가 갖고 있는 고민은 대부분 사라집니다. 사람을 먼저로 삼을 때 공감하게 되기 때문입니다. 공감은 우리가 문제를 해결하는 과정을 디자인하는 순간 필요한 가장 기초적인 활동입니다. 공감을 하기 위해서는 여러 활동들을 할 수 있습니다. 삶의 맥락에서 실제로 상대의 행동과 감정을 관찰하는 활동, 상대와 상호 작용하면서 예정된 인터셉트와 짧은 인터셉트를 주고 받는 인터뷰 활동, 상대가 경험하는 것을 직접 경험해 보는 활동 등을 진행할 수 있습니다. 이 외에도 여러 활동이 있지만 선생님이 문제를 해결하시는 과정에서 가장 유용하게 사용하실 수 있는 방법인 인터뷰에 대해 조금 더 자세하게 설명드리고자 합니다.

인터뷰는 문제를 해결하기 위해 상대의 반응을 파악하고 필요한 정보를 얻기 위한 활동입니다. 보통 수업 장면에서 문제가 발생하면 두 가지 중 하나로 귀결하기 마련입니다. 선생님 스스로가 수업 실력이 부족하다고 자책하거나 학생의 수업 태도가 적절하지 않다고 하면서 학생을 질책하는 경우입니다. 하지만 둘 다 아닌 경우도 존재합니다. 선생님은 수업 실력이 출중하시고 학생의 수업 태도가 좋은 경우가 있습니다. 하지만 둘 다 좋다고 반드시 배움이 잘 이루어지는 것은 아닙니다. 이를 확인하는 과정에서 필요한 내용이 인터뷰입니다. 교사가 마주하는 대부분의 문제는 동료 교사 또는 학생 사이에서 발생하는 경우가 대부분입니다. 이들과 이야기를 나눌 때 다음의 방법을 사용해 보시길 추천드립니다.

만약 '나의 수업 방식이 적절한지 확인하고 싶다'라는 생각을 선생님이 갖고 계시다면 다음과 같은 5가지를 고려해서 이야기를 나눠 보시기 바랍니다. 첫 번째는 첫 느낌입니다. '나의 수업을 생각하면 무엇이 먼저 떠오르세요?' 등의 질문으로 첫 느낌을 물어볼 수 있습니다. 두 번째는 충족된 욕구입니다. '나의 수업에서 좋았던 점이 있나요?' 등으로 물어봅니다. 세 번째는 충족되지 못한 욕구입니다. '나와 함께 수업에 참여하면서 아쉬웠던 점이 있나요?' 등의 질문입니다. 네 번째는 선택 요인입니다. '나의 수업 시간에 참여하는 이유는 무엇인가요?' 등으로 물어볼 수 있습니다. 마지막은 대체입니다. '지금 참여하는 나의 수업을 바꿀 수 있다면 어떻게 하고 싶나요?' 등으로 물어봅니다. 첫 느낌, 충족된 욕구, 충족되지 못한 욕구, 선택 요인, 대체 순으로 이야기를 진행하다 보면 상대가 느끼고 있는 것이 무엇인지 그리고 상대가 원하는 핵심이 무엇인지를 명확하게 알게 됩니다. 자연스럽게 내가 고민하고 있는 문제에 대한 해결책도 조금은 쉽게 접근할 수 있습니다.

인터뷰 대화는 상대의 마음을 밖으로 표현하게 만들어 주는 행위입니다. 그래서 공감대를 형성하는 과정이 중요합니다. 저는 상대와 이야기를 할 때 이와 같은 질문을 함께 합니다. '여행 등 가장 기분 좋은 날을 10점 만점으로 친다면, 오늘 수업에 참여했을 때 기분은 몇 점 정도인가요? 그 이유는 무엇인가요?', '그동안 참여했던 수업 중에 가장 만족도가 높았던 수업 장면을 2~3가지만 이야기해 줄래요? 어떤 점이 좋았나요?', '_____ 수업에 얼마나 관심이 있나요? 10점 만점에 몇 점 정도인가요? 그 이유는 무엇인가요?' 등으로 조금은 가볍게 시작합니다. 또한 상대가 내가 물어본 핵심 질문에서 멈추지 않고 주변의 여러 가지 이야기를 함께 꺼낼 수 있도록 만드는 환경도 필요합니다. '그 수업과 관련된 경험 사례를 이야기해 주세요.', '그 부분에 대해서 더 자세히 말해 주세요.', '왜 그렇게 생각했어요?', '그 당시 분위기는 어떠했나요?', '어떤 어려움이 있었나요?', '그 부분에 대해서 어떤 노력을 진행했어요?' 등의 질문은 내가 핵심적으로 질문한 내용을 더욱 풍성하게 만들어 줍니다. 마지막으로 질문을 받고 감사를 표시하는 것도 중요합니다. '지금까지 이야기해 준 내용이 너무나도 큰 도움이 되었습니다.', '지금까지 이야기한 부분과 관련해서 떠오르는 아이디어가 있다면 아무리 작은 것도 좋으니 이야기해 주세요.', '혹시 지금까지 인터뷰하면서 궁금한 것이 생겼다면 물어보세요.', '지금까지 이야기한 부분을 우리가 실행한다고 했을 때 덧붙일 말이 있을까요?' 등으로 이야기를 풀어 갈 수 있습니다.

우리 속담에 '호랑이를 잡으려면 호랑이 굴에 들어가야 한다'라는 말이 있습니다. 호랑이를 잡기 위해서는 호랑이 굴에 들어가야 하는데 막상 호랑이를 잡으러 가서 주변에 있는 토끼만 사냥하는 경우가 있습니다. **문제를 해결하기 위해서는 문제를 향해 가야합니다**. 그리고 언제나 그 문제는 사람을 만났을 때 해결되는 경우가 대부분입니다. 선생님이 해결하고자 하는 문제가 어떤 문제인지는 알 수 없으나 시작은 그 사람에 대한 공감입니다.

**선생님의 문제를 해결하기 위해서 만나야 할 사람은 누구인가요?
선생님은 그 사람과 어떤 이야기를 나눌 수 있을까요?**

 **학생들과 함께 해 보세요**

🎤 인터뷰 질문지 구성해 보기

내가 확인하고 싶은 내용

첫 느낌 질문하기	
충족된 욕구 확인하기	
충족되지 못한 욕구 확인하기	
선택 요인 확인하기	
대체 확인하기	

진행 Tip

이 활동은 내가 얻고자 하는 핵심적인 내용을 얻기 위하여 인터뷰 과정에서 어떤 질문을 해야 하는지를 구성해 보는 과정입니다.

❶ 가장 먼저 내가 인터뷰를 통해 얻고자 하는 내용을 기록합니다.
- 한 문장 형태로 명료하게 기록하도록 안내합니다.
- 문장은 간략하고 단순해야 합니다. 단순해야 핵심적으로 필요한 부분을 얻을 수 있음을 이야기해 줍니다.
- 예를 들면 '새로운 스마트폰을 만들고 싶다'라는 형태입니다.

❷ 첫 느낌에 대한 질문을 기록합니다.
- 예를 들면 '스마트폰이라고 하면 어떤 생각이 가장 먼저 떠오르나요?'와 같은 질문의 형태입니다.

❸ 충족된 욕구를 확인하는 질문을 기록합니다.
- 예를 들면 '스마트폰을 쓰면서 좋았던 점이 있나요?', '가장 좋아하는 스마트폰 기능은 무엇인가요?' 등의 질문입니다.

❹ 충족되지 못한 욕구를 확인하는 질문을 기록합니다.
- 예를 들면 '스마트폰을 쓰면서 아쉬웠던 점이 있나요', '스마트폰의 카메라 기능을 사용하는 과정에서 속상했던 점이 있나요?' 등의 질문입니다.

❺ 선택 요인을 확인하는 질문을 기록합니다.
- 예를 들면 '지금 쓰고 있는 스마트폰을 선택한 이유가 무엇인가요?' 등의 질문입니다.

❻ 대체를 확인하는 질문을 기록합니다.
- 예를 들면 '지금 쓰고 있는 스마트폰을 다른 것으로 바꾼다면?' 등의 질문입니다.

각 질문의 예시를 보고 자신이 확인하고 싶은 내용을 논리적으로 접근해 갈 수 있도록 안내합니다.

왜 자꾸 성 밖으로 끄집어내시나요?

Q 수업을 진행하다 보면 저만의 스타일이 생기게 됩니다. 그리고 이제 저만의 스타일이 생겼으니 조금 더 자신감이 생기고 수업도 재미가 있습니다. 이 정도면 이제 괜찮은 거 아닐까요? 굳이 내 수업을 계속 들여다보면서 점검하고 새로운 방식을 고민할 필요가 있을까요? 어차피 모든 학생이 나의 수업에 맞는 건 아닐텐데 저만의 성을 굳건하게 만드는 것도 좋은 방법이지 않을까요?

A 기원전 3세기는 동양과 서양의 역사에서 대규모 토목 사업이 진행되는 시기였다는 거 알고 계신가요? 기원전 3세기 동양은 중국 진시황제가 통치하던 시기입니다. 전국 시대가 끝난 통일 중국 시기에 진시황제는 시황릉, 아방궁 등의 건축물과 전국을 잇는 도로 등을 건설합니다. 그리고 이 시기에 중국은 흉노족, 몽골족과 같은 북방 유목민족의 침략을 막기 위한 방법으로 만리장성을 건축합니다. 만리장성은 지금도 그 길이가 어마어마한 인류 최대의 성곽 구조물이라고 할 수 있습니다. 기원전 3세기 서양은 로마 제국이었습니다. 로마는 이때부터 500년에 걸쳐 큰 공사를 진행합니다. 바로 로마 가도입니다. 로마 가도는 로마 제국이 군단의 빠른 이동을 위해 만든 길입니다. 지금으로 보면 고속도로와 같은 역할을 했습니다. 군대를 원활하고 빠르게 파견하기 위한 목적과 물류 이동을 위한 목적으로 만들어진 로마 가도는 로마의 번영을 가져옵니다. 이후 17세기 프랑스 시인 라 퐁테뉴는 '모든 길을 로마로 통한다'라는 말을 했을 정도로 로마 가도는 사람과 물류를 원활하게 이동시켜 주는 중요한 요소였습니다. 그런데 이 로마 가도는 사실 양날의 검과 같았습니다. 잘 만들어진 도로는 적들이

침공할 때도 똑같이 이용할 수 있기 때문입니다. 같은 시기 중국과 로마는 같은 기술력을 갖고 토목 사업을 진행했습니다. **중국은 성을 쌓았고 로마는 길을 만들었습니다.** 그리고 그 차이를 우리는 역사를 통해 알 수 있습니다. 진시황제가 다스리는 중국 진나라는 강성했지만 통일 이후 오래가지 못했습니다. 반면 로마는 2,000년의 장구한 역사를 지니게 됩니다. 이후 등장한 말이 있는데 '성을 쌓는 자는 쇠하고 길을 내는 자는 흥한다'라는 말입니다. 중국은 5,000km의 만리장성을 쌓았지만 로마는 80,000km에 달하는 길을 만들었습니다. 그 길을 통해 적의 침략을 받을 수도 있는 우려가 있음에도 불구하고 두려움을 이겨 내고 길을 만듦으로써 로마는 부흥을 위한 기초를 다졌습니다.

우리의 수업도 마찬가지입니다. 수업이 잘 이루어지고 단단해질수록 우리는 자연스럽게 성을 쌓게 됩니다. 이는 매우 자연스러운 현상입니다. 이제야 비로소 내 것이 생겼기 때문입니다. 그런데 여기에서 머무르면 우리는 내가 만든 성에 갇히게 됩니다. 이를 벗어나기 위해서는 끊임없이 나를 살펴보는 과정이 필요합니다. 나를 살펴보는 방법에는 여러 가지가 있지만 경영 컨설턴트인 알버트 험프리가 스텐포드 연구소에서 진행한 프레임워크를 기초로한 SWOT 분석이 매우 효과적이었습니다. 이 프레임워크는 세운 계획이 실패하는 이유와 이를 개선하기 위해 무엇을 할 수 있는지를 파악하기 위한 과정으로, 조직에 영향을 미치는 내부 요인과 외부 요인을 평가하는 것입니다. 간단하게 그 방법을 소개해 드리고자 합니다.

SWOT 분석은 나의 내부 환경과 외부 환경을 나눠서 정리해 보는 활동입니다. 내부 환경으로는 내가 지니고 있는 강점 요인(Strength)과 내가 지니고 있는 약점 요인(Weakness)이 있습니다. 외부 환경으로는 외부에 대해 내가 경험을 발휘할 수 있는 기회 요인(Opportunity)과 외부에 의해 내가 힘들어질 수 있는 위협 요인(Threat)이 있습니다. 내부 요인은 통제가 가능한 변수입니다. 스스로 얼마든지 바꿀 수 있습니다. 반면 외부 요인은 통제가 불가능한 변수입니다. 이는 주어진 대로 따라야만 합니다. SWOT 분석을 하기 위해서는 가장 먼저 강점 요인, 약점 요인, 기회 요인, 위협 요인이 무엇이 있는지를 기록해야 합니다. 그것들을 기록한 다음에는 분석과 전략이 필요합니다. 분석을 위한 방법은 다음과 같습니다. 강점 요인과 기회 요인이 합쳐진 부분에 대해서는 강점을 살리고 기회를 활용하기 위해 무엇을 해야 하는지를 추가적으로 살펴봅니다. 공격적인 전략을 생각해 볼 수 있습니다. 약점 요인과 기회 요인이 합쳐진 부분에 대해서는 약점으로 인해 기회를 잃지 않기 위해 보완하거나 개선해야 할 일이 무엇인지를 살펴봅니다. 보완 전략을 생각해 볼 수 있습니다. 강점 요인과 위협 요인이 합쳐진 부분에는 위협에 대해 강점을 살려서 회피하거나 극복해야 하는 일이 무엇인지를 살펴봅니다. 차별화 전략을 생각해 볼 수 있습니다. 마지막으로 약점 요인과 위협 요인이 합쳐진 부분에는 예상되는 최악의 상황을 회피하기 위해 무엇을 해야 하는 지를 살펴봅니다. 생존 전략을 생각해 볼 수 있습니다. 이렇게 살펴보고 나면 강점 요인과 기회 요인은 나에게 우호적인 환경임을 알게 되고 약점 요인과 위협 요인은 나에게 비우호적인 환경임을 알게 됩니다. 우리는 이를 바탕으로 강점 요인과 기회 요인이 결합되는 우호적 환경을 최대한 활용하여 나를 성장시킬 수 있는 공격적인 전략을 수립할 수 있습니다. 반면에 약점 요인과 위협 요인이 결합되는 비우호적 환경에 대해서는 이를 벗어나기 위한 방어적 전략을 수립할 수 있습니다.

  SWOT 분석은 나의 상황을 명확하게 판단하고 내가 어떻게 행동해야 하는지에 대한 결론을 도출하는 데 도움을 줄 수 있는 장기적인 분석 절차입니다. 따라서 이 과정을 진행할 때는 기존에 갖고 있던 편견을 버려야 합니다. 다른 사람의 생각에 치우치기 보다는 **조금 더 객관적으로 나 자신을 바라보아야 합니다**. 그리고 이 과정을 진행하기 위해서는 많은 정보와 데이터가 필요합니다. 체계적으로 정리할수록 더 잘 살펴볼 수 있기 때문입니다.

  하지만 우리는 돈을 벌기 위해 이러한 분석을 진행하는 것이 아닙니다. 앞에서 이야기했듯이 우리의 성에서 벗어나기 위함입니다. 그리고 길을 만들기 위함입니다. SWOT 분석의 모든 것을 맹신한다기보다는 이러한 방법을 통해 선생님이 만들어 두신 성에서 벗어나시기 바랍니다. 모든 길은 로마로 통한다는 이야기처럼 선생님을 향해 끊임없이 성장의 도로가 펼쳐지길 기대합니다.

✦ 선생님에 대해서 SWOT 분석을 진행하면 어떻게 될까요?
SWOT 분석을 토대로 선생님이 세우실 수 있는 성장 전략은 무엇인가요?

🎤 SWOT 분석 진행하기

가로 형태로 만들기	외부요인	
	기회요인	위협요인
내부요인 강점 요인	공격 전략	차별화 전략
내부요인 약점 요인	보완 전략	생존 전략
나를 위한 공격 전략	나를 위한 방어 전략	

학기를 진행할 때 펼쳐볼 5가지 비법

진행 Tip

이 활동은 나 자신에 대한 SWOT 분석을 통해 스스로 만든 성에서 벗어나기 위한 전략을 수립해 보는 과정입니다.

❶ **통제가 가능한 변수인 내부 요인을 먼저 기록합니다.**
 • 내가 지니고 있는 강점 요인을 구체적으로 기록합니다.
 • 내가 지니고 있는 약점 요인을 구체적으로 기록합니다.

❷ **통제가 불가능한 변수인 외부 요인을 기록합니다.**
 • 외부 환경에 의해 내가 갖고 있는 경험을 발휘할 수 있는 부분에 대해 기회 요인에 기록합니다.
 • 외부 환경에 의해 내가 위협받는 부분에 대해 위협 요인에 기록합니다.

❸ **각각 기록한 내부 요인과 외부 요인을 종합한 전략을 수립합니다.**
 • 공격 전략에는 강점을 살리고 기회를 활용하기 위해 해야 할 일을 기록합니다.
 • 차별화 전략에는 위협에 대해 강점을 살려서 회피하거나 극복하기 위해 해야 할 일을 기록합니다.
 • 보완 전략에는 약점으로 인해 기회를 잃지 않기 위해 보완하거나 개선해야 할 일을 기록합니다.
 • 생존 전략에는 예상되는 최악의 상황을 회피하기 위해 할 일을 기록합니다.

❹ **수립한 전략을 중심으로 나를 성장시키기 위한 공격 전략과 나를 방해하는 요소로부터의 방어적 전략을 수립합니다.**
 • 각각의 전략을 구체적인 액션 플랜으로 기록할 수 있도록 안내합니다.

❺ **작성한 내용을 토대로 옆 친구와 공유합니다.**

Q 나 자신을 돌아보고 성 밖으로 나오는 건 필요해 보여요. 끊임없이 성장하기 위해서 현재의 자리를 벗어나 더 나아가야 한다는 사실도 공감하고요. 그런데 저만 잘하면 되는게 아니더라고요. 막상 변화와 성장을 추구한다고 하면 주위 환경이 끊임없이 저를 괴롭히는 게 느껴집니다. 왜 이리 교육 정책은 자주 바뀌나 원망도 되고요. 나만 살피는 게 끝은 아닐 것 같은데 주변은 어떻게 바라봐야 하나요?

A 일본 자율 신경 분야의 일인자라고 불리는 고바야시 히로유키 교수는 그의 책 〈하루 세 줄, 마음정리법〉에서 이렇게 말하고 있습니다. '요즘 직장인들에게 필요한 것은 엑셀을 밟는 기술이 아니라 오히려 브레이크를 거는 기술입니다. 모든 사람들이 일상적으로 교감 신경만 자극하고 있기 때문에 이제 엑셀을 밟지 않아도 큰 문제는 없습니다. 앞으로 나아가자, 위로 올라가자며 마음 졸이지 말고, 주변으로 시선을 돌리고 속도를 줄여 느긋하게 가는 기술을 익혀야 합니다.' 어떠한가요? 사실 내 수업에 집중하고 나의 성장에만 집중하고 있으면 자꾸만 내 자신에 대해서 엑셀을 끊임없이 밟게 됩니다. 주변을 둘러보기보다는 더 나은 수업을 위해서만 열심히 달리는 내 모습을 보게 됩니다. 그런데 그러다 보면 어느 순간 주변 환경과 동떨어진 내 수업을 발견하게 됩니다. 어느 순간부터 교육 환경이 내 수업을 따라오지 못하게 됩니다. 그러면 자연스럽게 한숨이 나옵니다. 교사로서 내가 얼마나 열심히 준비하고 살아가는데 환경이 뒷받침해 주지 못해서 계획한 모든 것들을 펼치지 못한다고 이야기합니다. 그런데 그럴 때일수록 브레이크를 걸어야 합니다. **속도를 늦추고 주변을 살펴봐야 합니다**. 그래야 내 수업도 제대로 살펴볼 수 있습니다.

저는 선생님에게 지속적으로 프레임워크에 대해 설명해 드리고 있습니다. 프레임워크는 어떤 일에 대한 판단이나 결정 따위를 위한 틀이라고 볼 수 있습니다. 프레임워크는 문제 해결을 도와주는 개념입니다. 기본적인 기능들을 제공해서 실제로 수행하는 사람이 문제를 해결하는 데 집중할 수 있도록 도와주는 골조입니다. 아무 장비도 없이 손으로 흙을 파서 물건을 만들 수도 있습니다. 하지만 장비를 이용하면 훨씬 바르고 효과적으로 내가 원하는 물건을 만들어 낼 수 있습니다. 프레임워크는 선생님이 성공적으로 문제를 해결할 수 있도록 도와주는 장비와 같습니다. 그리고 저는 이번 시간에 선생님에게 속도를 늦추고 주변을 살펴보기 위한 또 하나의 프레임워크를 소개해 드리고자 합니다. 바로 PEST 분석입니다. 이 프레임워크는 기업을 둘러싼 외부 환경을 분석하는 틀로 전략 관리 요소 중 거시적 환경을 살펴보기 위한 도구입니다. 경영학에서 주로 사용되지만 각각의 요소들은 교사인 우리의 주변을 둘러보기에도 충분히 효과적입니다. 선생님 또한 선생님의 수업을 그리고 선생님의 삶을 경영하고 계신 CEO와 같으니까요.

PEST 분석은 정치(Politics), 경제(Economy), 사회(Society), 기술(Technology)의 앞 글자를 따서 만든 것입니다. 정치, 경제, 사회, 기술은 공통점을 갖고 있습니다. 바로 내가 통제할 수 없는 영역이라는 것입니다. 내가 통제할 수 없는 영역이라는 점에서 앞에서 이야기했던 SWOT 분석에서 기회 요인, 위협 요인과도 연결이 됩니다. 또 내가 통제할 수 없는 영역이라는 점에서 내 주변의 환경에만 온전히 집중할 수 있습니다. PEST 분석을 통해 선생님에게 기대하는 점은 맥락을 살피는 것입니다. 시대의 변화를 알게 되고 내가 어떤 방식으로 어떻게 수업을 해야 할 지에 대해서 고민해 볼 수 있습니다. 자연스럽게 어떤 위치에서 어떤 모습을 갖춰야 할지도 생각하게 됩니다. 각각의 요소들에 대해서 조금 구체적으로 말씀드리겠습니다. 정치(Politics)는 정권의 교체, 정부의 정책 전환, 관련 법규 개정, 규제 강화 등과 같은 요인을 말합니다. 교육은 백년지대계라고 합니다. 백년의 계획을 세우지만 정치 요인을 따르지 않을 수 없습니다. 정부가 갖고 있는 교육 정책이 무엇인지를 살펴보면 내가 지금 어떤 수업의 방향을 가져야 하는지에 대해서 생각해 볼 수 있습니다. 다음은 경제(Economy)입니다. 인플레이션, 물가 변동, 성장률, 실업률 등과 같은 요인을 말합니다. 교육은 경제적 이익을 추구하는 비즈니스가 아닙니다. 하지만 경제적 요인이 교육에 큰 영향을 미치는 것은 사실입니다. 현재의 경제적 요인이 어떠한지를 생각해 볼 때 선생님이 지향할 수업의 방향이 조금 더 눈에 명확히 들어옵니다. 다음은 사회(Society)

입니다. 아무래도 우리에게 가장 큰 영향을 미치는 요인이라고 보여집니다. 인구의 변화, 사람들의 교육 수준, 라이프스타일, 종교, 윤리관 등의 요인이 여기에 해당됩니다. 사회 변화에 따라서 내가 마주하는 학생들이 변합니다. 그리고 내가 속한 학교가 있는 사회에 따라서도 내가 마주하는 학생들이 변합니다. 따라서 사회 요인은 조금 면밀하게 들여다볼 필요가 있습니다. 내 주변의 맥락이 어떠한지를 살펴보면 내 수업을 조금 더 잘 들여다볼 수 있습니다. 마지막 요인은 기술(Technology)입니다. 기술의 진보, 특허, 인프라, 대체 기술과 같은 요인들입니다. 기술은 새로운 패러다임을 만들어 냅니다. 빅데이터, 인공 지능, 메타버스 등의 기술은 이미 우리 삶의 변화를 만들어 내고 우리 교육의 방향을 바꾸었습니다. AIDT 또한 기술로 인한 변화라고 볼 수 있습니다. 아쉽게도 기술은 퇴보하는 경우가 거의 없습니다. 계속 진보합니다. 아무리 AIDT가 마음에 들지 않더라도 변화는 이미 시작되었습니다. 기술 요인을 살피는 건 내 수업에서 기술을 어떻게 활용할 수 있을지에 대해 생각해 보게 만듭니다.

　PEST 분석은 내가 통제할 수 없는 외부 요인을 살펴보는 것입니다. 내가 통제할 수 없기 때문에 이걸 알아보는 게 무슨 의미가 있냐고 생각하실 수도 있습니다. 하지만 외부 요인을 명확하게 알기 시작할 때 내 힘으로 바꿀 수 있는 영역이 무엇인지를 선명하게 들여다볼 수 있습니다. 선생님의 수업은 이미 충분히 엑셀을 밟고 있습니다. **이제 속도를 내서 빠르게 가는 것이 중요하지 않습니다.** 브레이크를 걸고 주변 환경을 살펴보시면서 선생님의 수업이 더 나은 방향으로 나아갈 수 있는 시간을 가져 보시길 추천드립니다.

**선생님이 마주하고 계신 학교를 PEST 분석하면 어떻게 될까요?
선생님의 주변을 살펴보았을 때 어떤 방향으로 나아가야 할까요?**

 학생들과 함께 해 보세요

 PEST 분석 연습하기

정치(Politics) 요인	경제(Economy) 요인

사회(Society) 요인	기술(Technology) 요인

진행 Tip

이 활동은 PEST 분석을 통해 내 주변의 환경을 살펴보고 이를 토대로 전략을 세워 보는 과정입니다. PEST 분석은 혼자서 진행하기에는 어려움이 많이 있습니다. 모둠별로 함께 분석해 보고 진행할 수 있도록 안내합니다.

---

❶ PEST 분석의 개념에 대해 학생들에게 충분히 설명해 줍니다.

❷ PEST 프레임워크의 각 요소에 맞춰서 주변 환경을 분석해 봅니다.
- 정치(Politics) 요인에는 '우리 교육에 영향을 미치는 주요 정책'과 같은 요인들을 생각해 보도록 안내합니다.
- 경제(Economy) 요인에는 '나의 교육 환경에 영향을 미치는 경제 변화'와 같은 요인을 살펴보도록 안내합니다.
- 사회(Society) 요인에는 '나의 교육 환경에 영향을 미치는 교육에 대한 관심과 라이프스타일의 변화'와 같은 요인을 살펴보도록 안내합니다.
- 기술(Technology) 요인에는 '나의 교육 환경에 영향을 미치는 기술의 변화'와 같은 요인을 살펴보도록 안내합니다.

❸ 작성한 내용을 토대로 옆 모둠과 자리를 옮겨서 공유합니다.
- 정답을 찾는 과정이 아닙니다. 공유 과정에서 상대의 의견을 충분히 들을 수 있도록 안내해 주시기 바랍니다.
- 상대의 이야기를 듣는 과정에서 공감되는 부분이 있다면 자신의 활동지에 옮겨 적을 수 있도록 안내합니다.

❹ 다른 학생을 만나서 다시 한 번 공유를 진행합니다.
- 앞선 활동과 마찬가지로 부족하거나 공감이 되는 부분이 있다면 추가적으로 기록할 수 있도록 안내합니다.

❺ 주변 환경 분석에 따라 내가 선택해야 하는 방향에 대해 이야기해 봅니다.
- 주변 환경 분석 내용을 토대로 내가 가진 강점과 약점은 무엇인지에 대해 생각해보도록 함께 안내합니다.

Q 나 자신도 살펴보고 주변도 살펴보고, 선생님은 자꾸만 살펴보라고 이야기를 하시네요. 이렇게 살펴보는 과정은 참 중요하고 필요한 것도 알겠는데 사실 이렇게 살펴보는 과정에는 정말 많은 에너지가 소모되는 것 같아요. 때로는 잘 진행하고 있는 내 모습에 좌절감을 주기도 하고요. 그럼에도 이렇게 살펴봐야 하는 이유가 있을까요? 굳이 꼭 해야만 하는 걸까요?

A 누군가 나의 앞길을 억지로 막는다면 어떨 것 같으신가요? 썩 기분이 좋지는 않겠죠? 그런데 만약 사람이 죽었는데 그 죽은 사람의 앞길을 억지로 막는다면 어떨 것 같으신가요? 그 장면을 보고 있자면 썩 기분이 좋지 않을 것 같습니다. 그런데 일부러 그 앞길을 막는 사람이 있습니다. 바로 가톨릭의 한 장면입니다. 가톨릭에서는 시복과 시성이라는 의식이 있습니다. 시복과 시성이란 가톨릭 교회가 성덕이 높은 사람이 죽었을 때 혹은 순교한 사람에게 공식적으로 복자나 성인의 품위에 올리는 예식을 말합니다. 성인은 전 세계 가톨릭 교회가, 복자는 해당 지역의 가톨릭 교회가 모시게 되는데 이 과정은 매우 엄격한 증거 조사를 거치는 재판 형태를 취합니다. 사후에 모범적인 신앙인을 복자로 인정하는 시복과 복자를 성인으로 인정하는 시성을 심의할 때 가톨릭에서는 일부러 후보자의 결점이나 미심쩍은 점을 지적하는 역할을 만들었습니다. 바로 '악마의 대변인(Devil's Advocate)'입니다. 악마의 대변인이 가장 두드러졌던 일화를 하나 소개하자면 바로 빈자의 성녀라고 불리며 일생 동안 극빈자를 돌본 마더 테레사 때였습니다. 죽어 가는 사람들을 혼자 내버려두지 않는 것을 봉사 방향으로 삼고 일생을 낮은 곳에서 봉사하며 노벨 평화상까지 수상한 마더 테레사는 너무 유명한 인물인데요, 너무 훌륭한 사람이지만 사람이기 때문에 간과하고 행한 실수와 과오들도 분명 존재했습니다. 그리고 이런 부분은 마더 테레사 수녀의 시성 과정에서 악마의 대변인이 다각도로 제기했다고 알려져 있습니다. 그 내부적인 이야기는 비밀이기 때문에 알 수 없지만 기탄 없이 할 말을 다 할 수 있게 악마의

대변인 역할을 맡은 사람에게 기회를 주었다고 하네요.

가톨릭에서 시작했지만 악마의 대변인은 우리 주변으로 더 넓게 퍼져 있습니다. 바로 다수파를 향해 의도적으로 비판과 반론을 제기하는 사람이라는 의미로요. 여기서 의도적이라는 말이 중요합니다. 원래 청개구리 같은 기질을 갖고 있어서 다수 의견에 반대하는 것이 아니라 의식적으로 이런 역할을 맡아서 진행한다는 점입니다. 이 부분이 매우 중요한데요, '의식적으로'라는 단어를 사용하면서까지 굳이 악마의 대변인 역할을 맡기는 이유는 무엇일까요? 여기에 대해서는 존 스튜어트 밀이 작성한 〈자유론〉의 일부분을 인용해서 설명하고자 합니다. '어떤 사람의 판단을 정말로 신뢰할 수 있는 경우 그 사람이 신뢰를 받게 되는 것은 자신의 의견과 행동에 대한 비판을 항상 거리낌 없이 받아들이기 때문이다. 어떤 반대 의견에도 귀를 기울이고 옳다고 생각되는 부분은 스스로도 되짚어 보고 가능하면 다른 사람에게도 설명하기를 습관적으로 실천해 왔기 때문이다. **한 가지 주제라도 그것을 완전히 이해하려면 다양한 의견을 두루 듣고 사물의 모든 관점에서 살펴보는 방법밖에 없다고 느껴 왔기 때문이다.** 실제로 이 이외의 방법으로 진리를 얻는 현인은 없으며 지성의 특성을 보더라도 인간은 이 외의 방법으로 현명해질 수 없다.'

그래서 저는 선생님이 현재 진행하시는 수업이 잘되고 못되고를 떠나서 반드시 악마의 대변인을 주변에 두시기를 권해 드립니다. 선생님의 의견에 반박할 자유를 온전히 인정해 주시기 바랍니다. 그것이야말로 선생님의 의견이 선생님의 행동 지침으로서 옳다고 내세울 수 있는 절대적 조건이 되기 때문입니다. 전지전능하지 못한 인간이 자신이 옳다고 내세울 수 있는 합리적 보증은 이 방법 밖에 없습니다. 저 또한 제 수업을 공개하고 나면 정말 날카로운 피드백을 많이 듣습니다. 분명 잘 준비하고 스스로 생각하기에도 완벽에 가까웠는데 가슴을 후벼 파는 이야기들이 많이 들려옵니다. 때로는 칭찬만 있다면 일부러 '악마의 대변인'을 해 주실 선생님을 미리 섭외해 두기도 합니다. 의도적으로 제 수업의 문제점이 무엇인지를 지속적으로 살펴보도록 요청드립니다. 문제가 있어서 문제점을 찾는 것이 아니라 내가 놓치고 있는 부분이 무엇인지를 알기 위해 문제점을 찾도록 요청드립니다. 발견한 문제점을 반드시 수용하고 고칠 필요는 없습니다. 다만 그 문제점을 내가 인지하고 있느냐와 인지하고 있지 않느냐는 매우 다른 결과를 가져옵니다.

예를 들어 제 수업은 때로 학생들이 어렵다고 이야기합니다. 학생들이 제가 제시한 과제를 절반밖에 수행하지 못할 때도 있습니다. 그럴 때면 꼭 이와 같은 피드백이 들어옵니다. '학생들의 수준을 제대로 파악하지 못했다'라는 피드백이요. 이때 제가 집중하는 것은 저의 의도가 제대로 반영되어 있느냐입니다. 내 수업의 의도가 학생들이 과제를 다 수행하는 것이 아니라 깊이 있게 고민하고 그것에 대해 자신의 생각을 펼치는 것이었다고 한다면 과제를 100% 수행하지 못했다고 할지라도 문제가 될 것은 없습니다. 수업의 의도가 충분히 실현되었으니까요. 다만 악마의 대변인 역할을 해 주신 선생님께서 '학생들의 수준을 제대로 파악하지 못했다'라고 피드백 해 주신다면 저는 이 부분에 대해 제 수업 의도와 상관 없이 다시 생각해 보게 됩니다. 그리고 내 수업의 의도와 함께 학생들의 수준을 다시 한 번 점검하는 기회를 얻게 됩니다. 이렇게 수업이 더 나아집니다.

교사들의 지적 수준은 매우 높습니다. 선생님들은 직업 특성상 끊임없이 공부하십니다. 그러다 보니 교사들이 모인 집단은 매우 높은 수준을 자랑합니다. 예일 대학교의 미국 심리학자이자 버클리 캘리포니아 대학교의 명예 교수로 있던 어빙 레스트 제니스 교수는 이렇게 이야기했습니다. '**아무리 개인의 지적 수준이 높아도 동질성이 높은 사람이 모이면 의사 결정의 질이 현저히 저하된다**'라고요. 이럴 때 필요한 것이 바로 악마의 대변인입니다.

✦✦ **선생님의 성장을 위한 악마의 대변인은 존재하나요?**
악마의 대변인이 선생님에게 전해 줄 메시지는 무엇일까요?

학생들과 함께 해 보세요

🎤 악마의 대변인 활동하기

주제 :	
질문	질문
답변	답변
질문	질문
답변	답변

진행 Tip

이 활동은 악마의 대변인 활동을 직접 경험해 봄으로써 의도적으로 살펴보는 것에 대한 의미를 생각해 볼 수 있는 과정입니다.

---

❶ **함께 논의할 주제를 하나 선정합니다.**
- 가급적 모두가 동의하고 좋아하는 주제로 정합니다.
- 비판적인 의식을 갖는 것보다 가슴이 따뜻해지는 소식이나 감동적인 이야기, 누구나 공감할 수 있는 좋은 이야기 등을 소재로 삼는 것이 좋습니다.

❷ **주제에 대해 의도적으로 비판해 보는 연습을 진행합니다.**
- 4개의 칸에 4개의 질문을 각각 적어 봅니다.
- 비판 내용을 구체적으로 적어 봅니다.
- 의도적으로 살펴보는 것이 중요함을 강조합니다.

❸ **다른 친구들을 만나 활동지를 교환합니다.**

❹ **다른 친구가 적은 4개의 질문에 반박하는 답변을 적어 봅니다.**
- 의도적으로 비판한 내용임을 감안하면서 반박하는 답변을 적도록 안내합니다.
- 의도적으로 비판했다는 사실을 잊지 않도록 안내합니다.

❺ **활동지를 다시 교환합니다.**
- 자신이 제기한 비판 내용에 대한 답변을 확인합니다.

❻ **친구와 만나서 서로 작성한 내용에 대한 추가적인 설명을 진행합니다.**

기억하기 위해 기록한다는 것은 무슨 말이에요?

Q 수업을 계속 진행하다 보면 '과거에 내가 어떤 수업을 했었지?'라는 생각이 들더라고요, '그때 그 수업 참 괜찮았었는데' 하는 추억과 함께요. 그럴 때마다 수업을 잘 기록해 둬야겠다는 생각이 들긴 하는데 사실 수업을 기록하는 일이 어지간히 쉬운 일은 아니더라고요. 귀찮기도 하고 이걸 매번 기록한다는 것 자체가 현실적으로 힘들기도 하고요. 수업 기록은 어떻게 남기면 좋을까요?

A 기록의 나라에 대해 들어 보신 적 있으신가요? 바로 조선을 일컫는 말입니다. 조선은 가히 기록의 나라라고 불리는데요, 그 양이 실로 어마어마합니다. 역사 문헌 조선왕조실록은 조선 태조 때부터 철종 때까지 472년간의 국정 전반의 기록을 사관들이 금속 활자로 남겨 둔 것입니다. 888책이나 되는 분량입니다. 왕의 비서실격인 승정원에서는 왕명의 출납 기록인 승정원일기를 남겼는데 조선 전기의 기록은 소실되고 인조 때부터 순종 때까지 필사본으로 남겨진 분량만 3,243책입니다. 글자 수는 2억 4천여만 자로 단일 문건으로는 세계 최대 분량이라고 하네요. 한국고전번역원에서 1994년부터 번역을 진행하고 있지만 완역까지 앞으로도 30~40년은 더 걸릴 거라고 하니 그 분량이 정말 놀랍기만 합니다. 9살 왕세손 정조가 처음 쓰기 시작했다는 임금의 일기 일성록은 경술국치까지 기록된 기록물로 2,328책의 4,800만 자 분량이라고 합니다. 이처럼 조선은 기록의 나라였습니다. 그 피를 물려받아서인지 우리나라는 조선왕조실록, 훈민정음 해례본, 승정원일기, 동의보감, 일성록 등 18종의 세계 기록 유산을 보유하고 있습니다. 아시아 1위, 세계 5위에 해당되는 기록이라고 하니 정말

놀라울 따름입니다. 그래서 그런지 우리도 어릴 때부터 기록의 중요성을 배우고 끊임없이 기록하는 연습을 합니다. 어릴 때 작성한 일기장을 어른이 된 지금도 소중하게 보관하는 사람들이 많은 걸 보면 기록은 여전히 우리에게 중요한 가치이자 행동으로 남는 듯합니다.

그런 측면에서 수업 기록의 중요성은 따로 언급하지 않아도 될 정도입니다. 내 수업이 어떠했는지를 돌아보는 과정에서 기록만큼 중요하고 필요한 것은 없으니까요. 그런데 기록하는 방식이 쉽지만은 않습니다. 사람마다 기록하는 내용과 방법도 모두 제각각이고 어떻게 하는 것이 나에게 맞는지도 알기 어렵습니다. 결론부터 말씀드리면 정답은 없습니다. 다만 제가 사용하는 방법을 소개해 드리고자 합니다. **저는 가르침으로 가득 찬 교실에서 가르침을 빼고 배움을 채우는 과정을 중요하게 생각합니다.** 그래서 제가 남기는 기록 또한 학생의 배움 여정과 관련이 깊습니다.

저는 가장 먼저 학생들의 배움 여정을 단계별로 구분합니다. 수업을 생각한다면 도입 과정, 전개 과정, 마무리 과정으로 나눌 수 있겠네요. 그러고 나면 각 단계에서의 세부적인 경험들이 무엇이 있는지를 기록합니다. 타임라인에 맞춰서 학생이 보이는 행동이나 경험할 수 있는 이벤트에 대해 차근차근 남깁니다. 여기까지는 일반적인 수업 기록과 비슷해 보일 수 있는데요, 저는 그 다음에 터치포인트를 기록합니다. 터치포인트란 수업 과정에서 배움과 학생이 서로 만나는 접점입니다. 50분 동안 수업을 진행했다고 해서 모든 순간 배움이 일어나는 것은 아닙니다. 학생마다 배움을 느끼고 경험하는 순간은 다를 수 있습니다. 저는 수업을 진행하면서 학생들이 어느 순간에 배움을 만나는지를 살피고 이를 기록합니다. 그리고 그 순간 학생들의 표정을 살펴봅니다. 표정을 보면 감정을 읽을 수 있습니다. 배움을 만나는 과정에서 학생들이 행복과 기쁨 그리고 뿌듯함, 희열을 느끼는지 아니면 좌절과 절망, 고민과 역경을 느끼는지를 살펴봅니다. 배움의 과정이 항상 즐겁지만은 않습니다. 어떤 감정이든 학생의 그 마음을 충분히 읽기 위해 노력합니다. 또한 학생들이 배움에서 이탈하는 부분도 표시합니다.

학생들이 배움과 만나는 부분이 있다면 배움에서 이탈하는 부분도 생기기 마련입니다. 어디에서 이탈하는지, 왜 이탈하는지, 다시 배워야겠다고 다짐하고 배움 안으로 들어오는 순간은 언제인지를 살펴봅니다. 이렇게 살펴보다 보면 고민이 생깁니다. 과연 어떤 장면이 중요하고 어떤 장면이 중요하지 않은지에 대해서 헷갈리기 시작합니다. 그럴 때 필요한 것이 기준입니다. 선생님이 수업을 통해 학생들에게 나타나길 기대했던 의도가 그 기준이 됩니다. 기준에 따라서 학생의 행동이 배움과 가까워지고 있는지 아니면 멀어지고 있는지를 살펴볼 수 있습니다. 그리고 수업을 기록할수록 그 기준이 더욱 명확해집니다.

그런데 단순히 배움의 순간을 포착하면서 학생의 여정을 기록하면 나중에 인사이트를 뽑아내기가 어렵습니다. 그래서 함께 기록해야 하는 것이 정량적인 정보와 정성적인 정보입니다. 정량적 정보는 쉽게 이야기하면 숫자입니다. 배움을 느끼는 학생의 숫자는 몇 명이었는지, 좌절하는 학생은 얼마나 되었는지, 수업 시간 몇 분 정도에 그런 표정이 나타났는지 등을 기록합니다. 정성적인 정보는 그 당시의 생각과 감정입니다. 학생들의 표정에서 나타난 생각과 감정일 수도 있고 선생님의 감정과 생각일 수도 있습니다. 이런 정보들은 선생님의 수업 기록에 신뢰성을 더해 주고 후에 인사이트를 뽑아내는 과정에서 요긴하게 활용됩니다.

마지막으로 과정을 다시 한 번 정리해 드리겠습니다. A4 용지를 꺼내시고 종이 가운데에 가로줄(X축)을 하나 긋습니다. 그리고 왼편에 세로줄(Y축)을 긋습니다. X축은 시간입니다. Y축은 감정입니다. 이제 시간에 따라 점을 찍습니다. 수업의 시간대별로 학생들의 배움 상태가 어떠했는지를 점을 찍습니다. 그리고 그 점들을 이어봅니다. 그럼 학생들의 배움 여정이 한 장면에 담깁니다. 각 점에서 나타났던 이벤트를 적어 봅니다. 정성적으로 또 정량적으로 기록해 봅니다. 이렇게 기록이 마무리되면 선생님이 수업을 통해 얻으셨던 인사이트와 앞으로의 수업에서 개선해야 할 지점을 찾아봅니다. 여러 아이디어들이 함께 제안될 수 있습니다. **기록은 쉽지 않습니다. 정말 귀찮은 일이기도 합니다.** 누군가 대신 해줬으면 좋겠다는 생각도 들고요. 하지만 선생님이 하셔야 하는 일입니다. 그만큼 필요하고 중요한 일이니까요. 그리고 선생님이 충분히 하실 수 있는 일이라 생각합니다.

✨ **선생님이 만들어 가는 배움 여정 곡선은 어떠한가요?**
선생님이 만들고 싶으신 배움 여정 곡선은 어떠한가요?

🎤 배움 여정 곡선 그리기

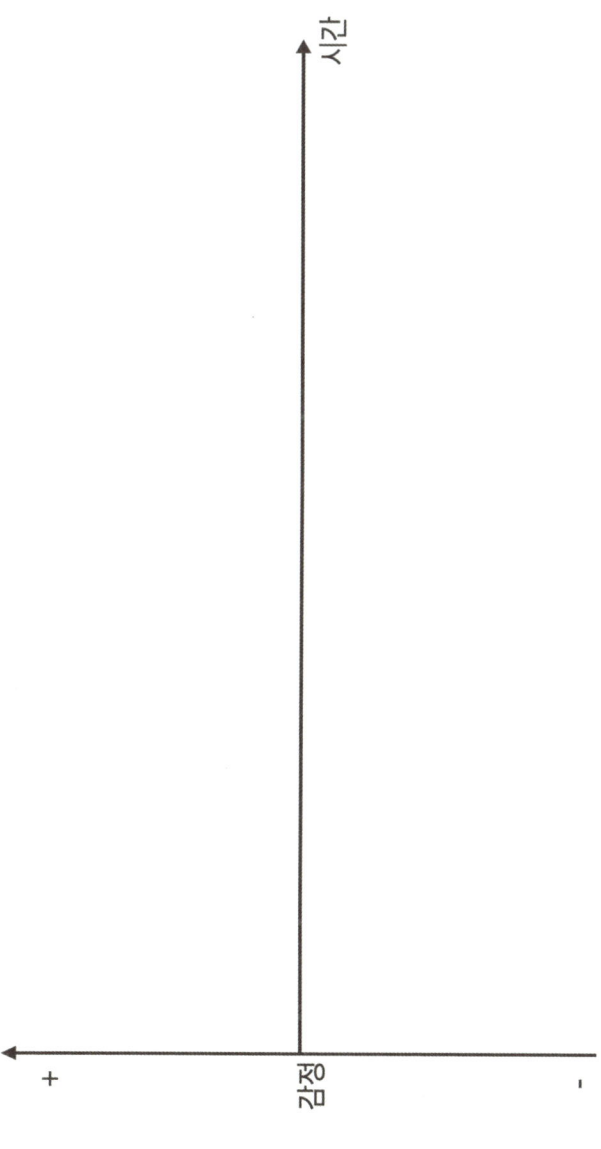

진행 Tip

이 활동은 스스로의 배움 여정 곡선을 그려 봄으로써 나의 배움 과정에 대해 생각해볼 수 있는 내용입니다.

❶ **배움 여정 곡선의 구성에 대해 안내합니다.**
   - 가로축은 시간이 기준입니다. 시간의 흐름에 따라 기록하도록 안내합니다.
   - 세로축은 감정입니다. 배움 과정에서 나의 감정이 긍정적이면 위로 부정적이면 아래로 표시할 수 있도록 안내합니다.

❷ **시간의 흐름에 따라 사건의 점을 찍습니다.**
   - 가장 먼저 시간 흐름에 따라 사건을 구분하는 점을 찍습니다.
   - 사건의 점은 가로축 선 위에 기록을 남깁니다.

❸ **사건의 점을 기준으로 감정의 점을 찍습니다.**
   - 사건의 점 위, 아래로 감정의 점을 찍도록 안내합니다.

❹ **감정의 점을 서로 연결하는 선을 그립니다.**
   - 감정의 점을 연결하여 배움 여정 곡선을 그리도록 안내합니다.

❺ **다른 색 펜으로 내가 배움 과정에서 희망하는 감정의 점을 찍습니다.**
   - 기존의 사건의 점을 기준으로 내가 희망하는 감정의 점을 찍도록 안내합니다.
   - 이 과정에서 반드시 감정이 긍정적일 필요는 없음을 이야기해줍니다. 때로는 부정적인 감정이 에너지를 내는 과정에서 도움이 될 수도 있습니다.

❻ **감정의 점을 연결하여 내가 희망하는 배움 여정 곡선을 그립니다.**

❼ **두 개의 곡선을 비교하면서 어떻게 다른지 그리고 희망하는 곡선이 되기 위해서는 어떻게 해야하는 지에 대해 이야기를 나눕니다.**
   - 서로 짝을 지어서 이야기 나눌 수 있도록 안내합니다.

> **Q** 배움의 여정을 기록한다는 것, 내 수업의 여정을 남긴다는 것에 대해서는 괜찮은 것 같네요. 그런데 제가 마주하는 학생이 정말 많은데 어떤 학생을 기준으로 여정을 남기는 게 좋을지 모르겠어요. 한 학생만을 중점적으로 잡자니 다른 학생이 눈에 걸리고 그렇다고 여러 학생을 동시에 살피고 다 기록하자니 그것도 쉽지 않고요. 도대체 어떤 학생을 기준으로 여정을 기록하면 좋을까요?

A 선생님은 롤모델이 있으신가요? 굳이 거창하게 롤모델이라고 표현하지 않더라도 사람은 누구나 닮고 싶어하는 사람이 있습니다. 저에게도 롤모델이 있습니다. 그런데 존재하지 않습니다. 이게 무슨 말이냐고요? 처음에는 A라는 사람을 닮고 싶었습니다. 말하는 것과 행동하는 것 모든 부분에서 완벽해 보였거든요. 그런데 한번은 A가 결정한 말과 행동이 저의 생각과 너무나 달랐습니다. 이해가 되지 않았고요. 그 순간만큼은 A가 아니라 B라는 사람을 닮고 싶었습니다. 그래서 저는 그 다음부터 롤모델이 조금 바뀌었습니다. 모든 순간 A라는 사람을 닮고 싶었지만 딱 한 순간만큼은 B를 닮고 싶었으니까요. 시간이 지나면서 저에게는 제2의 B가 지속적으로 생겼습니다. 어떤 장면에서는 C라는 사람의 말과 행동이 저에게 다가왔고 또 다른 장면에서는 D라는 사람의 말과 행동이 저를 움직였습니다. 어느 순간 저의 롤모델은 A와 B, C, D라는 사람이 모두 합쳐진 그 누군가가 되었습니다. 물론 그런 사람은 세상에 존재하지 않았습니다. 그렇게 저의 롤모델은 세상에 존재하지만 존재하지 않는 사람입니다. 왜 갑자기 롤모델 이야기를 꺼내냐고요? 저는 우리가 마주하는 학생의 모습도 롤모델과 같은 존재라고 생각합니다. 세상에 존재하지만 존재하지 않는 학생의 모습입니다.

사실 수업을 준비하는 과정에서 우리는 한 학생을 떠올리게 됩니다. 그 학생은 내 수업을 매우 좋아하고 기대하는 학생일 수도 있고 반대로 내 수업 시간만 되면 갑자기 장난을 치고 집중하지 않는 학생일 수도 있습니다. 수업을 준비하는 과정에서 이 학생은 이 수업에 참여하면 이렇게 행동할 거라는 기대감이 들면서도 동시에 이렇게 행동하면 어떻게 할지 걱정도 하게 됩니다. 수업을 준비하는 과정은 내 수업에 참여하는 학생을 위한 시간이기도 하니까요. 그런데 사실 완벽한 학생은 없습니다. 모든 부분이 내 마음에 드는 학생도 없고요. 내가 마주하고 있는 한 학급의 학생들이 모두가 같은 특성을 갖고 있지도 않습니다. 안타깝게도 비슷하지도 않습니다. 어느 정도 공통점이 있다면 그래도 수업을 진행하기에 참 편할 것 같은데 어쩜 이리도 다양한 학생들이 모여 있는지 신기하기만 합니다. 그런데 수업을 기록하기 위해서는 학생을 관찰해야 합니다. 어떤 학생을 마주해야 할지 모르겠지만 일단 학생을 보긴 해야 합니다. 그래서 저는 저의 롤모델처럼 가상의 학생을 만들어 냅니다.

저는 선생님에게 가상의 학생을 만드는 방법을 소개해 드리고자 합니다. 일명 내 수업에 참여하는 학생의 페르소나입니다. 페르소나는 고대 그리스 가면극에서 배우들이 썼다 벗었다 하는 가면을 말합니다. 가면을 쓴 배우들은 그 가면에 맞는 인격과 성격을 드러냅니다. 이후 라틴어로 섞이면서 한 개인을 나타내는 말로 사용되고 있습니다. **중요한 건 페르소나는 가상의 인물입니다.** 학생의 페르소나를 설정하는 과정은 나의 수업에 참여하기에 적합한 가상의 학생을 만들어 내는 시간입니다. 지금부터 하나씩 설정해 보면 좋겠습니다. 가장 먼저 정해야할 것은 내가 마주하는 학생의 인구 통계학적 특성입니다. 성별, 나이, 사는 지역, 직업, 가족 관계 등을 적어 봅니다. 물론 가상입니다. 그냥 그럴싸하게 만들어 보면 됩니다. 그 다음은 내가 마주하는 학생의 성격을 적어 봅니다. 안정적이고 감성적인 학생인지 깐깐하고 잘 따지는 성격인지를 생각해 봅니다. 합리적으로 행동하는 학생인지, 실용적인지 아니면 사람들이 움직이면 같이 움직이는 성격인지를 적어 봅니다. 물론 학생마다 모두 다릅니다. 그래서 이 과정을 진행할 때는 내 수업에 가장 적합한 학생의 성격을 생각해 보면 됩니다. 또는 내 수업을 가장 힘들어하는 학생의 성격을 생각해 보셔도 좋습니다. 성격이 어려우면 학생의 성향으로 대신 표현해도 괜찮습니다. 그리고 학생이 목표로 하는 바가 무엇인지를 생각해 봅니다. 수업에 참여하는 학생 모두가 내가 가르치는 과목에서 100점을 받는 것을 희망하지 않을 수도 있습니다. 학생의 목표점을 생각해 보면 모든 학생이 성적이 우선순위가 아님을 알게 됩니다. 목표 지점을 생각해 보았다면 그 학생이 두려워하는 것이 무엇인지를 생각해 봅니다. 그리고 그 두려움을 극복하기 위해 무엇에 도전하고 있는지도 생각해 봅니다. **다시 한 번 강조해서 말씀드리지만 모두가 가상의 설정입니다.** 그리고 그 학생이 그 도전을 위해 갖고 있는 역량은 무엇인지 또는 키워야 하는 역량은 무엇인지를 생각하고 적어 봅니다. 하나하나 서술할수록 내가 마주하는 학생의 모습이 더욱 구체적으로 드러나게 됩니다. 다음은 학생이 가장 영향을 많이 받는 사람은 누구인지를 생각해 봅니다. 교사일수도 있고 부모일수도 있습니다. 요즘은 인플루언서나 연예인들의 영향을 많이 받기도 합니다. 마지막으로 그 학생만이 갖고 있는 특이 사항이 무엇인지를 생각하고 적어 봅니다. 작년부터 수학을 포기한 학생일 수도 있고 외국에서 어릴 때부터 살다 와서 한국 문화가 어색한 학생일 수도 있습니다.

이렇게 가상의 학생이 정리가 되면 우리는 다음과 같은 이점을 얻을 수 있습니다. 먼저는 내가 만나는 학생들의 데이터를 의인화할 수 있습니다. 막연하게 퍼져 있던 데이터들이 하나로 정리가 됩니다. 완벽하지 않더라도 방향을 잡아 갈 수 있습니다. 또한 수업을 준비하고 기록하는 과정에서 방향이 흩어지지 않습니다. 수업은 결국 학생을 위한 것입니다. 내 수업이 준비되는 것도 기록되는 것도 모두 학생의 다음 배움을 위해서입니다. 가상의 학생이지만 내 수업에 참여하는 학생의 모습이 명확해지면 내가 누구를 위해 이렇게 하고 있는지 방향이 명료해집니다. 마지막으로 학생에게 잠재되어 있는 욕구를 명확하게 느낄 수 있습니다. 학생의 잠재된 욕구를 확인할 때 우리는 그에 맞는 뾰족한 문제 해결책을 생각해 낼 수 있습니다.

세상에 완벽한 학생은 존재하지 않습니다. 완벽한 교사도 존재하지 않고요. 다만 학생이 느끼기에 완벽한 교사는 존재할 수 있습니다. 그건 그 학생을 얼마만큼 이해하고 그에 맞게 움직이느냐에 따라 달려 있습니다. 학생을 기록하고 학생의 모습을 생각해 보면서 수업을 기록할 때 선생님이 가지실 모습과 태도는 더욱 선명해집니다.

 **선생님이 마주하는 학생은 어떤 모습을 지니고 있나요?
그 학생이 선생님에게 기대하는 사항은 무엇인가요?**

🎤 학습 페르소나 그리기

	이름	
	나이/ 성별	
성격		
목표		
행동/버릇		
두려움/도전		
영향 받는 사람 / 취미		

진행 Tip

이 활동은 학습자의 페르소나를 그려봄으로써 대상자에 대한 공감을 실천해볼 수 있는 활동입니다.

❶ **학습 과정에서 자신의 모습이 어떠한 지에 대해 살펴보는 과정임을 안내합니다.**
- 페르소나는 자신의 진실된 모습이기보다는 가면을 쓴 가상의 모습임을 안내합니다.

❷ **페르소나 양식에 맞춰 내용을 작성합니다.**
- 각각의 내용은 구체적으로 작성할 수 있도록 안내합니다.
- 구체적인 상황에서 어떻게 행동하고 생각하는 지를 적으면 제일 좋습니다.
- 각각의 내용들이 진실일 필요는 없습니다. 다만 논리적으로 합리적이어야한다는 부분은 안내해주시기 바랍니다.

❸ **작성한 페르소나를 서로 공유합니다.**
- 두명씩 짝을 지어서 각각의 페르소나를 공유합니다.
- 자신이 작성한 페르소나가 학습 과정에서 어떤 부분을 영향을 미치는 지에 대해서 이야기 나눌 수 있도록 안내합니다.

❹ **페르소나를 수정, 보완하는 활동을 진행합니다.**
- 공유받은 내용을 바탕으로 자신의 페르소나를 수정 및 보완합니다.

> **Q** 수업 시간은 온전히 교사인 저와 학생만의 관계라고 생각했어요. 그런데 막상 수업을 진행해 보니 그렇지 않더라고요. 저와는 전혀 문제가 없는데 학부모 때문에 학생이 수업 참여를 제대로 하지 않는 경우도 있고, 친구 관계 때문에 수업 시간에 집중을 못하는 경우도 있더라고요. 수업을 기록하다 보니 내 수업이 문제가 아니라 그 학생의 주변이 문제인 경우를 많이 발견했습니다. 이런 경우가 정말 많은 것 같은데, 학생의 주변은 어떻게 정리해야 할까요?

A 학생들만 그럴까요? 사실 어른인 우리들도 주변의 영향을 무척이나 많이 받습니다. 같은 상황에서도 내가 마주했던 주변 상황이 어떠한지에 따라서 태도가 완전 달라집니다. 학생들의 같은 반응도 때로는 웃으면서 넘어가지만 때로는 화가 치솟을 때도 있습니다. 내 자신의 문제라고 생각할 수도 있지만 사실 내 주변을 둘러싸고 있는 관계가 나를 그렇게 만드는 경우가 대부분입니다. 그 관계를 통제하는 건 정말 어려운 일입니다. 저는 사실상 불가능에 가깝다고 생각합니다. 그렇다고 관계를 끊어 놓을 수도 없습니다. 어떤 분야든 마찬가지겠지만 특히 우리가 속해 있는 교육 분야는 결코 혼자서 할 수 있는 일이 없기 때문입니다. 그렇기 때문에 주변에서 나와 함께할 사람과의 관계를 끊임없이 맺어 가야 합니다. 학생들도 마찬가지입니다. 무엇보다 교우 관계가 인생에서 가장 중요하다고 여겨지는 시기를 보내고 있는 학생들에게 관계란 결코 무시할 수 없는 일입니다. 그 관계가 사소한 일에도 기쁨을 느끼게 하고 반대로 작은 일에 절망과 좌절을 느끼게 만들기도 합니다. 관계는 매우 중요합니다. 그리고 그 관계가 주는 영향력은 매우 큽니다. 그걸 무시할 수는 없습니다. 그래서 우리는 그 관계를 통제하기 위해 노력합니다. 좋은 관계를 유지하고 의미 있는 시간들을 함께 만들기 위해 노력합니다. 저는 그 노력이 매우 의미 있다고 생각합니다. 그런데 그 노력보다 먼저 해야 할 일이 하나 있습니다. **바로 내 주변의 관계를 정리하는 일입니다.**

관계를 정리한다는 것이 관계를 끊는다는 말이 아닙니다. 내 주변의 관계를 명료하게 하는 것입니다. 저는 내 주변의 관계를 명료하게 하는 과정에 속해 있는 모든 사람을 '이해관계자'라고 표현합니다. 이해관계자란 어떤 일이나 사건에 있어 이익과 손해에 직접적 또는 간접적으로 관계가 있는 사람을 이야기합니다. 개인일 수도 있고 집단이나 조직일 수도 있습니다. 우리가 마주하는 모든 일은 여러 이해관계자들과 서로 영향력을 주고받으면서 이루어집니다. 따라서 여러 이해관계자들의 이해관계를 정리해 볼 필요가 있습니다. 이해관계자가 정리되고 나면 내가 진행하고 있는 일, 학생의 경우 내가 참여하고 있는 학습 과정에 영향력이 높거나 낮은 사람이 누구인지를 알게 됩니다. 자연스럽게 어떻게 효과적으로 커뮤니케이션을 진행해야 하는지 또한 정리할 수 있습니다.

이해관계자를 명료하게 정리하기 위해서 가장 먼저 해야 할 일은 이해관계자가 누구인지를 아는 것입니다. 이 과정에서는 다음과 같은 질문을 제기해 볼 수 있습니다. '내 수업(학습)에 관심이 있는 사람은 누구인가?', '내 수업(학습)에 영향을 받는 사람은 누구인가?', '내 수업(학습)에 영향을 줄 수 있는 사람은 누구인가?', '내 수업(학습)에 도움을 주거나 방해를 하는 사람은 누구인가?' 등의 질문은 이해관계자가 누구인지를 파악하는 데 도움이 됩니다. 다음으로 파악한 이해관계자를 영향력에 따라 분류해 봅니다. 대개는 4가지 그룹으로 나눌 수 있습니다. 나의 수업(학습)에 높은 영향력과 높은 관심을 갖고 있는 사람입니다. 이 사람들은 나의 수업(학습)에 가장 핵심이 되는 사람들입니다. 다음으로는 나의 수업(학습)에 영향력은 높지만 관심은 낮은 사람입니다. 나의 수업(학습)에 도움을 주거나 방해는 할 수 있지만 생각보다 그런 것 자체에 관심이 없는 경우가 많습니다. 다음은 나의 수업(학습)에 영향력은 낮지만 관심이 많은 사람들입니다. 이들은 정보를 필요로 합니다. 나의 수업(학습)에 대한 정보를 지속적으로 제공받기 원합니다. 마지막으로 나의 수업(학습)에 영향력도 낮고 관심도 낮은 사람들입니다. 이들의 중요도는 상대적으로 낮습니다. 정보에 대한 공유도 그리 원하지 않습니다. 다만 훗날 관심도가 높아질 수 있는 사람들이니 참고만 해 둡니다. 이렇게 이해관계자를 분류해 둔 다음에는 상황 안에서 일어나는 상호 작용을 표시해 봅니다. 상호 작용을 표시하는 과정은 화살표를 이용하면 좋습니다. 숫자로 순서를 표현해도 됩니다. 이 과정에서 '이해관계자는 무엇을 필요로 하는가?', '이해관계자는 어떤 수준의 소통을 원하는가?', '이해관계자의 관심을 어떻게 파악할 수 있을까?' 등의 질문에 답을 생각하면서 상호 작용을 표시하면 조금은 쉽게 접근할 수 있습니다. 상호 작용까지 표시가 끝나면 마지막으로 집중해야 할 이해관계자가 누구인지를 정리합니다. 이해관계자를 정리하는 일은 결국 내가 진행하는 수업(학습)에 집중하기 위함입니다. 내가 진행할 일을 더 잘하기 위함이고요. 따라서 집중해야 할 이해관계자가 누구인지를 명확하게 살펴볼 때 그들과의 관계와 상황을 공감하고 이해할 수 있습니다.

이해관계자를 정리하다 보면 모호한 경계로 인해 모두가 중요한 사람인 것으로 정리될 때가 있습니다. 절대 그럴 리 없습니다. 모든 사람이 중요해 보이지만 이해관계자를 식별하면 할수록 생각보다 중요한 사람은 많지 않다는 걸 알게 됩니다. 나의 수업(학습)에 영향을 미치는 사람은 생각보다 많지 않습니다. 또한 다 정리가 끝났는데 누락된 사람이 있음을 발견하는 경우도 있습니다. 괜찮습니다. 다시 추가하면 됩니다. 우리는 완벽한 정답을 만들기 위해 이 일을 하는 것이 아닙니다. **관계를 정리하고 분석함으로써 더 잘하기 위한 방법을 찾는 것뿐입니다.**

매년 연말이 되면 각종 시상식이 열립니다. 수상자는 수상 소감을 밝히면서 자신이 감사함을 표현해야 하는 사람들의 이름을 호명합니다. 이해관계자를 정리하는 건 수상 소감을 준비하는 것과 같습니다. 나의 수업(학습)이 성공적으로 이루어질 수 있도록 그 과정에서 나는 누구의 이름을 호명할 것인지를 정리하는 일입니다. 그래서 쉽지 않습니다. 하지만 한 번은 해야 합니다. 그리고 생각보다 어렵지 않습니다. 막상 진행하면 크지 않은 숫자에 당황하실지도 모르겠네요. 그러니 해 보시길 권해 드립니다.

선생님이 수업을 준비하고 진행하는 과정에서 중요한 이해관계자는 누구인가요?
그들과 효과적으로 소통하기 위해서는 어떻게 해야 할까요?

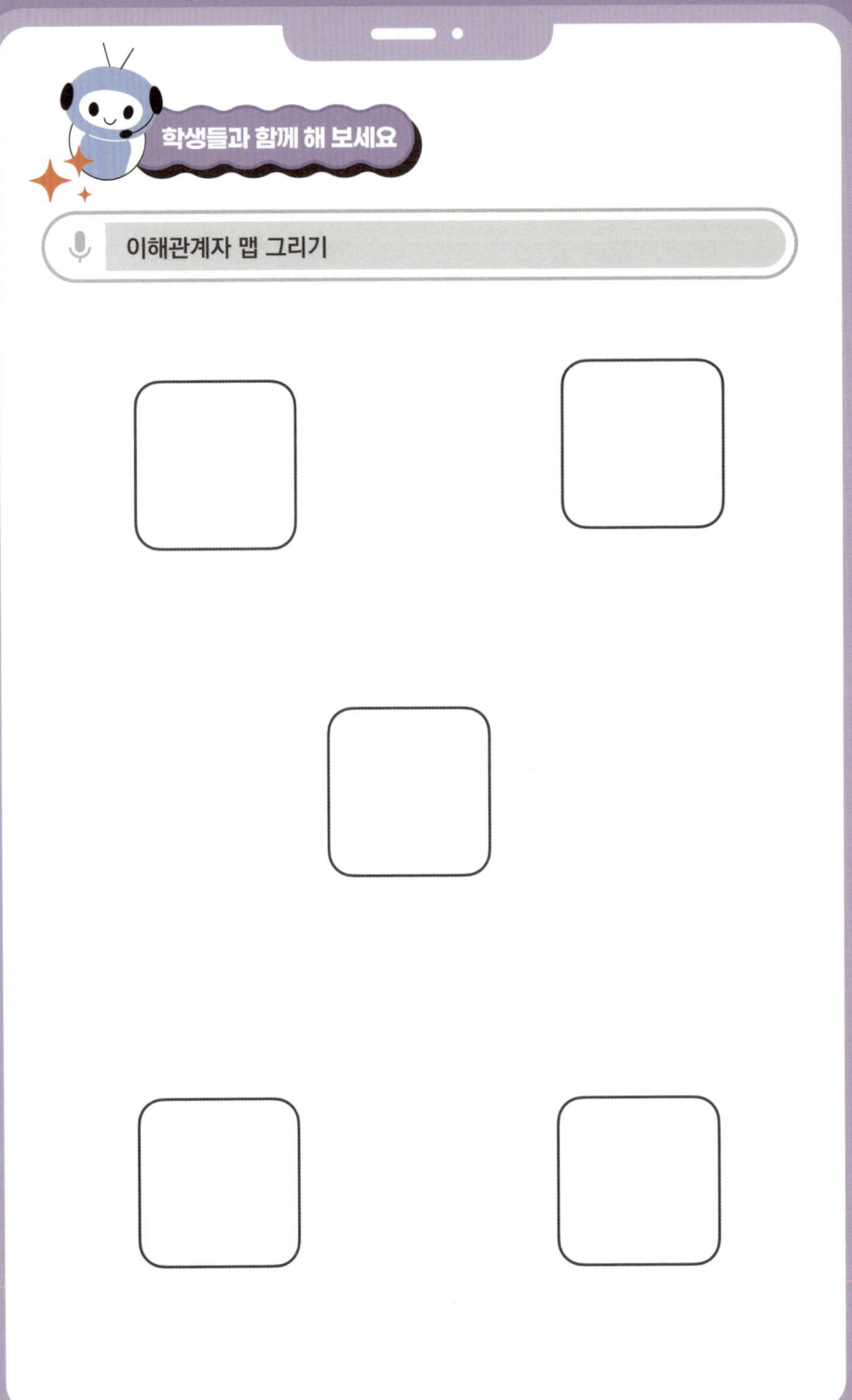

진행 Tip

이 활동은 이해관계자를 맵핑해봄으로써 수업 준비 과정에서 중요한 이해관계자가 누구인지를 파악해보는 내용입니다.

❶ **맵의 가운데에 나를 적습니다.**
- 내 모습 중에 구체적이고 활동적인 모습을 적으면 좋습니다. 예를 들어서 그냥 선생님인 나의 모습이 아니라 수업을 준비하는 선생님의 모습, 시험을 준비하는 선생님의 모습 등으로 기록합니다.

❷ **맵의 주변 원에 나와 관련된 이해관계자를 기록합니다.**
- 각각의 이해관계자가 어떤 사람인지를 구체적으로 적습니다. 예를 들어 그냥 다른 선생님이 아니라 나의 수업을 평가하는 선생님, 나의 시험 문제를 검토하는 선생님 등 그 당사자의 역할과 모습에 대해 구체적으로 기록합니다.
- 추가적으로 원이 필요한 경우 원을 그린 다음에 작성합니다.

❸ **작성한 이해관계자들과의 관계를 표시합니다.**
- 각각의 관계는 화살표로 표시합니다.
- 화살표에는 내가 그 사람에게 영향을 주는 내용과 상대가 나에게 영향을 주는 내용을 함께 기록합니다. 예를 들어 내가 상대방에게 시험문제를 제출하면 상대방은 나에게 시험문제에 대한 피드백을 제공함 등으로 적습니다.

❹ **이해관계자들 사이의 관계도 표시합니다.**
- 나와 이해관계자 사이의 관계뿐만 아니라 이해관계자와 이해관계자들 사이의 관계에 대한 부분도 화살표로 표시합니다.
- 화살표에는 각각 어떤 영향을 서로 주고 받는 지 내용을 함께 적습니다.

❺ **작성한 이해관계자맵을 바탕으로 서로 공유합니다.**
- 작성한 이해관계자에 대한 내용을 공유하고 수정 및 보완합니다.

 읽자마자 적용하는 디지털 교육변화 PBL 활용편

학기를 마무리할 때 펼쳐 볼 5가지 비법

❶ 왜 시작할 때 질문을 끝날 때 하세요?

❷ 완벽한 마무리를 방해하는 이유는 무엇인가요?

❸ 장면이 아니라 패턴을 보라고요?

❹ 그라운드는 아직도 유효한가요?

❺ 왜 저의 평가 영역까지 건드시는거죠?

왜 시작할 때 질문을 끝날 때 하세요?

Q 학기를 마무리할 때가 되면 여러 가지 생각이 듭니다. '벌써 이렇게 시간이 흘렀구나' 하는 생각과 '여러 가지 일들이 있었구나' 하는 생각 그리고 한 학기동안 있었던 많은 일들이 머리에 지나가면서 만감이 교차하곤 합니다. 어떻게든 시간이 지나면 학기는 끝이 나긴 하니까요. 학기를 마무리하는 시점에서 스스로에게 하는 질문도 매우 중요할 것 같은데요, 선생님은 학기를 마무리하실 때 어떤 질문을 던지시나요?

A 선생님은 기억에 남는 프레젠테이션 장면이 있으신가요? 저는 애플의 스티브 잡스가 신제품을 홍보하던 순간의 프레젠테이션을 잊을 수 없습니다. 2008년 신제품을 소개하던 스티브 잡스는 이렇게 이야기를 진행합니다. "오늘 저희는 새로운 차원의 노트북을 소개하고자 합니다. 맥북 에어(Macbook Air)가 바로 그것입니다. 그럼, 맥북 에어는 무엇일까요? 세상에서 가장 얇은 노트북입니다. 저희는 출시된 모든 얇은 노트북들을 찾아보았습니다. 대부분의 사람들은 소니 TZ 시리즈를 떠올립니다. 옆에서 본 모습입니다." 그러고 나서 스티브 잡스는 서류 봉투를 들고 나타납니다. 사람들은 스티브 잡스가 들고 있는 서류 봉투를 보자 웃었습니다. 그리고 스티브 잡스는 자신이 들고 있던 서류 봉투에서 실제로 노트북을 꺼내 보여 줍니다. 프레젠테이션은 이게 끝이었습니다. 이 프레젠테이션으로 애플은 더욱 주목을 받기 시작했습니다. 그리고 혁신의 아이콘으로 사람들에게 인식되기 시작합니다.

저는 애플이라는 회사가 혁신의 아이콘이기 때문에 대단하다는 이야기를 전하고자 하는 것이 아닙니다. 다만 이 회사가 왜 21세기 혁신의 아이콘이 되었는가에 주목할 필요가 있다고 생각합니다. 그건 바로 이 회사가 집중한 부분에 있습니다. "Start with Why" 바로 왜를 중심으로 시작했다는 말인데요, 이 부분이 저는 학기를 마무리하는 과정에서도 매우 중요하다고 생각합니다. 그래서 저는 학기가 끝날 때면 "왜 이 수업을 했지?", "왜 이 수업을 계획했지?" 등의 질문을 스스로에게 던집니다.

그럼 왜 'Start with Why'일까요? 그 이유에 대해서 사이먼 시넥은 이렇게 이야기합니다. "무엇(What)을 하고 있는지 모르는 사람은 없습니다. 그중 일부는 무엇(What)과 동시에 어떻게(How)도 압니다. 남들과 어떻게 차별화된 가치를 제공할지 표현하기도 하고요. 그중에 정말 소수가 무엇(What)과 어떻게(How)를 넘어 '왜(Why)'단계까지 내려갑니다." 만약 선생님께서 수업을 하는 이유에 대해서 '학생들의 성장을 위해서'라고 답하신다면, 그건 여기서 말하는 '왜(Why)'가 아닙니다. 학생들의 성장은 선생님의 수업에 따른 결과일 뿐입니다. 만약 선생님께서 수업을 하는 이유에 대해서 '학생들의 배움을 위해서'라고 답하신다면 마찬가지로 배움은 수업에 따른 결과일 따름입니다. 왜(Why)라고 말할 수 없습니다.

그럼 여기에서 함께 정리해야 할 내용이 있습니다. "왜?"는 무슨 뜻일까요? 표준국어대사전에 따르면 '왜'라는 단어는 부사로서 무슨 까닭으로, 또는 어째서라는 뜻을 갖고 있다고 합니다. 그런데 이렇게 '왜'를 정의하면 학기를 마무리하는 과정에서 방향을 잃게 됩니다. 그래서 '왜'라는 단어부터 새롭게 정의해야 합니다. **지금부터 '왜'라는 단어를 가치라고 정의하겠습니다.** 그럼 가치는 무슨 뜻일까요? 표준국어대사전을 찾아보면 가치란 사물이 지니고 있는 쓸모를 말합니다. 우리도 일반적으로 이렇게 인식합니다. 그런데 가치가 지니고 있는 또 다른 뜻이 있습니다. 바로 '인간의 욕구나 관심의 대상 또는 목표가 되는 진. 선, 미 따위를 통틀어 이르는 말'입니다. 그렇습니다. **여기서 말하는 가치란 상대가 원하는 것입니다.** 그럼 교사인 우리가 갖게 되는 가치의 정의는 무엇일까요? 바로 교사(학생)가 원하는 것입니다. 왜는 가치입니다. 그리고 그 가치는 교사(학생)가 원하는 것입니다.

그럼 앞에서 제시했던 "왜 이 수업을 했지?", "왜 이 수업을 계획했지?" 등의 질문은 다음과 같이 바뀌게 됩니다. "교사(학생)가 이 수업에서 원하는 건 뭐였지?", "교사(학생)가 이 수업을 통해 무엇을 원했지?"입니다. 교사(학생)가 원한 건 성장이 아닙니다. 성장은 결과입니다. 선생님이 계획하신 수업을 통해 이루고자 하신 건 선생님이 갖고 계신 교육의 신념입니다. 신념을 통해 이루어 낸 결과가 학생의 성장이고 배움인 것입니다. 학생이 수업을 통해 얻고자 원한 것은 성적이 아닙니다. 학생은 그들이 갖고 있는 신념에 따라 수업에 참여합니다. 그리고 좋은 성적과 의미 있는 배움을 결과로 얻어 갑니다.

사실 수업을 마무리하는 과정에서 "왜(Why)"라는 질문을 꺼내는 것이 불편할 수도 있습니다. 그동안 잘 마무리해 오던 수업을 다시 생각하도록 만들기 때문입니다. 그런데 수업을 마무리하는 과정이기 때문에 반드시 "왜(Why)"를 생각해 봐야 합니다. 우리는 수업을 진행하는 과정에서 수업으로 인한 결과와 그 결과를 도출해내기 위한 방법을 여러 가지로 시도하고 실행해 왔기 때문입니다. 그 과정에서 놓친 것이 있다면 바로 "왜(Why)"입니다. 수업이 끝나 가고 있기 때문에 관심을 갖고 챙겨야 합니다. 그렇지 않으면 방법(How)과 결과(What)만을 추구하기 때문입니다. 방법과 결과만 추구하면 교사로서 선생님이 갖고 계신 신념을 잊게 됩니다. 신념이 사라질 때 우리는 그저 수업하는 기계가 되기 마련입니다. 매일 습관적으로 수업을 준비하고 습관적으로 학생을 만납니다. 수업 시작 종이 울리면 교과서를 펴고 수업 종료 종이 울리면 교실을 나옵니다. 짜여진 각본처럼 움직이고 예상하지 못한 상황이 발생하면 불편해합니다. 모두가 나의 계획대로 아무 문제 없이 진행되기만을 기대하고 기다립니다. 그렇게 한 학기가 훌쩍 지나가 버리고 새로운 학기를 마주하게 됩니다.

AI 디지털교과서를 마주하시는 선생님께서는 마음이 조금은 새로우실 거라 생각합니다. 걱정도 있고 근심도 있지만 그와 동시에 새로운 기대감도 가지실 수 있으리라 생각합니다. **그렇다면 수업은 끝나 가고 학기는 마쳐 가지만 그 과정에서 우리는 다시 시작을 생각해 봐야 합니다.** 그리고 그 시작은 바로 "왜(Why)"입니다.

 선생님이 수업을 통해 원하는 것은 무엇인가요?
선생님을 움직이는 Why는 무엇인가요?

 학생들과 함께 해 보세요

 Start with Why

Why 30개 적어 보기

Why 15개 골라 보기

Why 5개 골라 보기

Why 3개 골라 보기

Why 1개 골라 보기

진행 Tip

이 활동은 수업의 Why를 다양하게 생각해 보고 하나의 Why를 추려볼 수 있도록 구성되어있습니다.

❶ **수업에 참여하는 이유를 30개 정도 작성하도록 안내합니다.**
  - 30개를 채우는 일은 쉽지 않을 수 있습니다. 그럼에도 작지만 이유를 꼭 찾을 수 있도록 안내해 주시기 바랍니다. 때로는 사소한 일도 기록이 필요합니다. 그 이유가 크지 않아도 괜찮습니다. 사소한 것도 이유가 될 수 있으니 작성하도록 안내합니다.

❷ **30개의 Why 중에 15개를 골라서 다음 칸에 적습니다.**
  - 15개를 고르는 과정에서 제일 중요한 것은 기준임을 안내해 줍니다. 사람들과의 관계 때문에 수업에 참여하는 것인지, 내가 지적으로 탐구하고 싶어서인지 아니면 규율과 규칙 때문인지 등에 대해서 기준을 갖고 선택할 수 있도록 안내합니다.

❸ **15개의 Why 중에 5개를 골라서 다음 칸에 적습니다.**
  - 기준을 갖고 선택할 수 있도록 안내합니다.

❹ **5개의 Why 중 3개를 골라서 다음 칸에 적습니다.**

❺ **3개의 Why 중 1개를 골라서 다음 칸에 적습니다.**

❻ **작성한 Why에 대해서 이유와 함께 학습 동료에게 설명합니다.**
  - 왜 그 1개의 Why를 선택했는지에 대해서 설명할 수 있도록 안내합니다.
  - 1개의 Why를 통해 이루고자 하는 것이 무엇인지를 구체적으로 이야기할 수 있도록 안내해 주시기 바랍니다.

> **Q** Why의 중요성에 대해서 강조하신 부분은 공감이 됩니다. 정말 중요한 영역이기도 하고요. 그런데 막상 Why를 생각하면 그 부분을 어떻게 찾아야 하는지 어렵기만 합니다. 그냥 막연하게 "왜?"라고 생각한다고 답이 나오는 것 같지는 않습니다. Why를 제대로 찾을 수 있는 방법이 있을까요? 구체적이고 실천적인 방법에 대한 도움이 필요합니다.

A 2010년 11월, 한국에서는 서울 G20 정상회의가 진행되었습니다. 2010 서울 G20 정상회의 이전까지 G20을 개최한 국가는 G7 소속이었던 미국, 캐나다, 영국뿐이었습니다. G7 소속도 아니고 또 영미권이 아닌 아시아 국가에서 G20을 개최한 건 대한민국이 최초였습니다. 당시 개최만큼이나 뜨거운 감자였던 건 바로 폐막식이었습니다. 서울 G20 정상회의 폐막 기자 회견장에서 당시 미국 대통령이었던 버락 오바마는 이렇게 이야기합니다. "한국 기자들에게 질문권을 하나 드리고 싶군요. 정말 훌륭한 개최국 역할을 해 주셨으니까요. 누구 없나요?" 갑자기 등장한 버락 오바마 대통령의 제안에 기자 회견장은 정적이 흘렀습니다. 정적이 지속되자 버락 오바마 대통령이 이렇게 이야기합니다. "한국어로 질문하면 아마도 통역이 필요할 겁니다. 사실 통역이 꼭 필요할 겁니다." 이 말에 기자 회견장에는 웃음꽃이 퍼집니다. 그런데 이때 루이청강이라는 중국 CCTV 기자가 마이크를 잡습니다. 그리고 "실망시켜 드려 죄송하지만 저는 중국 기자입니다. 제가 아시아를 대표해서 질문해도 될까요?"라고 말합니다. 그러자 버락 오바마 대통령은 "하지만 공정하게 말해서 저는 한국 기자에게 질문을 요청했습니다. 그래서 제 생각에는"이라고 하여 이야기를 전개합니다. 이에 루이청강은 "한국 기자들에게 제가 대신 질문해도 되는지 물어 보면 어떨까요?"라고 이야기합니다. 버락 오바마 대통령은 이 말을 듣고 "그것은 한국 기자가 질문하고 싶은지에 따라서 결정되겠네요. 없나요? 아무도 없나요?"라고 묻습니다. 그리고 기자 회견장은 조용해집니다. 버락 오바마는 다시 묻습니다. "없

나요? 아무도 없나요?" 이후 아무도 대답하지 않는 상황이 지속되고 결국 질문권은 중국 기자에게 주어집니다.

이 장면을 두고 많은 이야기가 오갔습니다. 질문을 하지 않는 기자들에 대한 사람들의 질책도 있었고, 질문을 하지 못하게 만드는 한국의 교육에 대한 이야기도 있었습니다. **사실 우리는 대답하는 것에는 익숙하지만 질문하는 것에는 익숙하지 않습니다.** 저는 그 원인이 꼭 한 가지로 귀결된다고 생각하지 않습니다. 우리의 문화, 교육, 가정 환경 등 다양한 특성들이 만들어 낸 모습이라고 생각합니다. 하지만 여기서 그 원인을 논하려는 것은 아닙니다. 다만 Why를 찾기에 가장 필요한 건 질문이라는 사실을 강조하고자 합니다. 특히 '왜?'라는 질문은 본질적인 Why를 찾는 과정에서 가장 중요한 내용입니다.

미국 제퍼슨 독립기념관은 외벽 손상이 매우 심했다고 합니다. 그래서 매년 많은 비용을 들여 새롭게 페인트칠을 해야만 했습니다. 하지만 페인트칠을 해도 외벽 손상이 심해지는 건 변함이 없었습니다. 많은 비용이 지속적으로 발생하는 것도 마찬가지고요. 이 문제를 해결해 보고자 질문이 시작됩니다. "왜 미국 제퍼슨 독립기념관은 외벽 부식이 심각할까?" 이 질문에 대한 답으로 내려진 것은 바로 "비누 청소를 자주하기 때문이다."였습니다. 그래서 다시 묻습니다. "왜 비누 청소를 자주 할까?" 이 질문에 대한 답은 "비둘기 배설물이 많이 묻기 때문이다."였습니다. 그럼 또 궁금해집니다. "왜 외벽에 비둘기 배설물이 많이 묻을까?" 이 질문에 대해 답을 찾아보니 "비둘기의 먹잇감인 거미가 많기 때문이다"였습니다. 또 물어봅니다. "왜 그곳은 거미가 많을까?" 살펴보니 거미의 먹잇감인 불나방이 많이 있었습니다. 그럼 "왜 그곳에는 불나방이 많을까?"라고 질문해 보니 그 답은 미국 제퍼슨 독립기념관의 실내 전등을 주변보다 일찍 켜는 것에 있었습니다. 결국 외벽을 깨끗하게 관리하는 방법은 비누 청소를 자주하는 것이 아니라 불나방의 활동 시간인 오후 7시 이후에 실내 전등을 켜는 것이었습니다.

이렇게 지속적으로 '왜?'라고 질문을 하면서 답을 찾아가는 과정을 5Why라고 이야기합니다. 방법은 간단합니다. 먼저 내가 찾고 싶은 답 또는 해결하고 싶은 사항을 한 문장으로 적어 봅니다. 그리고 그것에 대한 답(A)을 바로 밑에 적습니다. 그런 다음에는 (A)를 왜 그래야 하는지에 대한 답(B)을 밑에 적습니다. 그리고 다시 (B)를 왜 그래야 하는지를 적어 봅니다. 이런 방식으로 지속적으로 '왜?'라는 질문을 5번 정도 나열해 보는 것입니다. 이렇게 보면 정말 방법이 단순해 보입니다. 그냥 '왜?', '왜?', '왜?', '왜?', '왜?'를 반복적으로 물어보면 되기 때문입니다. 그런데 막상 해 보면 절대 쉽지 않음을 알게 됩니다. 왜냐하면 그렇게 생각한 원인이 쉽게 드러나는 경우도 있지만 그렇지 않은 경우가 더 많은 것이 현실이기 때문입니다. 또 그 원인이 하나로 귀결되는 경우도 거의 없고요. 그리고 질문에 대해 답을 하는 과정에서도 주의해야 할 사항이 있습니다. 바로 간단한 답변으로 마무리하면 안 됩니다. 간단한 답변에만 집중하면 같은 문제가 재발될 가능성이 높습니다. **근본적인 원인을 찾기 위해 노력해야 합니다.** 또한 시각적으로 질문과 답의 관계를 표현하면 진짜 Why를 찾는 과정에서 이해를 도울 수 있습니다.

여기까지 읽고 5why를 적용하기 위해 Why를 계속적으로 활용하다 보면 이런 생각이 드실 겁니다. "이렇게 하는 게 맞아?", "이게 도움이 되긴 하는거야?"라고요. 네, 맞습니다. 그렇게 하는 게 맞습니다. 그리고 너무 불안해하지 않으셔도 됩니다. 김성회 작가의 〈용인술〉에는 이런 글귀가 나옵니다. "어떻게란 질문이 나오는 순간 뇌는 굳어지면서 생각을 포기한다. 시작하자마자 해결책부터 찾아내려면 뇌에 과부하가 걸리기 쉽다. 이에 앞서 왜라고 물어야 한다. 그러면 뇌는 스스로 답을 만들기 시작한다." 많은 사람들은 문제 상황을 마주하면 문제의 본질보다 솔루션에 집중합니다. '왜'와 '어떻게'의 차이, 얼핏 보면 그게 그거 같지만 그 차이는 나비 효과처럼 엄청나다는 사실을 기억하시기 바랍니다.

선생님 찾고 싶으신 답, 해결하고 싶으신 상황은 무엇인가요?
선생님이 수업하시는 진짜 Why는 무엇인가요?

 학생들과 함께 해 보세요

 5Why

Question

Why 1

Why 2

Why 3

Why 4

Why 5

 **진행 Tip**

이 활동은 5Why를 직접 적용해 봄으로써 진짜 Why를 찾는 과정에 대한 내용으로 구성되어 있습니다.

① 내가 해결하고 싶은 문제 상황, 찾고 싶은 답에 대한 질문을 Question 부분에 적습니다.
  - 구체적이고 명료한 형태의 질문을 적도록 안내합니다.
  - 한 문장으로 적으며 그 문장에는 하나의 내용만 담길 수 있도록 안내합니다.

② 기록한 Question에 대한 답을 Why 1에 기록합니다.
  - 이 경우 논리적으로 접근할 수 있도록 안내합니다. 구체적인 근거 자료가 있을수록 훨씬 신뢰가 쌓이며 체계적으로 5Why를 진행할 수 있습니다.

③ Why 1에 기록한 것에 대한 이유를 Why 2에 기록합니다.

④ Why 2에 기록한 것에 대한 이유를 Why 3에 기록합니다.

⑤ Why 3에 기록한 것에 대한 이유를 Why 4에 기록합니다.

⑥ Why 4에 기록한 것에 대한 이유를 Why 5에 기록합니다.

⑦ Question의 내용과 Why 5에 기록된 내용의 연결고리를 찾아봅니다.
  - 질문에 대한 답으로 적절한지에 대해 판단합니다.
  - 해당 부분에 대해 동료와 공유하면서 의견을 주고받을 수 있도록 안내합니다.

Q 학기와 수업을 마무리하는 시점이지만 Why에 집중하다 보니 생각하지 못한 여러 가지 사항들이 떠오르네요. 생각한 것보다 잘된 일 생각나고, 의도한대로 실행되지 않은 일들도 생각납니다. 학기와 수업을 마무리하는 과정에서 이런 생각이 마구잡이로 떠오르는 게 괜찮은 건지 의문이 들기도 하고요. 처음 시작할 때 이 질문을 했어야 하는 게 아닌가 하는 생각도 들더라고요. 끝나가는 시점에 이렇게 하는 게 맞는 걸까요?

A 우연이 가져오는 행운과 기회에 대해 어떻게 생각하시나요? 살다 보면 우연이 가져오는 행운이 많이 있습니다. 저는 우연이 가져온 행운의 대표적인 예로 알렉산더 플레밍을 떠올립니다. 1928년 9월 28일, 생물학자였던 알렉산더 플레밍은 휴가를 다녀온 후 실험실에 들어가서 깜짝 놀라는 일을 마주합니다. 아주 작은 포도 모양의 세균을 유리 접시에 길러 두고 휴가를 다녀왔는데 유리 접시 뚜껑을 깜박하고 닫지 않았기 때문입니다. 플레밍의 실수로 인해 유리 접시는 휴가 기간 내내 열려 있었고 그 결과 무언가가 날아와 아주 작은 포도 모양의 세균을 모두 녹여서 없애 버렸습니다. 플레밍은 이 상황에서 유리 접시를 조금 더 자세하게 관찰합니다. 그 결과 작은 포도 모양의 세균을 모두 없앤 것이 바로 푸른곰팡이임을 알게 됩니다. 이 푸른곰팡이에는 페니실린이 들어 있었습니다. 페니실린은 세균이 번식하려고 할 때 세균이 세포벽을 만들지 못하게 합니다. 마치 벽이 없는 집이 무너지듯이 페니실린 때문에 세포벽을 만들지 못한 세균은 죽게 됩니다. 이 페니실린은 최초의 항생제가 됩니다. 세균의 존재도 알지 못하던 사람들이 세균에 감염되고 이로 인해 많이 생명을 잃었었는데, 페니실린으로 인해 사람들은 여러 질병으로부터 건강을 지킬 수 있게 되었습니다. 알렉산더 플레밍은 1945년 페니실린을 발견한 공로를 인정받아 노벨 생리의학상을 받게 되고요. 플레밍이 발견한 페니실린은 플레밍의 행운으로만 끝나지 않았습니다. 그 행운은 전 인류에게 행운이 되었습니다.

이와 같이 우연이 가져온 행운과 기회는 새로운 가치를 만들어 내기도 합니다. 저는 선생님께서 학기와 수업을 마무리하는 이 시점에 Why를 고민하면서 여러 가지 생각을 떠올리신다면 지금이야말로 새로운 가치를 창출하실 기회라고 생각합니다. 나의 수업을 정리하다 보면 예상치 못한 성공이 있었음을 알게 됩니다. 수업 준비를 제대로 하지 못했는데 의외로 학생들의 배움이 잘 이루어진 경우도 있습니다. 반대로 예상치 못한 실패도 있습니다. 분명 이렇게 수업을 진행하면 학생들의 배움과 성장이 원만하게 이루어져야 하는데 나의 생각과 뜻대로 그 결과가 나타나지 않는 경우도 있습니다. 또한 예상치 못한 외부 사건이 들어오는 경우도 있습니다. 갑자기 수업 시간표가 변경될 수도 있습니다. 50분 수업 시간에 맞춰 학습 내용을 준비했는데 갑자기 단축 수업으로 인해 수업 시간이 40분이 되는 경우도 있습니다. 분명 체육 수업이 내 수업 다음 시간이었는데 갑자기 수업 시간표가 변경되어서 체육이 내 수업 앞으로 오게 되고, 교실에 들어갔더니 이미 땀을 흘리고 지쳐 있는 학생들의 모습을 마주할 때도 있습니다. 또한 학생 수 변화와 같은 통계상의 변화가 생길 때도 있습니다. 어제까지 20명이었던 학생이 갑자기 질병으로 인해 17명이 되는 경우도 있습니다. 학교 구조 변경으로 인해 교실 수가 줄어들기도 하고요. 마지막으로 학생들의 인식이 변화하는 경우도 있습니다. 분명 영어 교과에 대해 중요성을 인식하지 못하고 있었는데 갑자기 뉴스에 등장한 권위자의 한마디로 인해 영어 교과에 대한 관심이 높아지는 경우도 있습니다. 이런 경우는 모두가 예상치 못하거나 나의 의지와 상관 없이 외부에서 일어나는 변화라고 볼 수 있습니다. 그리고 이런 변화는 선생님의 수업을 바꿀 수 있는 기회의 원천이라고 말할 수 있습니다.

우리는 예상하지 못한 일에서 가능성을 볼 수 있습니다. 전혀 기대하지 않았던 수업 내 학생들의 학습 성공은 나의 전체적인 수업을 위태롭게 만들지 않으면서도 힘도 덜 들게 합니다. 그래서 이런 성공을 마주했을 때 우리는 이를 기회로 삼아야 합니다. 이때를 기회로 삼기 위해서는 다음과 같은 질문에 답을 내릴 필요가 있습니다. 먼저 '예상하지 못한 이 학습의 성공을 잘 이용할 경우 나의 수업에는 어떠한 의미가 있을까?'를 생각해 보시기 바랍니다. 또한 '이 학습의 성공이 계속되면 나의 수업은 어떤 방향으로 나아가게 될까?', '이 학습의 성공을 기회로 활용하기 위해서 내가 반드시 해야 하는 것은 무엇일까?', '이 학습의 성공이 나의 수업에서 자주 일어나게 만들려면 어떤 노력을 해야 할까?' 등의 질문에 답을 내려 보시기 바랍니다. 물론 이 답을 내리는 과정은 쉽지 않습니다. 아마 적지 않은 시간을 투자하셔야 할 가능성이 많습니다. 하지만 기대하지 않은 성공이 가져오는 기회를 제대로 잡기 위해서는 철저한 분석과 연구가 필요합니다. 그래야 앞으로 다가올 기회를 눈 뜨고 놓치지 않을 수 있습니다.

우리는 예상하지 못한 실패의 경우를 맞이할 때도 있습니다. 분명 실패할 수 없는 성공 공식이었는데 어느 순간 이 공식이 틀어지는 경우가 있습니다. 이때는 밖으로 나가셔야 합니다. 우리는 실패하면 생각합니다. 그리고 나의 모든 직관을 활용해서 그 문제의 원인을 생각합니다. 하지만 직관만으로는 충분하지 않습니다. 특히 그 직관이 내가 느끼는 것이라면 그것은 도움이 되지 않습니다. 왜냐하면 그 직관은 대체로 '내가 그것을 있는 그대로 인식하는 것'이라기보다는 '그것이 그렇게 되기를 내가 바라는 것이라는 말을 다르게 표현한 것'에 불과할 가능성이 높기 때문입니다. **따라서 이때는 직접 밖으로 나가서 살펴보고 들어 봐야 합니다.** 수업에 참여한 학생들을 만나서 묻고 들어 봐야 합니다. 그래야 제대로된 원인을 파악할 수 있습니다. 분석은 변화와 기회 그리고 새로운 현실에 대한 지각에서 출발합니다. 지금 당장은 실패 원인을 분석할 만큼 많은 정보를 갖고 있지 못할지라도 나가서 찾아보고 둘러보고 물어보고 들어 봐야 합니다. 중요한 것은 현실이 변했다는 사실을 인정해야 하는 순간이 찾아온다는 것입니다.

선생님의 학기와 수업을 되돌아보다 보면 이상한 변화가 생겼음을 느끼실 수도 있습니다. 그때가 기회입니다. 예상하지 못한 외부의 어떤 일이 내가 고민하고 해결하고 싶은 상황과 맞아떨어질 때 선생님의 수업을 혁신하실 수 있는 기회로 활용할 수 있습니다. 예상치 못한 우연이 가져온 행운과 기회가 선생님의 수업에서 나타나길 기대합니다.

 **선생님의 한 학기 수업에서 예상하지 못한 성공은 무엇인가요?
선생님의 한 학기 수업에서 예상하지 못한 실패는 무엇인가요?**

🎤 우연이 가져오는 행운과 기회 찾기

예상하지 못한 성공

1. 예상하지 못한 성공을 잘 이용할 경우 나에게 어떤 의미가 있을까?

2. 예상하지 못한 성공이 계속되면 나는 어떤 방향으로 나아가게 될까?

3. 예상하지 못한 성공을 기회로 활용하기 위해서 나는 무엇을 해야 할까?

4. 예상하지 못한 성공이 자주 일어나게 하기 위해서는 어떤 노력이 필요할까?

예상하지 못한 실패

나의 직관으로 살펴본 실패의 원인 / 사람들을 통해 확인해 본 실패의 원인

상황	원인

진행 Tip

이 활동은 예상하지 못한 성공과 실패에 대해 기록해 봄으로써 우연의 과정에서 얻을 수 있는 행운과 기회에 대해 확인해 보는 내용으로 구성되어 있습니다.

❶ **예상하지 못한 성공에 대한 질문을 바탕으로 내용을 기록합니다.**
  • 4개의 질문을 살펴보고 각각의 질문에 답변해 보는 시간을 갖습니다.

❷ **예상하지 못한 성공에 대해 기록한 내용을 서로 공유합니다.**
  • 각각의 내용을 공유하면서 자신의 내용을 수정 및 보완합니다.

❸ **예상하지 못한 실패의 상황과 원인에 대해서 내용을 기록합니다.**
  • 상황은 구체적으로 기록할 수 있도록 안내합니다. 누구라도 그 상황을 이해할 수 있을 정도로 구체적으로 기록합니다.
  • 실패의 원인에 대해서는 자신의 직관으로 살펴본 내용 그리고 다른 사람들을 통해 확인된 내용으로 기록하도록 안내합니다. 그 원인이 반드시 실패의 원인이 아니어도 괜찮습니다. 실패의 원인에 대해 생각해 보고 찾을 수 있도록 안내합니다.

❹ **예상하지 못한 실패에 대해 기록한 내용을 서로 공유합니다.**
  • 각각의 내용을 공유하면서 자신의 내용을 수정 및 보완합니다.

완벽한 마무리를 방해하는 이유는 무엇인가요?

Q '유종의 미'라는 말이 있잖아요. 한번 시작한 일은 끝까지 잘 해내는 것이 중요하다고, 모든 것은 끝이 좋으면 다 좋더라고요. 그래서 저는 항상 마무리를 완벽하게 하려고 합니다. 완벽함을 추구할 때 비로소 성장하고 나의 능력을 온전히 발휘했다는 생각도 들고요. 완벽한 마무리! 선생님은 이에 대해서 어떻게 생각하시나요?

A 심승현 작가의 〈파페포포 안단테〉라는 책이 있습니다. 파스텔톤 색깔이 눈을 참 편안하게 해 주고 아기자기한 글과 그림이 부담 없이 책을 마주하게 해 주는데요, 그 책에는 사과 도둑 이야기가 나옵니다. 옛날에 아주 바보 같은 사람이 사과를 훔치다가 과수원 주인에게 잡혔습니다. 과수원 주인은 도둑에게 자신의 과수원에서 제일 큰 사과를 따 오면 용서해 주겠다고 이야기했습니다. 그러자 그 바보 같은 사람은 허겁지겁 가장 큰 사과를 찾기 시작했습니다. 그런데 하나의 사과를 따려고 하면 이상하게도 옆의 사과가 더 커 보였습니다. 또 따려고 하면 또 다른 사과가 커 보이고요. 결국 하나도 따지 못한 채 과수원을 모두 지나쳐 버리고 말았습니다. 바보 같은 그 사람은 용서를 받지 못했고요. 저는 이 이야기를 볼 때마다 완벽을 추구하는 제 모습을 돌아보게 됩니다. 여기서 조금만 더 하면 될 것 같다는 생각으로 하나씩 하나씩 일을 더해 가는 제 모습을 보며 만족감을 느끼면서도 동시에 내가 무엇을 하고 있었지 하는 생각을 하기도 합니다. 조금 더 큰 사과를 찾다가 하나의 사과도 따지 못한 과수원 도둑처럼 완벽함을 추구하다가 내가 진정 하려고 했던 일을 놓치고 있는 것은 아닌가 하는 생각과 함께 말입니다.

저는 완벽함을 추구하는 선생님의 태도가 잘못되었다고 생각하지 않습니다. 그리고 그 마음가짐을 바꿀 생각도 없습니다. 도리어 완벽을 추구하기 위해 열심히 노력하고 애쓰는 선생님의 마음과 행동은 박수 받기에 마땅한 모습입니다. 하지만 저의 모습을 돌아볼 때 **완벽을 추구하다가 가장 근본적인 본질을 놓치는 경우가 왕왕 있었습니다.** 저는 저의 그런 실수를 줄이기 위한 과정에서 제가 갖게 된 마음가짐과 행동 지침에 대해 선생님께 말씀드리고자 합니다.

세상에는 매일매일 신제품이 수도 없이 쏟아집니다. 그런데 신제품이 완성되기까지 모든 기업들이 갖는 절차가 있는데 바로 MVP Test입니다. MVP(Minimun Viable Product)란 최소 기능을 담은 제품을 의미합니다. 그 제품이 가져야 하는 가장 핵심적이고 기본적인 기능을 담은 상태를 말합니다. 선생님은 은행 ATM을 자주 이용하시나요? 은행 ATM은 사람들의 생활을 매우 편리하게 해주었습니다. 그런데 은행에서 ATM을 처음 만들 때는 고민이 많았습니다. 사람이 지키지 않는 기계에 돈을 넣어 두는 것도 고민이고 비싼 돈을 들여서 ATM을 만들었는데 막상 사람들이 기계를 이용해서 돈을 인출하거나 입금하지 않으면 어떻게 해야 하나 고민도 많았습니다. 그래서 생각한 방법이 ATM이 있을 때 사람들이 진짜 기계에 돈을 입금하고 인출할지를 테스트해 보는 것이었습니다. 테스트 방법은 생각보다 단순했습니다. 지금과 같은 ATM의 외면을 만든 다음에 사람이 그 안에 들어갔습니다. 기계 부품이 아니라 사람이 의자를 두고 기계 안에 앉았습니다. 그리고 밖에서 사람들이 입금을 누르고 돈을 넣으면 실제 사람이 기계 안에서 돈을 세고 입금 결과를 알려 주었습니다. 반대로 인출을 요청하면 실제 사람이 기계 안에서 돈을 빼서 사람에게 건네주었습니다. 이렇게 테스트해 본 결과 사람들이 ATM을 이용해서 입금과 인출을 한다는 사실을 알게 되었고 은행은 비용을 투자해서 현재의 ATM을 만들게 되었습니다. 이런게 바로 MVP Test입니다. ATM이 가져야 할 최소 기능은 돈을 입금하고 인출하는 것이었습니다. 은행은 이 기능이 필요한 지만 확인했습니다. 그리고 ATM을 만들게 되고 이후에는 입금과 인출 외에도 통장 정리, 계좌 이체 등 다양한 기능들을 덧붙이게 되었습니다.

은행의 ATM처럼 사람들의 반응이 좋아서 MVP Test 결과가 성공적인 경우도 있지만 대부분은 실패하는 경우가 많습니다. 제품을 만들었더니 필요가 없어서 버려지는 경우가 허다합니다. 저는 선생님의 노력의 결과물이 성공적이었으면 좋겠습니다. 이를 위해서는 너무 많은 노력을 투자해서 완벽하게 만드시는 것보다 **선생님이 진짜 이루고자 하시는 것을 빠르게 검증해 보는 MVP Test를 실천해 보시기를 권해 드립니다.** MVP Test를 진행할 때는 심플하고 직관적으로 진행해야 합니다. 만약 내가 새로운 수업 활동지를 도입하고 싶다면 컴퓨터를 켜고 열심히 작업하기 전에 그냥 A4 용지를 꺼내 두고 펜으로 쭉쭉 그려 보는 겁니다. 그리고 그걸 복사해서 학생들에게 보여 주면 됩니다. 만약 활동지의 내용이 학생들의 학습에 도움이 된다면 학습지가 예쁘고 깔끔하고는 전혀 중요하지 않을 것입니다. 도움이 된다는 사실만 확인하면 이후에 예쁘고 깔끔한 것은 활동지를 빛나게 하는 하나의 요소가 될 뿐입니다. 하지만 예쁘고 깔끔함에도 불구하고 학습에 도움이 되지 않는 학습지는 버려지게 됩니다.

MVP Test를 진행하기 위해서 MVP를 만들고 이를 실제로 구현하는 과정에서 무엇보다 중요한 원칙이 있습니다. 바로 '**MVP와 사랑에 빠지지 않는다**' 입니다. 우리는 우리의 손길이 닿은 것에 애정을 느낍니다. 정말 훌륭하다고 생각하면서 만든 학생들의 학습 활동지에 우리는 애정을 느끼지 않을 수 없습니다. 그런데 우리가 애정을 갖고 있는 활동지를 학생들에게 보여 주었을 때 학생들의 반응은 우리의 기대와 정반대일 가능성이 높습니다. 이때 우리가 만든 활동지와 사랑에 빠지면 우리는 우리의 문제를 발견하지 못합니다. 도리어 학생들이 이 활동지의 가치를 알지 못한다고 합리화해 버립니다. 물론 학생들이 그 가치를 알지 못할 수도 있습니다. 하지만 그 전에 우리는 학생에게 그 가치를 제대로 전달하지 못했다는 사실을 인정해야 합니다. 'MVP와 사랑에 빠지지 않는다'라는 말은 선생님이 마주하는 실패가 선생님의 실패가 아니라는 점을 이야기하기 위함입니다. 테스트 결과는 실패할 수 있습니다. 하지만 그건 우리가 만든 그 어떤 결과물이 실패한 것이지 선생님이 실패한 것이 아닙니다. 그러니 완벽함을 추구하기 전에 빠르고 가볍게 도전하고 실패를 통해 성장하시는 선생님이 되시기 바랍니다.

✦ **선생님의 수업 활동지가 갖는 가장 핵심적인 기능은 무엇인가요?**
선생님이 시도하고 싶으신 MVP Test는 무엇인가요?

🎤 누가 봐도 망한 학습지 만들기

진행 Tip

이 활동은 빠르게 학습지를 만들어 보면서 학습지가 가져야 하는 가장 핵심적인 목표가 무엇인지를 생각해 보는 내용으로 구성되어 있습니다.

❶ **활동지를 만들 학습 영역을 정합니다.**
- 교과서의 일부일 수도 있고 학습 내용 중 일부일 수도 있습니다. 모두가 하나의 학습지를 만들어 보는 활동이므로 공통된 학습 영역을 정합니다.

❷ **활동지를 통해 확인하고자 하는 핵심적인 내용을 공유합니다.**
- 활동지의 목표가 무엇이며 이를 통해 어떤 것을 얻고 싶은지에 대해 이야기를 나눕니다.

❸ **5분의 시간 동안 활동지를 작성합니다.**
- 활동지를 통해 얻고자 하는 핵심만 담을 수 있도록 안내합니다.

❹ **5분 동안 제작한 활동지를 공유합니다.**
- 공유하면서 수정 및 보완 사항이 무엇이 있는지를 확인합니다.

❺ **다시 5분의 시간 동안 활동지를 작성합니다.**
- 수정 및 보완 사항을 추가하여 활동지를 제작하도록 안내합니다.

❻ **제작한 활동지를 서로 교환하여 점검합니다.**
- 활동지의 목표가 명확하게 녹아져 있는지를 중심으로 확인합니다.

다음과 같은 활동을 추가로 진행할 수 있습니다.
- 각 학급별로 다른 활동 영역을 정하고 활동지를 제작한 다음 학급별로 활동지를 바꿔서 점검해 보는 활동이 가능합니다.
- 한 학급 내에서 서로 다른 활동 영역을 정하고 활동지를 제작한 다음 활동지의 내용을 서로 검토함으로써 학습을 진행하는 활동이 가능합니다.

Q MVP를 만들고 Test해 보라는 이야기가 참 재미있네요. 빠르게 시도해 보고 빠르게 실패해 보고 그걸 통해 배우라는 의미가 완벽을 추구하는 과정에서 생각하지 못한 요소를 바라보게 하는 듯합니다. 그런데 MVP를 만들려고 하다 보니 무엇을 가장 중요하게 여겨야 하는지 고민이 되더라고요. 어떤 걸 고려해야 할까요?

A 예능 프로그램 중에 아직 결혼을 하지 않은 남자와 여자가 나와서 자신의 짝을 찾는 내용의 프로그램이 있었습니다. 우연히 그 프로그램을 시청하는데 매우 인상 깊었던 남자 출연자가 있었습니다. 그분은 다른 출연자에 비해서 외모나 학벌, 스펙 등이 엄청 뛰어난 분이 아니었습니다. 그런데 무려 4명의 여성 출연자에서 선택을 받으면서 역대 최고의 인기남으로 등극하게 되었습니다. 그 이유는 바로 이 출연자가 위기의 순간에 보여 준 답변 때문이었습니다. 한 남성 경쟁자가 이 출연자에게 이렇게 물어보았습니다. "아이는 몇 명으로 생각하시나요?"라고요. 사람은 갑작스러운 상황에서 질문을 받으면 평소 자신이 갖고 있던 생각을 이야기합니다. 일반적으로 사람들은 "저는 아들 하나, 딸 하나를 낳고 싶습니다." 또는 "저는 아직 아이 계획이 없습니다" 등으로 이야기할 것 같습니다. 가장 보편적인 답변이기도 하고요. 그런데 이 남성 출연자는 전혀 다른 이야기를 했습니다. "그건 제가 생각할 수 있는 문제는 아닌 것 같습니다."라고요. 그러면서 "저만의 아이가 아닙니다. 그래서 저와 함께 교제할 분이랑 같이 고민하고 대화를 나누고 그분의 육아와 결혼관을 같이 공감하면서 시작해야할 것 같습니다"라고 답변했습니다. 이 답변에 프로그램 출연자들은 난리가 났습니다. 한 여성 출연자는 "이 남성 출연자를 몇 시간 안 봤는데 굉장히 사람을 소중하게 여기는 사람 같다"라고 이야기했습니다. 또 다른 여성 출연자들은 "상대방을 존중해 주는 사람임이 느껴졌다.", "하루만에 나오는 답변이 아닌 것 같은데 저 남성 출연자의 부모님을 뵙고 싶다.", "백점짜리 답변이다." 등의 극찬을 쏟아 냈습니다. 이 남성 출연자가 잘한 것이 있다면 무엇일까요? 대답을 잘한 걸까요?

저는 그렇게 생각하지 않았습니다. 그냥 이 남성 출연자분은 자신이 하고 싶은 말을 하지 않았다고 생각했습니다. 자신이 하고 싶은 말 대신 여성 출연자분들이 듣고 싶어 하는 말을 했을 뿐입니다. 그리고 그것이 이 사람을 인기 있는 남성으로 만드는 비결이었습니다.

우리는 우리의 수업 과정에서 학생들이 성공적으로 학습하게 만들기 위해 여러 가지 시도를 합니다. 새로운 학습 활동지도 구상해 보고 좀 더 좋은 멀티미디어 자료도 찾아봅니다. 조금 더 신선하고 놀라운 자료로 학생들의 눈과 귀를 호강시켜 주기도 합니다. 그런데 그 과정에서 가장 먼저 확인해야 할 사항이 있습니다. 그건 선생님을 위한 걸까요? 학생을 위한 걸까요? 우리는 학생들을 위한 것이라고 말하지만 그 일이 정말 학생들 위한 것인지는 확인이 필요해 보입니다. 혹시 선생님이 만나고 있는 학생들 중에는 '선생님이 새로운 활동지를 만들어 주면 좋겠다.', '선생님이 신선하고 놀라운 자료를 가져다 주면 좋겠다', '선생님의 멀티미디어 자료가 화려하면 좋겠다'라고 생각하는 학생이 몇 명이나 있을까요? 그리고 그 학생들이 이런 걸 통해서 얻고자 하는 것이 선생님의 수업 과정에서의 배움과 성장이라는 목적이 맞을까요? 저는 그동안 여러 학생들을 만나면서 제가 생각했던 내용이 실제 학생들이 원하는 것이 아니라는 걸 많이 느꼈습니다. 잠을 줄여 가면서 고민하고 만들었던 결과물들에 학생들은 아무 반응이 없음을 많이 보았습니다. 그들은 도리어 내가 가볍게 생각했던 일들에 더 배움을 느끼고 호응을 보이기도 했습니다. 그 과정에서 제가 알게된 사실이 있다면 학생을 위해서라는 이유로 사실은 학생이 아니라 내가 하고 싶은 걸 했다는 점이었습니다. 학생을 위해서라고 생각한다면 학생을 만나고 이야기를 들어 보았어야 했는데 한번도 그런 적이 없기 때문입니다. 학생들의 배움을 위한다고 말하면서 저는 제가 하고 싶었던 수업을 진행했습니다. 그리고 그것이 학생의 배움을 위한 것이라고 착각했었습니다. 그리고 안타깝게도 그렇게 많은 시간을 보냈습니다.

선생님이 수업을 준비하는 과정에서 가장 먼저 생각해 봐야 할 것은 선생님이 아닙니다. **학생의 관점에서 생각해 봐야 합니다.** 선생님이 생각하시는 수업의 콘셉트와 수업의 기능, 수업 내용 등이 학생이 원하는 것과 맞아 떨어지는 상황을 만들어야 합니다. 그래야 선생님의 수업이 더욱 빠르게 성장하고 고도화될 수 있습니다. 그리고 저는 이 과정이 수업을 준비하는 모든 교사가 반드시 거쳐야 하는 과정이라고 생각합니다. 이 순간을 마주하기 위해서는 어떻게 해야 할까요? 안타깝게도 왕도가 없습니다. 학생들을 끊임없이 관찰하면서 그들의 데이터를 분석하고 이를 바탕으로 여러 가지를 시도해 보는 방법밖에 없습니다. 지속적으로 시도하고 학생들의 반응을 보면서 내가 설계한 수업과 그들의 배움을 통한 성장이 맞아 떨어지는 순간을 찾아야만 합니다.

그래도 감사한 것은 시간이 지나면 찾을 수 있다는 점입니다. 처음에는 발견하기 어렵고 이게 맞는 걸까 하는 생각이 계속 들지만 시간이 지나면 반드시 찾을 수 있습니다. 그리고 찾고 나면 더욱 집중해야 할 부분이 있습니다. 바로 본질입니다. 나의 수업과 학생들의 배움이 맞아떨어지는 순간을 마주하면 수업을 진행한 교사는 신이 납니다. 그래서 막 이것저것 새로운 것들을 덧붙이고 시도합니다. 그렇게 진행하다 보면 본질을 놓치게 됩니다. 나의 수업과 학생의 배움이 맞아떨어졌을 때 우리는 새롭게 무언가를 하기보다는 내가 설계한 이 수업이 제대로 운영되도록 집중해야 합니다. 이 순간은 새롭게 무언가를 고민하고 시도할 정신이 없어야 합니다. 온전히 집중해서 본질에 충실해야 합니다. 그리고 더 빠르게 이 수업을 안정화시킬 수 있도록 그리고 더 빠르게 이 수업을 실행해 볼 수 있도록 함께할 수 있는 사람들을 찾는 것이 좋습니다. 함께 수업을 준비하는 동교과 선생님일 수도 있고 나와 마음이 잘 맞는 동료 선생님일 수도 있습니다. 수업을 공유하고 결과를 나눌 때 선생님의 수업은 선생님이 생각하시는 것보다 더 빠르게 성장할 수 있습니다.

한 번에 정답을 맞추는 것은 불가능에 가깝습니다. 하지만 여러 번 시도하면 맞출 수 있습니다. 선생님의 수업과 학생들의 배움이 퍼즐의 마지막 한 조각처럼 딱 맞춰지는 그 순간을 마주해 보시길, 그 순간이 오기를 응원합니다.

선생님이 추구하시는 수업의 본질은 무엇인가요?
학생들이 수업을 통해 진짜 원하는 것은 무엇인가요?

🎤 그들의 욕구와 나의 수업 본질 연결하기

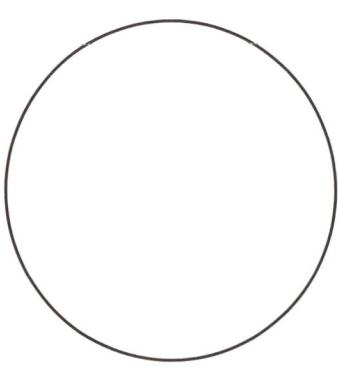

진행 Tip

이 활동은 선생님이 추구하는 수업의 본질과 학생들이 수업을 통해 얻고자 하는 내용에 대해 정리해 봄으로써 본질과 욕구를 연결해 보는 내용으로 구성되어 있습니다.

---

❶ **첫 번째 원에 선생님이 추구하는 수업의 본질에 대한 키워드를 적습니다.**
- 하나의 키워드가 아니라 여러 개의 키워드를 기록합니다.
- 학생들이 생각하는 선생님 수업의 본질에 대한 키워드를 적어도 괜찮습니다. 또는 선생님이 직접 학생들에게 추구하시는 수업의 본질이 무엇인지를 안내해 주셔도 좋습니다.

❷ **두 번째 원에 학생이 원하는 내용에 대한 키워드를 적습니다.**
- 여러 개의 키워드를 적어도 괜찮음을 안내합니다.
- 서로 비슷한 키워드를 적을 수는 있지만 가급적 서로 다른 영역의 키워드를 적도록 안내합니다.

❸ **두 개의 원에 있는 키워드들을 살펴보고 서로 연결고리가 있는 키워드를 연결합니다.**
- 하나의 키워드가 여러 개의 키워드와 연결될 수도 있습니다. 다채롭게 연결이 가능함을 안내해 주시기 바랍니다.

❹ **키워드를 연결하는 선 가운데에 어떻게 두 개의 키워드가 연결이 되는지를 단어를 통해 기록합니다.**
- 각각의 키워드를 연결시키는 연결고리가 무엇인지를 확인할 수 있도록 기록합니다.

❺ **작성한 연결고리의 내용을 공유합니다.**
- 본질 키워드와 욕구 키워드가 어떻게 연결되고 있는지에 대해 이야기를 나눕니다.
- 연결이 되지 않은 키워드가 있다면 그 이유는 무엇이며, 연결할 수 있는 방법이 무엇인지에 대해서도 이야기를 나눕니다.

Q 선생님의 이야기를 듣다 보니 실패가 그냥 생활인 것만 같네요. 교사로서 이렇게 계속 실패해도 괜찮은 걸까요? 가끔은 내가 만나고 있는 학생을 너무 실험 대상으로 삼는 것은 아닌가 하는 마음에 미안함도 생깁니다. 그리고 교사로서 가능성이 없다는 생각이 들기도 하고요. 선생님이 원하시는 상태가 이런 건 아닐 것 같은데, 이렇게 계속 실패만을 마주하는 게 맞는 걸까요?

A 구글 공동묘지에 대해 들어 보신 적이 있으신가요? 구글은 해마다 자신들이 진행하고 있는 프로젝트 중에 몇 개의 프로젝트가 실패했는지 그리고 자신들이 진행하고 있는 각각의 프로젝트가 시장에서 마주한 경쟁자가 누구였는지를 투명하게 공개하고 있습니다. 그곳을 살펴보면 한 때 누군가에게 익숙했던 다양한 구글 서비스들이 있습니다. 메신저 앱이었던 Hangouts, 소셜 네트워크 서비스인 Google Plus, 구글의 자체 노트북 서비스인 Chromebook Pixel 등과 같이 사람들에게 많은 관심을 받았던 프로젝트들도 존재합니다. 반면 한번도 들어 보지 못한 서비스들도 기록되어 있고요. 구글은 2006년부터 2019년까지 그들이 도전했지만 실패했던 약 166개의 프로젝트를 공동묘지에 모아 두었습니다. Google Cemetery라는 추모 공간을 온라인에 마련하여 누구나 쉽게 실패한 프로젝트를 추모할 수 있게 만들었습니다. 세계적인 기업으로 손꼽히는 Google도 수많은 실패와 좌절을 마주하고 있습니다. 또 다른 기업인 마이크로소프트에는 영안실이라는 페이지가 있습니다. 마찬가지로 회사에서 성공하지 못한 제품들의 목록을 확인할 수 있습니다. 세계적으로 유명한 기업들도 끊임없이 실패합니다. 이런 걸 볼 때 우리는 인정하고 싶지 않지만 인정해야 할 한 가지 사실을 마주하게 됩니다. 바로 '**실패는 옵션이 아니다**'라는 것입니다. 세상에 나오는 신제품은 대부분 사람들의 호응을 얻지 못하고 실패한다고 합니다. 약 80%의 제품들은 처음 기대에 미치지 못하고 사람들의 반응에 실망하고 그로 인해 생산을 취소하고 결국 사업을 실패한다고 합니다. 새롭게 도전하고 시도하는

과정에서 가장 도달하기에 높은 확률은 다름 아닌 실패입니다. 이건 팩트이고 아쉽게도 우리가 살아가는 평생 동안에는 변할 가능성이 거의 없다고 볼 수 있습니다.

우리가 실패하는 원인은 매우 다양합니다. 그런데 우리가 준비하는 수업의 경우 그 원인을 크게 3가지 정도로 분류할 수 있습니다. 첫 번째는 우리가 수업을 설계하는 과정에서 세운 가설 때문에 실패하는 경우입니다. 우리는 수업을 설계할 때 이런 과정으로 학습을 진행하면 학생들의 배움과 성장에 도움이 될 것이라는 가설을 세웁니다. 그런데 막상 수업을 진행하니 학생들이 배움과 성장에 전혀 관심이 없는 경우입니다. 계획과 운영 그 무엇의 문제도 아닌 그저 학생들을 제대로 파악하지 못한 일로 인한 어려움입니다. 또 다른 실패의 원인은 운영 미숙으로 인한 부분입니다. 수업 설계 과정에서 학생들에게 필요한 배움과 성장을 명확하게 설정하고 수업을 구성할 수 있습니다. 그런데 막상 수업을 운영하는 과정에서 제대로 대처하지 못하는 경우가 존재합니다. 학생들이 기대하고 있던 부분을 충족하지 못할 경우 우리는 준비한 수업을 제대로 실행하지 못하는 실패 상황을 마주하게 됩니다. 마지막 원인은 우리 수업의 의도를 알지 못하는 경우입니다. 새로운 수업을 준비하고 설계해서 학생들에게 적용했을 때 선생님의 운영도 능숙하고 또 학생들에게 꼭 필요한 내용으로 구성이 되어있을 수 있습니다. 아마도 대부분 선생님이 구성하시는 수업은 이와 같을 거라고 생각합니다. 그런데 문제는 학생들이 선생님이 실행하는 수업의 의도를 제대로 알지 못하는 경우에서 발생합니다. 학생들이 선생님의 수업 의도를 제대로 파악하지 못하고 있으니 선생님의 수업을 통해 자신들이 무엇을 배워야 하는지, 어떻게 생각해야 하는 지를 제대로 알지 못하게 되고 그로 인한 수업 실패를 경험하게 됩니다.

그럼 이런 실패를 마주하는 우리의 자세는 어떠할까요? 저는 그동안 경험했던 수많은 수업 실패 과정에서 쓸모 있는 데이터를 수집해 왔습니다. 우리는 일반적으로 수업에서 실패하고 나면 여러 사람의 이야기를 들어 봅니다. 동료 선생님을 붙잡고 '내가 어떻게 수업을 진행했는데 학생들의 반응은 이러했고 이 반응을 기대했는데 다른 반응이 나와서 실패했다'라는 식으로 이야기를 전개합니다. 그럼 동료 선생님들은 '그건 무엇이 잘못되어서이다. 이걸 이렇게 바꿔 보면 좋다.',

'그건 선생님이 문제가 아니라 그 학생들이 문제인 것이다.' 등의 의견을 전해 줍니다. 그럼 우리는 그 선생님들의 이야기를 바탕으로 새로운 수업을 디자인해 보곤 합니다. 그런데 **의견보다 중요한 것은 데이터입니다.** 내가 앞으로 설계하는 수업이 학생들의 배움과 성장에 적극적으로 도움이 되는 과정이 되길 원한다면 실패한 수업을 통해 의미 있는 데이터를 모아야만 합니다. 데이터를 모으는 과정은 학기를 진행할 때 어떻게 수업을 기록해야 하는지에 대한 이야기를 다루면서 충분히 설명을 드렸기 때문에 여기에서는 논하지 않겠습니다. 중요한 건 선생님이 갖고 계신 생각을 잠시 접어 두고 데이터로 접근해야 한다는 점입니다. 학생들의 반응을 직접적으로 마주한 따끈따끈하면서도 확실한 관련성을 갖고 있는 데이터를 모으시기 바랍니다. 그리고 그 데이터들을 정리하면서 유의미한 결과를 뽑아내는 과정이 필요합니다.

성공의 방정식은 마치 곱하기와 같습니다. 곱하기는 어떤 숫자를 곱하든 간에 '0'이라는 숫자를 만나는 순간 그 결과가 '0'이 됩니다. 10개의 조건 중 9개의 성공 조건을 갖고 있음에도 1개의 실패 조건을 마주한다면 그 결과는 실패가 되기 마련입니다. 성공적인 결과를 얻기 위해서는 모든 핵심적인 조건들이 적합하거나 적합한 방향으로 전개되어야만 합니다. 저는 이 이야기를 통해 성공이 어렵다는 말씀을 드리고 싶은 것이 아닙니다. 실패가 일상적이고 일반적인 사실이라는 걸 말씀드리고 싶습니다. **실패는 옵션이 아닙니다. 가장 확률이 높은 것은 실패입니다.** 선생님의 유능함과 상관없이 실패는 항상 존재합니다. 그러니 오늘 나에게 주어진 실패를 허락하는 선생님이 되시길 추천드립니다. 오늘의 실패, 선생님 스스로 허락하시면 그 실패를 통해 선생님은 성공하실 수 있습니다.

 선생님이 마주한 실패는 무엇인가요?
선생님의 실패에서 발견한 실패 조건은 무엇인가요?

🎤 실패 분석하기(실패 조건 찾기)

☐

×

☐

×

☐

×

☐

×

☐

×

☐

진행 Tip

이 활동은 실패의 조건이 무엇이었는지를 찾아 봄으로써 자신의 실패를 분석해보는 내용으로 구성되어 있습니다.

---

❶ **자신이 실패했던 일에 대해서 먼저 생각해 봅니다.**
- 그 실패가 무엇이었는지 활동지의 맨 위 빈칸에 한 문장으로 기록합니다.
- 대단한 실패가 아니어도 괜찮습니다. 작은 실수로 인한 실패여도 괜찮습니다. 실패에 대해서 인식하고 실패를 기록할 수 있도록 안내합니다.

❷ **성공을 위해 했던 여러 가지 일들에 대해 X를 이용하여 기록합니다.**
- 각각의 요소들을 키워드 위주로 기록합니다. 예를 들어 '노력 X 열정 X 열심 X 실수' 등으로 기록할 수 있습니다.
- X가 부족한 경우 추가로 기록할 수 있도록 안내합니다.

❸ **각각의 요소에서 실패를 만든 핵심적인 요인이 무엇인지를 찾아 동그라미 표시합니다.**
- 때로는 긍정적이고 성공적으로 작용할 줄 알았던 요인이 실패의 요인이 될 수 있음도 안내합니다. 열심히 했던 일이 일을 망치기도 하고 노력했던 일이 실수로 연결되는 과정이 있을 수도 있습니다. 이 과정에 대해 인식할 수 있도록 안내합니다.

❹ **기록한 실패의 원인에 대해 서로 공유합니다.**
- 각자가 분석한 내용이 무엇인지 이야기 나누고 이를 보완하기 위한 방법이 무엇인지에 대해 정리합니다.

장면이 아니라 패턴을 보라고요?

Q 교사는 나무가 아니라 숲을 보는 방법을 가르치는 사람이라고 생각합니다. 사실 학생들이 모든 교과의 내용을 완벽하게 이해하거나 알 수는 없잖아요. 그건 교사인 저도 마찬가지고요. 결국 나무가 아니라 숲을 보게 하는 방법이 중요할 것 같은데, 사실 이건 저에게도 참 어려운 일인 것 같아요. 나무가 아닌 숲을 보는 방법, 그 방법이 있을까요?

A 현재 우리가 살아가는 시대를 불확실한 시대라고 이야기합니다. 변화가 너무 빨라서 어느 누구도 내일의 미래를 확신하며 살아갈 수 없기 때문입니다. 스마트폰이 대중들에게 익숙해진 시기는 2007년이었습니다. 당시 사람들은 길거리를 다니면서 인터넷을 이용하고 핸드폰 하나로 일정 관리, 녹음, 사진 촬영, 메신저 등 모든 일을 처리한다는 사실이 낯설기만 했습니다. 그런데 불과 10년도 지나지 않아 우리가 마주하는 모든 사람들은 스마트폰을 사용하고 있고 사용하고 있는 정도를 넘어 이제는 스마트폰이 없이는 아주 짧은 시간에도 불편함을 느끼는 시대가 되고 말았습니다. 이런 세상이 올 거라고 어느 누가 상상이나 할 수 있었을까요? 스마트폰뿐만이 아닙니다. 인공 지능(AI)의 등장은 스마트폰보다 더 짧은 시간 안에 우리 삶의 모습을 바꿔 놓고 있습니다. 이렇게 AI 디지털교과서로 학생들과 수업을 준비하게 될 지 그리고 그 시간이 이렇게 빨리 올 지 누가 알았을까요? 누구나 예상하지만 어느 누구도 제대로 대응하지 못하는 변화의 시간이 참 빠르고 불확실하게 다가옵니다. 이렇게 불확실한 시대를 살아가는 우리에게 필요한 건 거리감입니다. 하나의 장면 장면만 바라보면서 따라가

면 그 순간에 머물러서 우리는 변화의 흐름을 제대로 바라보지 못합니다. 교사는 나무가 아니라 숲을 보는 방법을 가르치는 사람이라고 생각합니다. 그러기 위해서는 교사인 내가 먼저 **나무가 아니라 숲을 보는 방법을 알아야 합니다.** 그리고 그 방법에 익숙해져야 하고요. 물론 이 일은 매우 어렵고 힘든 일입니다. 때로는 내가 보고 있는 것이 숲인 줄 알았는데 알고 보니 나무였다는 것을 느낄 때도 있고요. 그럼에도 우리는 선생님이라는 이름을 가진 존재로서 끊임없이 나무가 아니라 숲을 보는 연습과 노력 그리고 이를 가르치는 행동이 필요하다고 생각합니다. 그리고 저는 선생님들에게 제가 알고 있는 그 방법에 대해서 말씀을 드리고자 합니다.

하나의 장면이 아니라 각각의 장면이 모여서 만드는 패턴을 통해 흐름을 파악하고 전체적인 큰 그림을 보는 방식을 '시스템 사고'라고 말합니다. 시스템 사고에 대한 내용은 피터센게의 〈학습하는 조직〉이라는 책에 자세하게 설명되어있습니다. 그 책은 벽돌책이라고 불리울 만큼 두껍고 그만큼 양도 많지만 그 내용이 매우 좋습니다. 기회가 되신다면 읽어 보시기 바랍니다. 여기서는 시스템 사고의 여러 가지 법칙 중에 우리가 교사로서 함께 알아 두면 좋을 생각들을 함께 나누고자 합니다.

나무가 아니라 숲을 보기 위해서 우리가 먼저 해야 할 것은 바로 **어제 우리가 해결한 문제의 해결책이 끝이 아니라는 사실을 인지하는 것입니다.** 우리는 하루하루 우리가 마주한 문제를 해결해 나갑니다. 그리고 그 해결책이 제시되고 나면 이제 끝이라는 생각에 한 시름을 내려놓습니다. 하지만 어제의 해결책이 오늘의 문제를 야기하는 순간이 다가옵니다. 예를 들어서 9시까지 등교하기로 약속했는데 한 학생이 9시 1분에 들어왔습니다. 9시와 9시 1분은 서로 다르다는 약속으로 9시 1분에 온 학생을 지각으로 처리했습니다. 그런데 다음 날, 한 학생은 9시 59초에 또 다른 학생은 10시에 들어옵니다. 이 경우 어떻게 처리해야 할까요? 극단적인 예시라는 생각이 들 수 있지만 우리 주변에는 이런 경우가 많이 발생합니다. 어제 마주한 문제를 해결하기 위해서 함께 정한 규칙을 적용했는데 그

규칙이 바로 오늘 새로운 문제를 가져온 경우입니다. 이는 우리가 제안한 해결책이 문제를 해결한 것이 아니라 그저 또 다른 쪽으로 문제를 옮겨 놓은 것에 불과한 것입니다. 해결책의 실상을 온전하게 인지하지 못하고 하루하루 주어진 문제만 해결하려고 하다 보면 이런 경우를 쉽게 마주하게 됩니다.

또 다른 생각의 전환은 내가 **어떤 문제를 해결하기 위해 노력하면 할수록 그 문제가 추가로 튕겨내는 반동도 그만큼 커진다는 사실**입니다. 우리는 학생과의 관계, 교사와의 관계 또는 수업 과정에서 문제가 발생하면 서로 피드백을 주고받습니다. 아마도 선생님이라는 이름을 가진 우리는 피드백을 받는 것보다 주는 입장일 때가 더욱 많습니다. 때로는 학생에게 애정이라는 이름으로 생각보다 더 많은 피드백을 주는 경우가 많습니다. 이것도 적용해 보고 저것도 적용해 보고 이렇게 해 보고 저렇게 해보면 좋겠다는 이야기를 끊임없이 쏟아 냅니다. 내가 이렇게 애정을 쏟아주었으면 상대도 그만큼 애정을 쏟아 주면 좋은데 사실 그렇지 않은 경우가 많습니다. 선의로 진행한 일을 상쇄시켜 버리는 반응을 많이 보입니다. 이것은 이래서 어렵고 저것은 저래서 어렵고 이렇게는 이것 때문에 안 되고 저렇게는 저것 때문에 안 된다고 이야기합니다. 우리는 노력하면 모든 문제가 해결 될 수 있을 거라 생각합니다. 하지만 때로는 노력이 해결해 주지 않는 문제도 존재합니다. 나무가 아니라 숲을 보기 위해서는 이런 인식이 갖춰져야 합니다. 그래야 크게 볼 수 있습니다. 그렇지 않으면 나에게 주어진 하나하나의 문제에 모든 노력을 쏟아붓느라 더 큰 문제를 마주하지 못할 수 있습니다.

우리가 마주하고 있는 상황은 나아질 수도 있고 나빠질 수도 있습니다. 그리고 이 과정에서는 보통 시차가 존재합니다. 우리가 마주한 문제를 해결하는 과정에서 나타나는 모든 결과는 시차를 갖고 결과를 가져옵니다. 따라서 오늘 이 문제를 해결했다고 해서 결코 상황이 나아졌다는 인식을 가져서는 안 됩니다. 지금의 괜찮은 상황이 이후에 나빠질 수도 있습니다. 그리고 그 안에는 반드시 시차가 존재합니다. 우리는 어떤 문제를 마주하고 해결하는 과정에서 '결국은'이라는 말로 그 끝을 표현하는 경우가 많습니다. '결국은'이라는 말을 사용한다는 것은 그만큼 시간이 걸린다는 의미를 나타내기도 합니다. 시차를 인지하지 못하면 큰 그림을 보기 어렵습니다.

✦ 어제의 해결책이 오늘의 문제를 야기한 경험이 있으신가요? 좋아지는 상황인 줄 알았는데 그 상황이 도리어 안 좋은 결과를 가져온 적은요?

🎤 시스템씽킹 사고 경험 나누기

어제의 해결책이 오늘의 문제를 야기한 경험

내가 노력하면 할수록 그 문제가 더 심각해진 경험

좋아지는 상황인 줄 알았는데 도리어 안 좋아지는 상황인 경험

진행 Tip

이 활동은 자신의 지난 경험을 떠올려 봄으로써 시스템씽킹 사고 관점에서 경험을 살펴보는 내용으로 구성되어 있습니다.

❶ **학습지의 첫 번째 경험에 대해 기록하고 함께 이야기를 나눕니다.**
- 어제의 해결책이 오늘의 문제를 야기했던 경험에 대해 기록합니다.
- 경험은 에피소드를 중심으로 구체적으로 생각하고 기록할 수 있도록 안내합니다.
- 하나의 에피소드일 수도 있고 여러 개의 에피소드일 수도 있습니다. 주어진 시간에 따라 생각해 보고 기록할 수 있도록 안내합니다.
- 기록한 내용을 바탕으로 서로의 경험을 공유하며 이야기를 나눕니다.

❷ **학습지의 두 번째 경험에 대해 기록하고 함께 이야기를 나눕니다.**
- 내가 노력하면 할수록 그 문제가 더 심각해진 경험에 대해 기록합니다.
- 에피소드를 중심으로 구체적으로 생각하고 기록합니다.
- 기록한 내용을 바탕으로 서로의 경험을 공유하며 이야기를 나눕니다.

❸ **학습지의 세 번째 경험에 대해 기록하고 함께 이야기를 나눕니다.**
- 좋아지는 상황인 줄 알았는데 도리어 안 좋아지는 상황이었던 경험에 대해 기록합니다.
- 에피소드를 중심으로 구체적으로 생각하고 기록합니다.
- 기록한 내용을 바탕으로 서로의 경험을 공유하며 이야기를 나눕니다.

❹ **각각의 경험을 통해 얻은 교훈이 있다면 무엇인지를 이야기를 나눕니다.**
- 각각이 경험을 통해 배우고 느낀 점이 무엇인지를 중심으로 이야기를 나눌 수 있도록 안내합니다.

> **Q** 선생님의 이야기를 듣다 보니 사고의 흐름, 생각의 체계를 바꾸는 부분에 대한 말씀을 하시는 것 같아요. 생각해보면 일상을 살면서 한 번 정도 해 봤던 경험이라서 엄청 낯설게 느껴지지는 않는데 이렇게 체계적으로 정리해 보는 것은 처음인 듯합니다. 이와 관련해서 더 생각해야 할 부분들이 있다면 무엇이 있을까요?

A 우리는 지금 나무가 아니라 숲을 보기 위한 방법들에 대해서 함께 이야기를 나누고 있습니다. 그리고 그런 사고를 갖기 위해서 우리가 어떤 생각의 전환을 가져야 하는지에 대해서 이야기를 나누고 있는 중입니다. 저는 학생들의 지각 문제를 해결하기 위해서 다양한 해결책을 적용해 보는 기회를 가질 수 있었습니다. 일반적으로 지각 문제를 해결하는 방법으로 가장 많이 사용하는 것은 벌금 제도입니다. 여러 소모임에서도 쉽게 사용하는 제도입니다. 방법은 간단합니다. 참가하지 않으면 그만큼 벌금을 내는 것입니다. 예를 하나 들어 보겠습니다. 독서 모임을 만들었습니다. 모임에 불참할 경우 1만 원 씩 내기로 약속했습니다. 그리고 벌금을 내지 않는 경우를 대비하기 위해 3만 원의 예치금을 먼저 받았습니다. 그런데 불참은 1만 원인데 지각의 경우는 어떻게 할지 고민한 끝에 2번 지각까지는 용서해 주고 3번 지각하면 불참 1번으로 간주하기로 했습니다. 그러자 문제가 발생했습니다. 사람들이 불참이 아니라 지각을 하는 것이었습니다. 그것도 딱 2번까지요. 분명 벌금 제도를 만든 것은 지각도 하지 않고 불참도 하지 않게 하기 위함인데 그렇게 만든 벌금 제도가 2번까지는 괜찮다는 또 다른 암묵적 규칙을 만든 것이었습니다. 지각과 불참을 막기 위한 약속이 지각을 허용하는 약속이 되는 아이러니한 상황이 발생했습니다. 결국 지각을 막기 위해 필요한 것은 지각과 불참에 대한 벌금 제도가 아니었습니다. 이 과정에 대한 큰 그림을 보기 위해서 우리는 지속적으로 사고의 전환을 경험해 봐야 합니다. 나무가 아니라 숲을 보기 위해서요.

우리는 문제 상황을 마주하면 이를 해결하기 위해서 우리가 그동안 쌓아 온 수많은 경험과 지식들을 활용합니다. 그리고 가장 쉬운 해결책을 제안합니다. 여기서 쉽다는 것은 난이도만을 의미하지 않습니다. 내가 편안함을 느끼고 가장 잘 아는 것이라고 볼 수 있습니다. 어쩌면 가장 익숙한 해결책이기도 합니다. 그런데 **안타깝게도 쉬운 해결책은 대개 원점으로 돌아오게 만듭니다.** 앞에서 저는 지각과 불참을 막기 위한 벌금 제도 운영에 대해서 이야기를 꺼냈습니다. 사실 벌금 제도는 우리가 생각할 수 있는 가장 쉬운 해결책입니다. 가장 익숙한 방법이기도 하고요. 그런데 지각과 불참을 막기 위한 벌금 제도는 또 다른 지각 허용 제도를 만들고 말았습니다. 문제를 해결하는 해결책인 줄 알았는데 결국 원점으로 돌아오고 말았습니다. 한 교실에서는 학생들이 쓰레기를 치우지 않는 문제를 해결하고자 쓰레기 없는 교실을 만들기로 했습니다. 그리고 과감히 쓰레기통을 교실에서 치워 버렸습니다. 처음에는 쓰레기통이 없으니까 쓰레기가 나오지 않을 거라고 생각했습니다. 그런데 쓰레기통만 없을 뿐 교실에는 쓰레기가 쌓였습니다. 처음에는 책상 한쪽에 모아두고 그날 그날 학생들이 치워서 괜찮았는데, 하루가 지나고 이틀이 지나자 쓰레기가 책상 위에 모이기 시작했습니다. 쓰레기를 치우지 않는 문제를 해결하려고 했는데 결국 쓰레기가 다시 쌓이는 상황을 마주하게 됩니다.

이렇듯 쉬운 해결책은 효과가 없을 가능성이 많습니다. 그런데 문제는 효과가 없을 뿐만 아니라 중독성이 있고 위험할 수도 있다는 문제가 있습니다. 숲이 아니라 나무만 바라보고 문제를 해결하려고 할 경우 장기적인 결과에 대한 해결책을 생각할 수 없습니다. 따라서 그 상황에 있는 한 사람 한 사람에게 해결에 대한 부담을 떠넘기게 됩니다. 지각과 불참을 위한 벌금 제도의 경우 우리가 만든 규칙을 탓하는 것이 아니라 그럼에도 지각하고 불참하는 그 사람이 문제다고 이야기합니다. 쓰레기를 치우기 위해 쓰레기통을 치운 교실의 경우 쓰레기통을 치우게 된 우리 교실의 규칙을 생각하는 것이 아니라 쓰레기를 치우지 않고 쌓아만 놓는 그 어떤 학생에게 모든 비난을 쏟아붓게 됩니다. 결국 그 사람만 없어지면 모든 문제가 해결될 거라고 생각합니다. 나무가 아닌 숲을 본다는 것은 구조를 생각한다는 뜻입니다. **그 사람만 없어지면 해결되는 문제는 문제가 아닙니다.** 그리고 사람이 문제다고 이야기하는 순간 우리는 굳이 숲을 볼 필요가 없습니다. 문제가 되는 나무만 없애 버리면 되니까요. 여기서 우리가 함께 생각해 봐야할 부분은 때로는 어떤 문제를 해결하기 위한 해결책이 문제 상황보다 더 안 좋을 수도 있다는 점을 인정해야 한다는 사실입니다. 우리는 빠른 해결책에 너무 익숙해져 있습니다. 그와 동시에 우리가 알고 있는 사실도 있습니다. 바로 빠르다고 항상 좋은 것이 아니라는 사실입니다. 모든 자연 시스템에는 자신에게 맞는 성장 속도가 존재합니다. 강아지는 보통 8~24개월이면 성견에 버금갈 정도로 성장합니다. 태어난 지 1년 반 정도가 지난 개는 사람으로 치면 20살에 가깝습니다. 고양이의 경우에도 대략 1년 정도면 성묘가 됩니다. 사람과 유사한 영장류인 원숭이도 종류에 따라 다르지만 대개 생후 20개월이면 생식이 가능하다고 합니다. 하지만 사람은 생후 1년에도 혼자 밥을 먹거나 걷기가 어려운 경우가 있습니다. 생식이라는 단어가 생후 1년에게는 어울리지도 않고요. 그렇다고 해서 사람이 강아지, 고양이, 원숭이보다 못하다고 말하지 않습니다. 그저 자연 시스템에 따라 성장 속도가 다르다는 걸 알기 때문입니다. 문제를 해결하는 과정도 마찬가지입니다. 모든 것은 그에 따른 속도가 존재합니다. 따라서 쉽고 빠른 해결책이라고 해서 반드시 좋은 것만은 아닙니다.

그리고 우리는 문제를 해결하는 과정에서 원인과 결과를 함께 생각해 봅니다. 특히 나무가 아닌 숲을 보기 위해서는 원인과 결과의 연결고리를 꼭 따져 봐야 합니다. 그런데 이 과정에서 인지하고 있어야 하는 사실이 있습니다. 바로 **원인과 결과가 반드시 시공간적으로 긴밀하게 연결되어 있지 않다는 점입니다.** 원인이 제공된다고 반드시 결과가 바로 등장하는 것은 아닙니다. 그 안에는 반드시 시차가 존재합니다. 그 시차를 인정하고 이해하고 있을 때 우리는 숲을 제대로 바라볼 수 있게 됩니다.

**쉬운 해결책이 다시 문제를 원점으로 돌린 경험이 있으신가요?
빠르게 해결했는데 사실 그 결과가 도리어 좋지 않은 경험이 있으신가요?**

 **학생들과 함께 해 보세요**

🎤 시스템씽킹 사고 경험 나누기

쉬운 해결책이 다시 문제를 원점으로 돌린 경험

쉽고 익숙한 해결책이 도리어 문제를 가져온 경험

원인과 결과가 시공간으로 떨어져서 나타난 경험

진행 Tip

이 활동은 자신의 지난 경험을 떠올려봄으로써 시스템씽킹 사고 관점에서 경험을 살펴보는 내용으로 구성되어 있습니다.

❶ **학습지의 첫 번째 경험에 대해 기록하고 함께 이야기를 나눕니다.**
- 쉬운 해결책이 다시 문제를 원점으로 돌린 경험에 대해 기록합니다.
- 경험은 에피소드를 중심으로 구체적으로 생각하고 기록할 수 있도록 안내합니다.
- 하나의 에피소드일 수도 있고 여러 개의 에피소드일 수도 있습니다. 주어진 시간에 따라 생각해보고 기록할 수 있도록 안내합니다.
- 기록한 에피소드의 내용을 바탕으로 서로 공유하고 이야기를 나눕니다.

❷ **학습지의 두 번째 경험에 대해 기록하고 함께 이야기를 나눕니다.**
- 쉽고 익숙한 해결책이 도리어 문제를 가져온 경험에 대해 기록합니다.
- 에피소드를 중심으로 구체적으로 생각하고 기록합니다.
- 기록한 에피소드 내용을 바탕으로 서로 공유하고 이야기를 나눕니다.

❸ **학습지의 세 번째 경험에 대해 기록하고 함께 이야기를 나눕니다.**
- 원인과 결과가 시공간으로 떨어져서 나타난 경험에 대해 기록합니다.
- 에피소드를 중심으로 구체적으로 생각하고 기록합니다.
- 기록한 에피소드 내용을 바탕으로 서로 공유하고 이야기를 나눕니다.

❹ **각각의 경험을 통해 얻은 교훈이 있다면 무엇인지를 이야기 나눕니다.**
- 각각이 경험을 통해 배우고 느낀 점이 무엇인지를 중심으로 이야기를 나눌 수 있도록 안내합니다.

Q 그동안 경험했던 많은 일들이 생각나네요. 때로는 쉽게 잘 해결되었다고 생각한 일들이 도리어 문제를 일으켜서 고생했던 경험들도 생각납니다. 이렇게 사고하기까지 참 어렵고 오랜 시간이 걸리는 것 같아요. 선생님이 갖고 계신 사고의 패턴에 대한 팁을 조금 더 듣고 싶습니다. 실전적인 적용에 대한 과정도 궁금하고요. 이야기를 더 들려주실 수 있으신가요?

A 장면이 아니라 패턴을 바라보는 연습을 진행하다 보면 일상에서의 경험이 조금은 다르게 느껴집니다. 그리고 생각의 전환을 통해서 상황을 바라보려고 노력하다 보면 이런 생각이 들게 됩니다. '꼭 이렇게 피곤하게 살아야 할까?'라는 아주 지극히 현실적인 생각입니다. 저 또한 마찬가지입니다. '그냥 쉽고 단순하게 살면 인생을 참 편하게 살 수 있을 것 같은데 이렇게 복잡하고 어렵게 사는게 맞는 걸까?' 하는 생각을 하곤 합니다. 때로는 무슨 부귀영화를 누리겠다고 이렇게 생각하나 싶은 마음이 들기도 하고요. 저는 선생님이 마주하시는 모든 상황을 시스템적으로 바라보고 그 장면에서 패턴을 읽어 내시기를 바라지 않습니다. 다만 선생님이 학생과의 관계, 동료 선생님과의 관계, 선생님이 처리하시는 업무들 그리고 선생님이 준비하시는 수업에 대한 부분에서 꼭 해결하기 바라는 문제 상황에 대해서만큼은 장면이 아니라 패턴을 바라보시고, 그 패턴이 가져오는 의미를 읽어 내시기를 바랍니다. 그래야 그 문제를 온전히, 제대로 해결할 수 있기 때문입니다.

우리는 선생님이라는 이름으로 그동안 많은 노력을 해 왔습니다. 적어도 이 책을 읽는 선생님이시라면 결코 노력하지 않는 분이 아니라는 걸 저는 잘 알고 있습니다. 여기까지 오신 선생님의 노고와 헌신에 깊은 감사와 박수를 보내드립니다. 하지만 노력해도 해결되지 않는 문제가 있습니다. 때로는 더 큰 노력을 해야 문제를 해결할 수 있기도 하고요. 그래서 저는 장면이 아닌 패턴을 보는 노력을 통해 선생님이 발견하시면 좋겠다는 지점이 있습니다. 바로 작은 노력으로 큰 변화를 가져올 수 있는 영역입니다. 작은 노력이 작은 결과를 가져오는 경우도 있지만 작은 노력이 큰 변화를 가져오는 경우도 반드시 존재합니다. 중요한 것은 그 장면이 어느 순간인지를 파악하는 능력입니다. 이를 위해서는 사건이 아니라 그 사건들 사이에 있는 구조를 보고 이해해야 합니다. 핵심을 제대로 파악하고 적절하게 수행한다면 작은 행동을 통해서도 중요하고 지속적인 개선 효과를 가져올 수 있습니다.

  이를 위해서 **우리는 두 마리 토끼를 동시에 잡을 수 없다는 사실을 인정해야 합니다.** 사실 두 마리 토끼라는 표현을 사용하는 것부터 패턴이 아니라 장면에 익숙해져 있기 때문이라고 생각합니다. 스냅 사진처럼 하나의 장면 장면만을 바라보니까 내가 당장 달성해야 하는 목표가 두 가지로 나눠져서 보입니다. 그런데 만약 패턴을 생각하게 되면 두 장면이 서로 다르게 떨어져 있는 일이 아니라는 걸 알게 됩니다. 시간을 두고 차근차근 진행되는 변화의 과정이라고 바라볼 때 전혀 다른 모습으로 보이기 시작합니다. 두 마리 토끼를 동시에 잡을 수 없다는 사실을 인정하자는 말은 어느 것 하나만 선택하고 다른 하나는 포기하자는 말이 아닙니다. 이는 양자택일로 해결할 수 있는 문제가 아님을 알고 있기 때문입니다. 그래서 두 마리 토끼가 떠오른다면, 두 마리의 토끼가 아니라 두 마리의 썰매 개라고 여기시길 바랍니다. 우리가 마주하는 문제는 두 마리의 토끼를 잡는 것이 아닙니다. 두 마리의 썰매 개를 잡는 것입니다. 예를 들어서 수업을 구상하는 선생님들은 학생들이 학습에서 재미를 느끼면서도 내용에 대한 온전한 이해도 있었으면 좋겠다고 말씀하십니다. 그러면서 깊이 있기 이해하기 위해서는 내용이 어려워야 하는데 그러면 학생들은 재미를 느끼지 않는다고 이야기하고, 학생들이 재미를 느끼게 하기 위해서는 게임 요소가 필요한데 그러면 깊이가 얕아진다고 이야기하시는 경우를 많이 보았습니다. 그런데 재미와 학습의 깊이가 정말 두 마리의 토끼일까요? **저는 재미와 학습의 깊이는 수업이라는 썰매를 이끄는 두 마리의 썰매 개라고 생각합니다.** 두 마리의 썰매개는 같은 방향을 향해 같이 뛰기 시작할 때 썰매를 제대로 이끌어갈 수 있습니다. 만약 두 마리 중 한 마리만 열심히 움직이면 썰매는 원을 그리면서 제자리를 빙빙 돌게 됩니다. 오래 가지 않아 지쳐서 썰매는 멈추게 되고요. 학습에 깊이가 있다고 학생들이 재미를 느끼지 않는 것은 아닙니다. 도리어 제대로 학습의 깊이에 도달했을 때 학생들은 또 다른 재미에 빠져 헤어나오지 못하는 경우가 있습니다. 저는 철학 수업을 할 때 이런 경우를 많이 마주합니다. 철학 수업은 참 어렵습니다. 교사인 저에게도 내용이 어렵게 다가올 때가 많이 있습니다. 고전 원문을 함께 읽고 학생들과 이야기를 나누다 보면 학생들은 간단한 질문에도 답을 내리기 어려워합니다. 그런데 그들이 깊이 있는 학습에 도달할 수 있게 만들어 준다면 학생들은 그 내용에 대해 재미를 느끼기 시작합니다. 쉬는 시간이 되어도 자신들끼리 모여서 풀지 못한 철학적 논제에 대해 고민하고 이야기를 나누는 모습을 보여 줍니다. 결국 중요한 것은 시차를 두고 달성하고자 하는 목표 모두를 달성하는 방법을 찾는 과정에 있습니다. 그리고 그 순간을 패턴을 통해 발견해야 합니다.

이렇게 장면을 내려놓고 패턴 속에서 모든 것들을 바라보는 연습을 하는 것, 다시 말해 나무를 내려놓고 숲에서 모든 것들을 바라보는 연습을 하다보면 무엇도 탓할 수 없다는 사실을 알게 됩니다. 그동안 우리는 문제를 해결하는 과정에서 문제의 대상자를 탓하는 경우가 많이 있었습니다. 1반은 말썽을 부리는 학생이 있어서 어렵고 2반은 학교에서 사고를 치는 아이들이 모여 있어서 힘들다고 이야기합니다. 이 학교는 가정 환경이 어려운 학생들이 많아서 어렵고 또 다른 학교는 사교육의 성지가 바로 옆이라서 어렵다고 이야기합니다. 외부 요인을 나와 분리해서 문제의 원인으로 만들어 버리는 것입니다. **하지만 숲을 바라볼 때 외부 요인은 결코 숲에서 떨어져 있지 않습니다.** 숲 안에 있는 나와 외부 요인은 결코 분리되어 있지 않음을 알게 됩니다. 따라서 답을 찾고 싶다면 나를 둘러싼 외부 요인과의 관계를 살펴봐야 합니다. 친구는 가까이하고 적은 더 가까이하라는 영화 대부의 대사가 여기에도 똑같이 적용됩니다.

 선생님이 타고 계신 썰매를 끌고 있는 두 마리의 개는 무엇인가요?
선생님의 수업을 둘러싸고 있는 외부 요인은 무엇이 있나요?

🎤 시스템씽킹 사고 경험 나누기

작은 노력으로 큰 변화를 이루었던 경험

내가 생각하는 우리 수업을 이끄는 두 마리의 썰매 개

우리 수업을 둘러싸고 있는 핵심적인 외부 요인들에 대한 경험

진행 Tip

이 활동은 자신의 지난 경험을 떠올려 봄으로써 시스템씽킹 사고 관점에서 경험을 살펴보는 내용으로 구성되어 있습니다.

---

❶ **학습지의 첫 번째 경험에 대해 기록하고 함께 이야기를 나눕니다.**
- 작은 노력으로 큰 변화를 이루었던 경험에 대해 기록합니다.
- 경험은 에피소드를 중심으로 구체적으로 생각하고 기록할 수 있도록 안내합니다.
- 하나의 에피소드일 수도 있고 여러 개의 에피소드일 수도 있습니다. 주어진 시간에 따라 생각해 보고 기록할 수 있도록 안내합니다.
- 기록한 에피소드의 내용을 바탕으로 서로 공유하고 이야기를 나눕니다.

❷ **학습지의 두 번째 경험에 대해 기록하고 함께 이야기를 나눕니다.**
- 내가 생각하는 우리 수업을 이끄는 두 마리의 썰매 개에 대해 기록합니다.
- 에피소드를 중심으로 구체적으로 생각하고 기록합니다.
- 기록한 에피소드 내용을 바탕으로 서로 공유하고 이야기를 나눕니다.

❸ **학습지의 세 번째 경험에 대해 기록하고 함께 이야기를 나눕니다.**
- 우리 수업을 둘러싸고 있는 핵심적인 외부 요인들에 대한 경험에 대해 기록합니다.
- 에피소드를 중심으로 구체적으로 생각하고 기록합니다.
- 기록한 에피소드 내용을 바탕으로 서로 공유하고 이야기를 나눕니다.

❹ **각각의 경험을 통해 얻은 교훈이 있다면 무엇인지 이야기를 나눕니다.**
- 각각의 경험을 통해 배우고 느낀 점이 무엇인지를 중심으로 이야기를 나눌 수 있도록 안내합니다.

그라운드룰은 아직도 유효한가요?

Q 장면이 아니라 패턴을 보라는 이야기를 듣고 나니 제가 그동안 만들어 두었던 그라운드룰이 조금은 다르게 보이기 시작했습니다. 분명 저의 수업에서 최선의 그라운드룰이라고 생각했는데 막상 적용해보니 삐그덕거리는 부분도 많이 있었고 바꿔야 할 부분도 많이 있더라고요. 학기와 수업을 마무리하는 과정에서 그라운드룰은 어디서부터 어떻게 손을 대는 것이 좋을까요?

A 우리는 알게 모르게 선택을 강요당하면서 하루하루를 살아갑니다. 모든 것을 나의 자율 의지에 따라서 내가 선택하는 것처럼 느끼지만 알고 보면 나의 자율 의지로 선택하는 것이 아니라 누군가 짜 놓은 시스템 안에서 움직인다는 사실을 알게 됩니다. 지금 선생님은 이 책의 한 장을 넘기기 위해 오른손을 이용하시나요? 왼손을 이용하시나요? 이 책을 넘기고 나면 자연스럽게 시선은 어디를 향하나요? 이 책은 왼쪽에서 오른쪽으로 읽게끔 설계되어 있습니다. 다음 장을 넘기기 위해서는 왼손보다는 오른손으로 넘기는 게 편하게 되어 있고 새로운 장을 마주하면 자연스럽게 나의 시선은 왼쪽 상단으로 이동하게 되어 있습니다. 나의 의지대로 책을 읽는 것 같지만 사실은 책을 디자인하고 제작한 사람들이 짜 놓은 시스템에 따라서 우리는 움직이고 있습니다. 이 시스템은 약속이라는 이름으로 만들어지기도 합니다. 좌측통행, 우측통행, 신호등과 같은 약속은 우리가 함께 지키는 시스템 안에서 작동합니다. 문제는 약속하지 않았지만 자연스럽게 움직이는 시스템도 있다는 사실입니다. 책을 읽을 때는 시선을 왼쪽 상단으로 이동해야 한다고 우리는 약속하지 않았습니다. 그런 걸 배운 적도 없고

요. 그냥 책을 읽다 보니 책을 만드는 사람이 만들어 둔 시스템 안에서 우리는 자연스럽게 행동할 뿐입니다. 이렇게 시스템을 만드는 사람을 시스템빌더라고 이야기합니다. **시스템빌더는 사람을 구조 안에서 움직이게 만듭니다.** 그 사람이 어떤 생각을 갖고 있었는지 그리고 그동안 어떻게 행동했었는지가 중요하지 않습니다. 내가 짜 놓은 시스템 안에서 움직이게 만들 뿐입니다.

저는 선생님이란 수업이라는 시스템을 만드는 시스템빌더라고 생각합니다. 그리고 선생님이 만드는 시스템은 선생님이 수업을 통해 달성하고자 하는 목표를 이루기 위한 선순환 구조라고 생각합니다. 선생님이 수업을 계획하고 실행하실 때는 분명 이 수업을 통해 학생들이 지금보다 건강하게 생각하고 좋은 문화와 가치를 촉진했으면 좋겠다는 의도를 가지셨을 거라 생각합니다. 일회성 학습 결과가 아니라 학생이 속한 조직과 학생이 앞으로 살아갈 삶의 모습 안에서 지속적이며 순환적으로 열매를 맺기를 바라셨을 거라 생각합니다. **선생님은 학생의 학습 장면 장면을 패턴으로 연결하면서 그 안에서 선순환 구조를 만드는 사람입니다.** 선생님이 만들어 가는 선순환 구조가 학생을 더욱 지속적으로 성장의 자리에 나오도록 만들 것이기 때문입니다.

그럼 선순환 구조를 만들기 위해서는 무엇이 필요할까요? 가장 중요한 것은 새로운 관점을 가져야 한다는 것입니다. 장면이 아니라 패턴을 보기 위한 방법은 각각의 장면이 단편적으로 존재하지 않고 서로 상호 작용 안에 있다는 사실을 살펴볼 때 알 수 있습니다. 정지된 스냅 사진이 아니라 변화되는 패턴으로 살펴봐야 합니다. 이를 위해서 5가지에 대한 인식이 필요합니다. 첫 번째는 상호 작용입니다. 고려대 한국어대사전에 따르면 상호 작용이란 둘 이상의 사물이나 현상이 서로 원인과 결과가 되는 작용을 뜻합니다. 결국 모든 것은 원인과 결과로 이어집니다. 우리는 마주하는 각각의 상황이 서로 다른 상황이라고 나눠서 인식하기를 좋아합니다. 그래야 문제를 단순화하고 간단하게 접근할 수 있기 때문입니다. 당연히 해결책에 대한 생각도 쉽게 접근할 수 있습니다. 그런데 막상 각각의 상황을 살펴보면 다 원인과 결과가 존재합니다. 그리고 그것들은 서로 유기적으로 연결되어 있습니다. 이 사실을 인정하는 것이 중요합니다. 그래야 패턴을 볼 수 있습니다. 두 번째는 방향입니다. 원인과 결과의 방향은 꼭 일방향이 아닐 가능성이 높습니다. 우리가 결과라고 생각하는 것들이 사실은 원인인 경우도 많이 있습니다. 원인에 따라 결과가 나온다고 생각하지만 사실은 결과가 그 원인을 가져왔을 수도 있습니다. 방향에 대해서 진지하게 고민할 때 패턴은 눈에 더 잘 들어옵니다. 세 번째는 행동 패턴입니다. 원인과 결과의 방향을 살펴보다 보면 우리가 어떻게 행동하는지 살펴볼 수 있게 됩니다. 앞에서 이야기했듯이 우리의 행동은 대부분 짜여진 시스템 안에서 이루어집니다. 자율 의지에 따라 움직인다고 생각하지만 사실 그 시스템 안에서 움직이는 경우가 대부분입니다. 따라서 나의 행동 패턴을 살펴볼 때 전체적인 패턴을 알 수 있게 됩니다. 네 번째는 상호 관계입니다. 상호 관계는 서로가 걸려 있는 관계를 말합니다. 패턴을 살펴보는 과정에서 대부분의 관계는 원인과 결과로 이어집니다. 하지만 꼭 그렇지 않은 경우도 존재합니다. 병렬적으로 이어질 수도 있고 그 사이에 또 다른 장면이 들어와야 연결이 되는 경우도 있습니다. 상호 관계를 면밀하게 살펴보는 시간이 필요합니다. 마지막으로 규칙과 반칙입니다. 패턴이 연결되는 과정에서는 일정한 규칙이 존재합니다. 그와 동시에 반칙도 존재합니다. 규칙과 반칙에 대한 인식과 구별이 진행되어야 합니다.

시스템을 만들기 위해서 가장 먼저 선생님이 마주하시는 수업의 여러 가지 장면들을 나열해 보시기 바랍니다. 그리고 각각의 장면이 어떻게 상호 작용을 하는지 화살표를 연결해 보시기 바랍니다. 원인과 결과로 이어질 수도 있고 또 다른 관계로 이어질 수도 있습니다. 화살표를 연결할 때는 각각의 행동 패턴이 어떻게 등장하는지도 함께 살펴보시기 바랍니다. 그리고 그 과정에서 나타나는 규칙적인 행동과 빈칙적인 행동이 무엇인지 함께 살펴볼 필요가 있습니다. 이렇게 구성하다 보면 내 수업에서 등장하는 순환 고리가 나타납니다. 그 순환 고리는 선순환일수도 있고 악순환일 수도 있습니다. 만약 순환 고리까지 나왔다면 이제 거의 다 왔습니다. 만약 악순환 고리라면 가장 약한 고리를 찾아서 선순환 고리로 만들면 되니까요. 이건 그라운드를 조금 더 점검하면 찾을 수 있습니다.

선생님은 어떤 시스템을 만드는 시스템빌더가 되고 싶으신가요?
선생님의 수업은 순환 고리를 그려보면 어떤 모습일까요?

🎤 수업 순환 고리 만들기

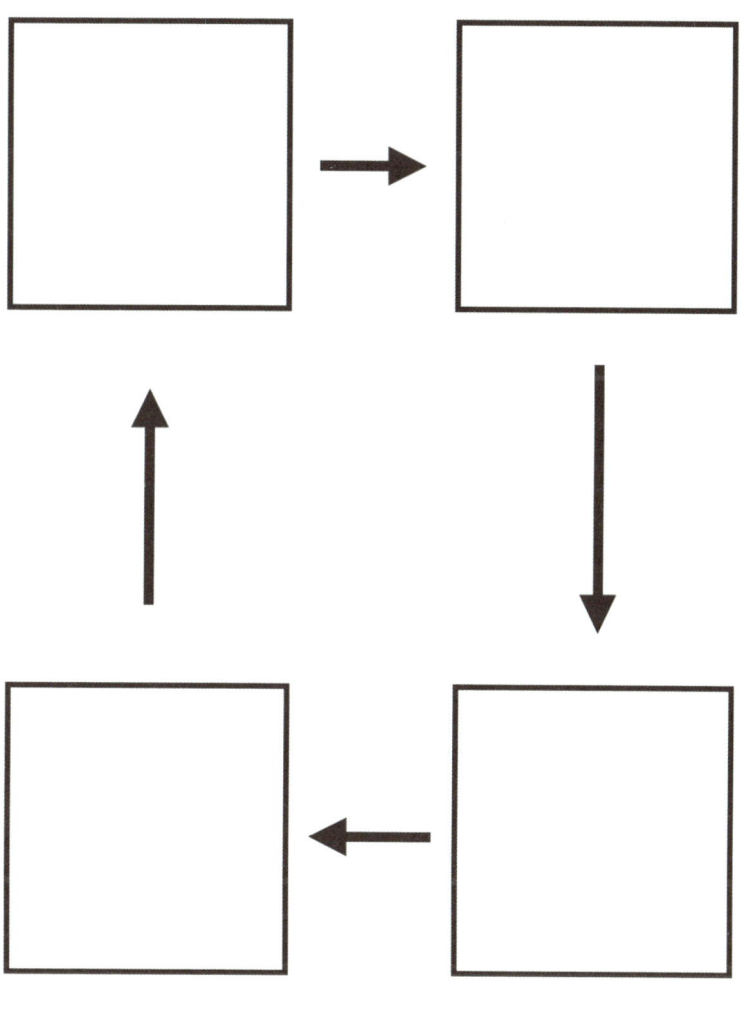

진행 Tip

이 활동은 수업의 여러 장면들을 정리해 보고 장면들을 연결 지어 순환 고리를 만들어 보는 내용으로 구성되어 있습니다.

❶ **가장 먼저 수업의 4가지 장면을 포스트잇에 표시합니다.**
- 4가지 장면은 시간 순서가 아닐 수도 있습니다. 수업 시간에 나타나는 각각의 장면을 표시합니다.
- 포스트잇 1장에 1개의 장면이 나타날 수 있도록 안내합니다. 포스트잇 안에 나타나는 장면이 구체적으로 서술될 수 있도록 안내합니다.

❷ **4장의 포스트잇에 그려진 장면을 순환 고리 활동지의 네모칸 위에 붙입니다.**
- 수업 시간 순서대로 순환 고리가 만들어지지 않을 수도 있습니다. 인과 관계를 위주로 살피는 것이지 시간 순서대로 보는 것이 아님을 이야기해 주시기 바랍니다.

❸ **순환 고리가 만들어지지 않는다면 또 다른 수업의 장면을 포스트잇에 표시합니다.**
- 각각의 장면들이 어떻게 연결되는지를 살펴볼 수 있도록 안내합니다. 하나의 장면이 아니라 패턴과 흐름을 살필 수 있도록 안내합니다.

❹ **각각의 화살표가 어떤 형태로 이어지는지를 서술합니다.**
- 키워드를 중심으로 화살표 위에 어떤 영향을 주고받는지를 작성합니다.

❺ **그려진 순환 고리에서 가장 약한 고리가 무엇인지를 표시해 봅니다.**
- 해당 순환 고리가 어떻게 발전할 수 있는지를 중심으로 살펴보면서 약한 고리를 찾아봅니다.

순환 고리를 찾아보는 활동의 결과로 발견한 순환 고리가 선순환 고리일 수도 있고 악순환 고리일 수도 있습니다. 선순환 고리라면 강화할 수 있는 방법을, 악순환 고리라면 끊어 낼 수 있는 방법을 찾으면 됩니다. 활동의 목적이 순환 고리를 바라보는 힘을 기르는 부분이라는 점을 잊지 마시기 바랍니다.

> 제 수업에 대한 순환 고리까지는 알겠습니다. 좋은 순환 고리도 있고 좋지 않은 순환 고리도 존재하는 것 같습니다. 모두가 같은 확률로 등장하거나 진행되는 것도 아니고요. 만약 안 좋은 순환 고리가 있다면 그걸 좋은 순환 고리로 바꾸고 싶은 마음도 있습니다. 어떻게 하는 게 좋을까요?

김인중 작가의 〈안산 동산고 이야기〉에는 '다 좋다'라는 제목의 글귀가 나옵니다. '내성적인 학생은 생각을 진지하게 해서 좋습니다. 사교성이 적은 학생은 정직하고 과장되지 않아서 좋습니다. 소심한 학생은 실수가 적고 정확해서 좋습니다. 질투심이 많은 학생은 의욕이 넘쳐서 좋습니다. 말이 많은 학생은 지루하지 않아서 좋습니다. 자신감이 없는 학생은 겸손해서 좋습니다. 직선적인 학생은 속정이 깊어서 좋습니다.' 책에 있는 이 글귀는 많은 선생님들에게 깊은 울림을 주었습니다. 내성적인 학생, 사교성이 적은 학생, 소심한 학생, 질투심이 많은 학생, 말이 많은 학생, 자신감이 없는 학생, 직선적인 학생은 사실 학생이 갖고 있는 약점이라고 볼 수 있는데 학생들이 갖고 있는 약점을 강점으로 승화해서 표현한 글귀가 교육적으로 매우 가치 있고 의미 있게 다가왔기 때문입니다. 우리는 항상 약점을 보완하라고 이야기합니다만 사실 약점을 보완하면서 살아가는 건 쉽지 않습니다. **사람은 약점이 아니라 강점으로 일할 때 도리어 빛을 발하기 시작합니다.** 자신이 잘하는 영역에서 더 잘하기 시작할 때 약점은 강점으로 승화되기 시작합니다.

선생님이 만드신 선생님의 순환 고리도 마찬가지입니다. 우리는 악순환 고리를 발견했을 때 선순환 고리로 만들기 위해 약점을 먼저 파악합니다. 그리고 그 약점을 보완하기 위한 방법들을 고민합니다. 그런데 악순환 고리를 선순환 고리로 만들기 위해서는 약점을 보완하는 방법으로 해결되지 않습니다. 약점을 보완하기 위한 노력은 도리어 다른 강점을 약하게 만들고 결국 약점은 온전히 보완되지 않고 강점은 약해지는 또 다른 악순환을 만들게 됩니다. 따라서 약점을 파악한 다음 해야 할 일은 그 약점을 강점으로 덮어 버리는 일입니다. 저는 지금부터 이 방법에 대해 조금 더 자세하게 말씀드리고자 합니다.

순환 고리를 바꾸기 위해서 가장 먼저 해야 할 일은 악순환 고리의 가장 약한 고리가 무엇인지를 발견하는 것입니다. 가장 약한 고리를 발견한 방법으로 저는 그 장면의 당사자를 만나 볼 것을 추천해 드립니다. 만약 내 수업 안에서 발견되는 악순환 고리가 있다면 저는 학생들을 만나 보길 권해 드립니다. 그들의 이야기를 명확하게 듣고 정리하는 과정이 필요하기 때문입니다. 이 과정에서 선생님이 파악하셔야 하는 내용에 대해 말씀드리겠습니다. 바로 다음과 같은 양식지입니다.

~한 상황에서 ○○○은 는(은) *페르소나의 이름과 묘사*

목적물에 대한 소망 혹은 불편감 을(를) *페르소나의 욕구*

해결할 방법이 필요하다.
왜냐하면 (이유)

이유 1 :

이유 2 :

예를 들어 보겠습니다. 제 수업의 경우 모둠별 프로젝트가 많이 진행됩니다. 모둠별로 진행되기 때문에 모둠 구성원 한 사람 한 사람이 매우 중요합니다. 그런데 문제는 학생들의 역량이 모두 다르다는 점입니다. 어떤 학생은 주어진 시간에 모둠 과제를 모두 해결하지만 어떤 학생은 해결하지 못합니다. 모둠별 프로젝트인데 학생마다 역량이 다르다 보니 누구는 많이하고 누구는 조금한다는 문제가 발생합니다. 그리고 그 과정에서 열심히 하는 학생들은 수업 참여에 대한 불만이 쌓였습니다. 불만이 쌓이니까 다음 수업에 열심히 참여하는 학생들이 줄어들고 다시 수업에 불만이 쌓이는 악순환이 발생했습니다. 그래서 저는 학생들이 불만이 쌓이는 지점이 어디인지를 확인하기 위해서 이야기를 들어 보았습니다. 그랬더니 함께 하기로 한 과제를 다 수행해 오지 않았을 때 짜증이 나고 화가 난다는 이야기를 접할 수 있었습니다. 약속한 것을 해 오지 않으니 다음 진도도 나갈 수 없고 감정적으로도 좋지 않다는 점이었습니다. 저는 학생들을 만나 이야기를 듣고 다음과 같이 내용을 정리했습니다. '모둠별 프로젝트에 참여하는 ○○○은 다른 학생들이 함께 해결하기로 한 과제를 수행해 오지 않았을 때의 문제를 해결할 방법이 필요하다. 왜냐하면 다음 프로젝트 과제를 수행할 수 없고 나 혼자서만 프로젝트를 한다는 생각을 지울 수 없기 때문이다.'

저는 악순환의 연결 고리에서 학생들이 각자가 주어진 과제를 충실하게 해오면 이 문제가 해결될 수 있을거라 생각했습니다. 그래서 제가 가장 잘하는 분야인 생각의 구조에 대한 이야기를 다시 나누기 시작했습니다. 그리고 학생들과 함께 다음과 같은 생각을 정리했습니다. '효율적인 협력이란 모두가 같은 양을 처리하는 것이 아니다. 누군가는 1시간에 50만큼의 일을 할 수 있는 능력이 있는 반면, 누군가는 1시간에 25만큼의 일을 할 수 있는 능력이 있다. 이건 그 사람의 잘못이 아니고 단시간에 바꿀 수도 없는 문제이다. 따라서 우리는 모둠 안에서 과제를 나눌 때 모두가 같은 양의 과제를 나눠야 한다는 생각을 버려야 한다. 누군가는 조금 더 할 수도 있고 다른 누군가는 조금 덜 할 수도 있다. 같은 시간을 기준으로 할 수 있을 만큼의 양을 정하고 나눠 보자. 대신 그 사람이 얼마만큼 했는 지에 대해서는 충분히 기록하고 인정해 주자'라는 이야기를 나누었습니다. 감사하게도 생각의 구조가 바뀌고 가장 약한 고리의 문제를 해결해 주자 악순환 고리가 선순환 고리로 바뀔 수 있었습니다.

 선생님이 마주하신 순환 고리의 가장 약한 고리는 무엇인가요? 그 고리에서 발견하신 핵심 문제는 무엇인가요?

학생들과 함께 해 보세요

🎤 약한 고리의 핵심 문제 찾아 보기

~한 상황에서 ○○○은 _____ 는(은)
　　　　　　　　　　　　　페르소나의 이름과 묘사

목적물에 대한 소망 혹은 불편감 _____ 을(를)
　　　　　　　　　　　　　　　페르소나의 욕구

해결할 방법이 필요하다.
왜냐하면 (이유)

이유 1 :

이유 2 :

진행 Tip

이 활동은 핵심 문제를 정의해 봄으로써 근본적인 원인에 대해 살펴보는 내용으로 구성되어 있습니다.

❶ **페르소나의 이름과 상황에 대한 묘사를 기록합니다.**
- 이 경우 구체적인 상황을 서술할 수 있도록 안내합니다. 문제 상황일수록 더욱 구체적으로 서술해야 함을 안내합니다. 누구라도 그 상황을 이해하고 공감할 수 있도록 표현하는 것이 중요합니다.

❷ **페르소나의 욕구 부분을 작성합니다.**
- 여기서 욕구는 여러 가지가 나타날 수 있습니다. 그중에서 가장 핵심이 되는 욕구가 무엇인지를 정리하는 과정이 중요합니다. 딱 1개의 욕구만 기록할 수 있도록 안내해 주시기 바랍니다.
- 욕구를 줄이는 과정이 핵심입니다. 가장 핵심이 되는 욕구를 찾는 건 쉽지 않은 일입니다. 그럼에도 1개의 핵심이 되는 욕구를 기록해야 합니다. 문제는 한 번에 하나만 해결함을 안내해 주시기 바랍니다.

❸ **해결의 이유 부분을 작성합니다.**
- 해결의 이유를 작성할 때는 이 문제가 해결되었을 때 나타나는 기대 효과가 무엇인지를 생각하면서 적습니다.
- 이유는 여러 가지로 많이 나타날 수 있습니다. 너무 많은 이유보다는 핵심적인 이유가 무엇인지를 확인하고 이를 서술할 수 있도록 안내해 주시기 바랍니다.

❹ **작성한 내용을 서로 공유하는 시간을 갖습니다.**
- 공유하는 과정에서는 논리적으로 이야기 흐름이 적절한 지 이야기를 나눕니다. 부족한 부분이 있다면 수정 및 보완할 수 있도록 안내합니다.

Q 선생님의 이야기를 들으면 들을수록 참 어렵기만 합니다. 이게 실제로 가능할까 하는 생각이 들기도 하고요. 그냥 너무 허황된 이야기가 아닌가 하는 생각이 들 때도 있습니다. 노력하면 달성 가능한 이야기일까요? 이게 진짜 가능하긴 한 걸까요?

A **사람은 누구나 자신이 갖고 있는 강점이 있습니다.** 저는 선생님이 갖고 계신 강점도 있다고 생각합니다. 그리고 그 강점은 누구에게나 똑같은 모습으로 존재하지도 않고 모두가 같은 강점을 가질 수도 없습니다. 제가 교직 생활을 처음 시작했을 때 저는 능력이 있는 한 선생님을 매우 부러워했습니다. 그 선생님은 정말 완벽해 보였습니다. 수업도 잘하고 업무 능력도 탁월했습니다. 교사라면 저런 모습을 갖춰야 한다는 생각을 많이 했습니다. 그래서 교직 생활 초반 저의 목표는 그 선생님의 모습을 닮는 것이었습니다. 정말 똑같이 되기 위해 노력을 많이 했습니다. 수업하는 방식도 따라해 보고 학생들을 상담하는 방식도 그대로 보고 배웠습니다. 그런데 시간이 지날수록 교직 생활이 너무 재미가 없어졌습니다. 분명 그 선생님의 모습을 닮아 가고 있었는데 닮아 가면 닮아 갈수록 선생님으로서의 제 삶은 너무 힘들었습니다. 학교가 싫었습니다. 월요일 아침이 두려웠고 학생들을 마주하는 건 저에게 매우 괴로운 시간들이었습니다. 처음에는 그 선생님의 모습을 어느 정도 따라할 수 있었는데 시간이 지날수록 그것조차 힘들어졌습니다. 그래서 결국은 그 선생님을 따라하는 걸 포기했습니다. 모든 걸 포기하고 그냥 제 멋대로 했습니다. 그런데 제 멋대로 하다 보니 수업에서도 상담에서도 제가 갖고 있는 저의 모습이 드러나기 시작했습니다. 분명 그 선생님과 다르지만 제가 갖고 있던 저의 강점들이 하나씩 하나씩 드러나는 것이었습니다. 그렇게 시간이 지나고 저는 그 선생님과 다른 저만의 모습을 지닌 선생님이 될 수 있었습니다. 그렇게 제가 갖고 있는 강점을 살리고 제가 갖고 있는 삶의 모습대로 교직 생활을 이어갈 수 있었습니다. 그제서야 월요일 아침이 즐겁고 학생들과 함께하는 시간에서 행복감도 느낄 수 있었습니다. 저는 선생님이 이 책을 읽고 제가 설명해 드린 방식대로 모든 걸 수행하시기를 바라지 않습니다.

저는 선생님이 갖고 계신 선생님의 강점을 찾고 그 강점대로 선생님의 수업을 이어가시기를 바랍니다. 다만 이 책에 담긴 저의 이야기는 선생님이 선생님의 강점을 찾아 가시는 그 과정에서 하나의 보기로서 활용된다면 충분하다고 생각합니다.

그라운드룰에 대한 이야기를 마무리하는 시점에서 시스템 사고와 그라운드룰을 연결 짓는 과정에서 세팅되어야 하는 마인드셋에 대한 이야기를 꺼내고자 합니다. 사실 어떤 일을 진행할 때는 마인드셋을 가장 먼저 이야기하는 편입니다. 마음가짐을 바로잡았을 때 무슨 일이든 제대로 할 수 있기 때문입니다. 하지만 저는 마음가짐을 가장 마지막 이야기로 골랐습니다. 이미 이 책을 펼치고 읽고 계신 선생님이라면 마음가짐은 갖추고 계실 거라 생각하기 때문입니다. 그래서 여기서의 마음가짐은 이미 선생님이 갖추고 계신 마음가짐을 다시 한 번 확인하는 차원에서 읽으시면 좋을 것 같습니다.

문제 상황을 마주하고 해결하는 과정은 결코 쉽지 않습니다. 또한 매우 지난한 과정입니다. 지난하다는 말은 '지극히 어렵다'라는 뜻을 지니고 있습니다. 그리고 지극하다는 '더할 수 없이'라는 뜻을 내포하고 있습니다. 다시 이야기하면 이 일은 그냥 어려운 일이 아닙니다. 더할 수 없이 어려운 일입니다. 안타깝게도 이 사실은 변하지 않습니다. 따라서 그냥 인정해야만 합니다. 선생님이 지금 하시고자 하는 일은 더할 수 없이 어려운 일입니다. 또한 이 일은 매우 모호합니다. 어느 것 하나 분명하지가 않습니다. 이게 맞는 일인지 저게 맞는 일인지 알 수가 없습니다. 누군가에게 물어봐서 답이라도 나오면 참 좋을텐데 그렇지도 않습니다. 고민과 결정을 온전히 내가 해야 하는 지점에서 참 어렵기만 합니다. 그리고 실패 확률이 매우 높습니다. 이 일을 진행하는 과정에서 마주하는 실패는 옵션이 아닙니다. 그냥 필수 조건이라고 보시는 편이 좋습니다. 성공하는 경우보다 실패하는 경우가 얼마만큼 더 많다라고 말할 수도 없습니다. 그냥 모두가 실패합니다. 성공하는 경우를 찾는다면 그게 신기할 따름입니다. 무엇보다도 문제 상황이 고정되어 있지 않습니다. 차라리 명확하게 머물러 있으면 이것저것 시도하면서 도전하고 그렇게 해서라도 방법을 찾을 수 있을 것 같은데, 우리가 해결하고자 하는 수업의 문제 상황은 그 자리에 머물러 있지 않습니다. 아직 해결책을 찾지도 못했는데 다시 움직입니다. 다시 움직여서 또 고민하고 있으면 또 움직입니다. 이 과정들이 지속되면 내가 이걸 고민하는 게 의미가 있나 싶은 생각이 들 정도입니다. 안타깝게도 이 모든 것이 현실이고 변하지 않는 사실입니다.

그럼에도 이 자리까지 오신 선생님이라면 이 과정을 즐겁게 이어나갈 준비가 되신 분이라고 생각합니다. 문제 상황을 마주하고 해결하는 과정은 결코 쉽지 않고 매우 지난한 과정입니다. 이 과정임을 충분히 인지하셨을 거라 생각합니다. 쉽지 않은 일임에도 불구하고 모호한 여정을 즐겁게 해 나가실 준비를 갖추신 선생님이실거라 생각합니다. 또한 실패의 결과는 낙심이 아니라 유의미한 학습 과정임을 인지하고 계실거라 확신합니다. **실패는 학습 과정 중 하나일 뿐입니다.** 실패는 끝이 아닙니다. 그냥 우리가 배우는 하나의 순간이고 장면일 뿐입니다. 또한 우리가 마주하는 문제 상황은 지속적으로 업데이트가 되어야 하는 상황임도 알고 계실거라 생각합니다.

저는 이 과정을 진행할 때 가장 중요한 것은 선생님이라고 생각합니다. 그리고 선생님만큼이나 중요한 것이 바로 옆에 계신 선생님이라고 생각합니다. 앞에서 저는 제가 교직 생활을 처음 시작할 때 겪었던 일에 대해서 말씀드렸습니다. 교직 생활을 지속하는 것이 의미가 있을까 고민하던 시기에 저를 붙잡아 준 건 저의 동료 선생님들이었습니다. 저는 기록을 즐겨 하는 사람이었습니다. 기록이 일상이었고 기록한 것을 분석하는 게 즐거웠습니다. 그리고 제가 그러니까 모두가 그런 줄 알았습니다. 그런데 그건 저만이 갖고 있던 강점이더라고요. 그 사실을 제 주변 선생님들이 저에게 알려 주셨습니다. 선생님의 주변에도 분명 계실거라 생각합니다. 선생님이 갖고 계신 그 강점을 발견하고 이야기해 주실 선생님이요. 문제를 발견하고 해결하는 일은 혼자서 하기에 매우 힘들고 어려운 일입니다. 꼭 동료 선생님과 함께해 보시길 권해 드립니다.

✦✧ 문제를 해결하는 과정에서 선생님이 생각하시는 필요한 마인드셋은 무엇인가요?
선생님의 주변에는 어떤 동료 선생님이 계신가요?

학생들과 함께 해 보세요

🎤 **마인드셋 세팅하기**

키워드 1	
키워드 2	
키워드 3	
키워드 4	
키워드 5	

마인드셋 실현을 위한 내 주변 동료 찾기

진행 Tip

이 활동은 문제 해결을 위한 마인드셋 세팅과 이를 실현하기 위한 동료를 찾는 내용으로 구성되었습니다.

---

❶ **문제 해결을 위한 마인드셋과 관련된 키워드를 5개 적습니다.**
- 해당 키워드는 꼭 긍정적이지 않아도 됨을 이야기해 줍니다. 때로는 힘들고 어려운 상황이 문제 해결을 위한 과정에서 자신을 더욱 강하게 만들어 주기도 합니다.
- 마인드셋과 관련된 키워드를 작성할 때는 정답보다는 자신에게 필요한 부분이 무엇인지를 먼저 생각하도록 안내해 주시기 바랍니다. 모두에게 공통적으로 필요한 마인드셋이라는 부분이 막상 자신에게는 필요하지 않은 영역일 수도 있습니다. 자신에게 집중할 수 있도록 안내해 주시기 바랍니다.

❷ **각각의 키워드를 바탕으로 필요한 마인드셋이 무엇인지 문장 형태로 기록합니다.**
- 문장 형태로 서술할 때는 주어와 서술어를 고려하여 한 문장으로 표현할 수 있도록 안내합니다.
- 각각의 문장은 쉽게 이해하고 외울 수 있는 형태로 기록하도록 안내합니다.

❸ **작성한 키워드와 문장을 공유합니다.**
- 마인드셋과 관련된 부분을 주변 동료들과 공유하고 이야기 나눕니다.

❹ **마인드셋 실현을 위해 내 주변에 있는 동료가 누구인지를 적어 봅니다.**
- 친구의 본명을 적을 수도 있고 대략적으로 묶어서 기록할 수도 있습니다. 현실에 있지 않은 인물일 수도 있습니다. 때로는 가상 인물을 통해서도 자신의 마인드셋을 실현하기도 합니다. 또한 역사적 인물도 가능함을 이야기해 줍니다.
- 다만 현실에서 실질적으로 함께 동역할 수 있는 사람이 누구인지를 찾는 과정이 중요함을 이야기해 줍니다. 그래서 가상의 인물, 역사적 인물도 가능하지만 현실 속 자신에게 가까이 있는 동료도 찾을 수 있도록 안내해 주시기 바랍니다.

❺ **작성한 내용을 주변 동료와 공유하고 이야기를 나눕니다.**
- 서로 겹치는 동료가 있다면 하이파이브로 서로를 응원해 줍니다.

왜 저의 평가 영역까지 건드시는거죠?

학기나 수업을 마무리할 때면 피할 수 없는 순간이 다가오는데 그게 바로 평가입니다. 평가는 시간이 지나도 익숙해지지 않고 참 어려운 것 같아요. 이렇게 하면 제대로 된 평가가 이루어지는 걸까 싶기도 하고요. 어떤 평가든 모두가 만족스러운 평가가 없는 것만 같아서 참 속상하고 아쉽기도 합니다. 선생님은 평가를 어떻게 진행하시나요?

학창 시절 공부보다 저를 힘들게 했던 일은 평가였습니다. 새로운 걸 배우는 공부는 정말 즐거운 일이었는데 내가 잘 배웠는지를 확인하는 평가는 참 힘들기만 하더라고요. 평가 때문에 공부가 싫어지는 경우도 있었습니다. 공부가 끝나고 나면 또 평가가 이어질 거라는 생각 때문에요. 선생님에게 평가는 어떤 의미인지 모르겠지만 저에게 평가는 시험이었습니다. 평가와 시험이 동의어처럼 다가왔습니다. 그렇게 평가에 지쳐 있던 저는 선생님이라는 역할을 하게 되면서 평가를 받는 사람에서 평가를 하는 사람이 되었습니다. 학창 시절 그토록 싫어하던 평가를 실시하는 사람이 되고 나니 마음이 참 불편하고 힘들었습니다. 마치 학생들에게 나도 당해 보았으니 너도 당해 보라는 심정으로 이 일을 진행하는 건 아닌가 하는 생각도 들었고요. 학생들과 함께 만들어 가는 수업은 참 재밌고 즐거우면서 행복한 시간이었는데 학생들을 평가하는 시간은 괴롭고 힘들고 어렵기만 한 시간이었습니다. 저는 그 이유가 평가라는 단어에 있다고 생각했습니다. 표준국어대사전에 따르면 평가란 사물의 가치나 수준 따위를 평하는 것을 말합니다. 학생 하나하나가 모두 자신만의 가치를 지니고 있는데 어떻게 동일한 기준으로 한 학생의 가치와 수준을 말할 수 있을까 하는 생각이 들었습니다. 그러던 중 프로젝트 수업을 시작하게 되었습니다. 제가 담당한 프로젝트 수업은 시험이 없었습니다. 시험이 없다는 사실에 저는 평가가 사라졌다고 생각했습니다. 그런데 시험은 사라졌지만 평가는 존재했습니다. 다만 시험과 다른 점이 있다면 동일한 기준이 아니었습니다. 시험은 동일한 기준으로 그 학생의 가치와 수준을 나타냈다면 제가 진행해야 했던 평가는 말 그대로 그 학생의 가치와 수준을 평하는 일이었습니다. 동일한 기준이라는 것 하나만 사라졌는데 평가가 달라졌습니다. 학생이 학습을 시작했을 때의 모습과 현재 성장한 모습에 집중하기 시작했습니다. 학생은 모두가 성장하고 있었고 저는 그 사실을 기록해 주었습니다. 모두가 동일한 선에 있지 않았습니다. 시험은 평가라고 생각했던 저의 생각이 깨지는 순간이었습니다. **평가의 목적은 평가에 그치지 않았습니다.** 학생들의 성장 방향을 고민하고 그것을 살펴보는 기회를 만드는 것이 평가의 목적이었습니다.

평가를 고민하면서 많은 평가와 관련된 책을 살펴보고 연구 논문도 읽어 보았습니다. 제가 다 이해하지 못할 정도로 학술적이고 훌륭한 평가 방식들이 많이 있더라고요. 저는 선생님께 그런 학술적인 이야기를 전해 드리지는 못합니다. 다만 제가 경험하고 있는 저의 평가 방식에 대해 나눠 드리고자 합니다. 미국의 Think Global School은 3년 동안 10개국에서 공부하는 학생들과 함께 세계를 여행하는 고등학교입니다. 이 학교의 교육 과정은 세계를 여행한다는 점에서도 특별하지만 이들이 갖고 있는 평가 문화에서도 특별함을 가집니다. 이들은 교과별 성취 수준에 대해서 학생과 교사가 함께 측정합니다. 학생이 자신에 대해서 A부터 C까지 스스로 등급을 매겨서 교사에게 제시합니다. 그럼 교사는 학생이 제출한 레포트와 포트폴리오 그리고 제시한 등급을 뒷받침하는 에세이를 기반으로 학생의 성적에 대한 적합성을 판단하고 피드백을 통해 최종 성적을 결정합니다. 이 과정에서 재밌는 일은 교사와 학생이 서로 성적을 두고 피드백을 주고받는다는 점입니다. 학생은 교사에게 자신이 왜 A등급을 받아야 하는지를 설명합니다. 교사는 학생에게 왜 B등급을 줘야 하는지에 대해서 이야기합니다. 이 과정에서 중요한 건 성적이 A냐 B냐가 아닙니다. 학습을 통해 학생이 어떠한 성장을 이루었는 지에 대해 교사와 학생이 함께 고민하고 이야기를 나눈다는 점입니다.

저는 이 부분에서 저의 평가 목적을 삼고 실천하고 있습니다. **저는 매 수업이 끝날 때마다 학생들에게 배움 성장 일기를 작성하도록 안내합니다.** 배움 성장 일기의 내용은 매우 간단합니다. 이번 수업 시간을 통해 무엇을 배웠는지에 대해서 서술합니다. 그리고 새롭게 더 배우고 싶은 점이 무엇인지에 대해 서술합니다. 마지막으로 다음 수업을 위한 다짐을 기록하도록 안내합니다. 매 수업이 끝나기 5분 전은 항상 배움 성장 일기를 작성하는 시간입니다. 수업 진도나 내용에 관계없이 항상 동일합니다. 배움 성장 일기의 내용은 학습 내용을 정리하는 것이 아닙니다. 학습 내용은 학생들이 스스로 정리하거나 따로 수업 시간에 정리하는 시간을 갖습니다. 배움 성장 일기는 말 그대로 학생 스스로가 자신의 배움과 성장에 대해 기록하는 시간입니다. 그리고 저는 학생이 적은 배움 성장 일기를 평가합니다. 동일한 기준으로 학생을 줄 세우는 것이 아니라 학생이 현재 위치에서 더 성장하기 위한 방향이 무엇인지를 파악하고 안내하기 위한 자료로 활용합니다. 물론 제가 진행한 수업을 되돌아보는 과정에서도 매우 좋은 자료로 활용됩니다.

배움 성장 일기에 대해 선생님들께 소개해 드리고 나면 실제 적용하시는 모습을 많이 보게 됩니다. 그런데 하나 주의하실 사항이 있습니다. 배움 성장 일기를 준비하다 보면 나도 모르게 욕심이 생겨서 이것도 적으라고 이야기하고 저것도 적으라고 이야기합니다. 그렇게 적다 보면 어느 순간 배움 성장 일기는 하나의 평가 요소가 되어서 학생들에게 부담으로 다가오게 됩니다. 그걸 읽고 정리하는 선생님도 부담을 갖게 됩니다. 배움 성장 일기는 누군가에게 부담을 주기 위한 장치가 아닙니다. 배움 성장 일기는 학습 활동도 아닙니다. 정말 우리의 배움과 성장을 함께 파악하고 기록하기 위함입니다. 꼭 필요한 항목만 간단하게 접근하기 시작할 때 꾸준히 할 수 있습니다. 꾸준함이 쌓일 때 우리의 배움과 성장은 더욱 가치 있는 자료가 되고 그 자료는 우리를 제대로된 평가 자리로 이끌어 갑니다.

> **선생님의 배움 성장 일기에는 어떤 항목이 들어가면 좋을까요?**
> **선생님이 배움 성장 일기를 통해 기대하시는 점은 무엇인가요?**

배움 성장 일기 작성하기, 만들기

새롭게 알게 된 점	다음에 개선할 점
흥미로웠던 점	더 알고 싶은 점

나만의 배움 성장 일기 만들어 보기

진행 Tip

이 활동은 배움 성장 일기의 일부를 작성해 보고 이를 바탕으로 자신의 배움 성장 일기를 직접 만들어 보는 내용으로 구성되어 있습니다.

❶ 학습을 통해 새롭게 알게 된 점, 학습 과정에서 다음에 개선할 점, 학습 내용 중에서 흥미로웠던 점, 학습 후 더 알고 싶은 점에 대해 기록합니다.
- 각각의 요소를 빈칸 없이 모두 채울 수 있도록 안내합니다. 특히 학생들의 경우 흥미로웠던 점을 찾는 과정에서 어려움을 많이 보입니다. 배움 과정에 다시 천천히 성찰할 수 있게 해 주시고 모든 내용을 빠짐 없이 채울 수 있도록 안내해 주시기 바랍니다. 이 과정이 반복되면 학생들은 배움 과정에서 자신의 성장 일기 내용을 생각하면서 배움에 임하게 됩니다.

❷ 배움 성장 일기에 작성한 내용을 공유합니다.
- 서로의 배움에 대해 내용을 이야기하고 필요한 부분을 수정 및 보완합니다.

❸ 자신이 희망하는 배움 성장 일기를 만들어 봅니다.
- 핵심이 되는 요소를 먼저 고릅니다. 배움 성장 일기를 통해 확인하고 싶은 내용, 기록하고 싶은 내용의 핵심 요소를 먼저 결정하도록 안내합니다. 핵심 요소는 3가지 이상 결정할 수 있도록 안내해 주시기 바랍니다.
- 각각의 요소를 질문하는 순서를 결정합니다. 물어 보는 순서에 따라 생각하는 순서가 달라집니다. 어떤 요소를 가장 먼저 물어볼지, 어떤 요소를 나중에 물어볼지를 생각하면서 정리할 수 있도록 안내합니다.
- 결정한 순서대로 배움 성장 일기를 만들어 봅니다.

❹ 새롭게 만든 배움 성장 일기에 따라 자신의 배움 성장을 기록합니다.
- 자신이 정한 기준에 맞춰 배움 성장 일기를 작성합니다. 키워드 위주로 작성하되 핵심적인 내용이 누락되지 않도록 작성합니다.

❺ 작성한 배움 성장 일기를 공유합니다.
- 서로의 배움에 대해 이야기 나눌 수 있도록 안내합니다.

> 배움 성장 일기를 통해 학생의 배움과 성장에 대해 살펴보고 기록한다는 내용이 참 의미있게 다가오네요. 평가와 시험이 동일한 의미가 아니라는 점에 대해서도 깊이 있게 생각해 보게 됩니다. 평가 목적도 다시금 생각해 보게 되었어요. 그런데 배움 성장 일기를 막상 작성하다 보면 학생들이 비슷한 내용을 계속 적더라고요. 재밌었다, 어려웠다, 쉬웠다 등의 표현이요. 조금 더 다채로운 내용을 담으면 좋겠는데 방법이 있을까요?

인생을 어떻게 살아야 하는지에 대한 명언들을 살펴보다 보면 공통적으로 나오는 단어가 있습니다. 바로 감정입니다. 유대인들의 지혜를 담은 책이라고 불리는 〈탈무드〉에는 이런 글귀가 있습니다. '가장 현명한 사람은 모든 사람들로부터 배울 수 있는 사람이고, 가장 사랑받는 사람은 모든 사람을 칭찬하는 사람이며, 가장 강한 사람은 자신의 감정을 조절할 줄 아는 사람이다.' 이탈리아를 대표하는 석학이자 화가, 조각가, 발명가, 건축가, 해부학자, 지리학자, 음악가 등 인류역사를 바꾼 10명의 가장 창의적인 인물 1위에 선정되기도 한 레오나르도 다빈치는 '경험이 쌓일수록 말수가 적어지고 슬기를 깨우칠수록 감정을 억제하는 법이다.'라고 했습니다. 합리정서행동치료를 개발한 미국의 심리학자인 앨버트 엘리스는 '감정을 잘 다루어야 인생을 잘 다룰 수 있다. 감정 문제가 곧 인생 문제다'라고 말했습니다. 이외에도 '모든 감정은 몸 안에 울려퍼진다. (조슬린 드콴트)', '인간은 행동은 약속할 수 있어도 감정은 약속할 수 없다. (니체)', '외적인 영향에 좌우되고 싶지 않다면 먼저 자기 자신의 격렬한 감정부터 조절해야한다. (사무엘 존슨)' 등 감정에 대한 이야기는 정말 쉽게 찾을 수 있습니다. 인간관계에서 무엇보다 중요한 것은 감정이 태도가 되지 않도록 행동해야한다는 말도 있고요. 이렇게 감정에 대한 이야기들을 살펴보면 공통적으로 이야기하는 점이 바로 나의 감정을 잘 컨트롤이 중요하다는 것입니다. 그런데 막상 살다보면 감정을 컨트롤하는 것이 참 쉽지 않다는 걸 알게 됩니다. 말처럼 쉬우면 감정에 대한 명언이 이렇게 많지도 않았을 것이고요.

감정을 컨트롤하기 어렵다 보니까 우리는 나의 감정이 어떠한지에 대해서 생각하고 정의하는 것보다 감정을 억누르는 걸 먼저 배우고 연습합니다. 그게 감정을 제대로 통제하는 일이라고 생각하기 때문입니다. **하지만 감정을 통제하기 위해서는 내가 어떤 감정인지를 명확히 아는 것이 필요합니다.** 내 감정이 무엇인지 알 때 내가 어떤 상태에 있는지를 선명하게 바라볼 수 있습니다. 그리고 저는 이 과정이 우리의 배움과 성장을 기록하는 과정에서도 매우 중요하다고 생각합니다. 저는 학생들에게 배움과 성장을 기록할 때 감정을 활용하도록 안내합니다. 배움과 성장은 지식으로 기억하는 것이 아니기 때문입니다. 그 때 어떤 감정이었는 지를 살펴보고 나의 배움과 성장을 감정적으로 기억할 때 내가 경험하고 있는 배움과 성장의 모습이 훨씬 명료하게 드러납니다. 그 모습을 명료하게 쳐다보는 건 매우 중요합니다. 우리는 배움 성장 일기를 통해 배움과 성장을 지속할 힘을 얻어야 하기 때문입니다.

배움과 성장을 감정을 통해 기록하기 위해 저는 학생들에게 다양한 감정의 단어들을 소개합니다. 이 글을 읽고 계신 선생님들께도 제가 사용하는 다양한 감정 표현들을 공유하고자 합니다. 물론 제가 공유하는 단어들 외에도 더 많은 감정 표현들이 존재합니다. 선생님들이 얼마든지 추가하시고 편하게 변경하셔서 활용하셔도 됩니다.

감동하다	신나다	흥분되다	실망하다	놀라다
고맙다	안심되다	힘나다	심심하다	당황스럽다
기대되다	자랑스럽다	가슴 아프다	쓸쓸하다	두근거리다
기쁘다	자신만만하다	막막하다	아쉽다	두렵다
만족스럽다	즐겁다	미안하다	안타깝다	망설여지다
뿌듯하다	편안하다	비참하다	외롭다	무섭다
사랑스럽다	행복하다	서럽다	우울하다	불안하다
설레다	혼란스럽다	섭섭하다	후회스럽다	어색하다
밉다	곤란하다	속상하다	허전하다	조마조마하다
부끄럽다	괴롭다	슬프다	걱정되다	황당하다
부담스럽다	귀찮다	쑥스럽다	긴장되다	지겹다
부럽다	답답하다	싫다	피곤하다	힘들다
불편하다	분하다	억울하다	원망스럽다	짜증나다

선생님은 여기에 기록된 감정들 중 하루에 얼마나 많은 감정을 경험하고 계신 가요? 저 같은 경우 솔직하게 말씀드리면 제가 적은 보기 중에서도 5가지 이내의 감정을 경험하고 있는 것 같습니다. 하루가 아니라 매일이요. 조금 더 솔직하게 이야기하면 좋다, 나쁘다의 감정으로만 구분하지 세세하게 저의 감정을 살펴보거나 정리하지 않는 순간이 더 많은 것 같습니다. 그런데 그러다 보니 저의 배움과 수업 또한 오직 좋다와 나쁘다로만 규정되더라고요. 학생들과 함께하는 배움과 수업이 좋다, 나쁘다로 끝나지 않는데 말입니다. 선생님의 수업도 마찬가지일 거라 생각합니다. 선생님과 함께 배움과 성장을 만들어 가는 학생들도 마찬가지일 거고요. 다양한 감정들로 우리의 배움과 성장을 기록해 보는 건 우리의 현재 모습과 그리고 우리가 함께하는 이 순간을 기억하는 방식이 될 것입니다. 그 순간을 다채로운 감정 표현으로 채워 보시기 바랍니다.

 선생님의 수업은 어떤 감정으로 가득 차면 좋을 것 같으신가요?
선생님이 추구하는 배움과 성장의 감정 곡선은 어떠할까요?

🎤 감정으로 배움과 성장 그려 보기

감동하다	신나다	흥분되다	실망하다	놀라다
고맙다	안심되다	힘나다	심심하다	당황스럽다
기대되다	자랑스럽다	가슴 아프다	쓸쓸하다	두근거리다
기쁘다	자신만만하다	막막하다	아쉽다	두렵다
만족스럽다	즐겁다	미안하다	안타깝다	망설여지다
부듯하다	편안하다	비참하다	외롭다	무섭다
사랑스럽다	행복하다	서럽다	우울하다	불안하다
설레다	혼란스럽다	섭섭하다	후회스럽다	어색하다
밉다	곤란하다	속상하다	허전하다	조마조마하다
부끄럽다	괴롭다	슬프다	걱정되다	황당하다
부담스럽다	귀찮다	쑥스럽다	긴장되다	지겹다
부럽다	답답하다	싫다	피곤하다	힘들다
불편하다	분하다	억울하다	원망스럽다	짜증나다

학기를 마무리할 때 펼쳐볼 5가지 비법

진행 Tip

이 활동은 수업 시간 내의 감정을 선택하고 그 감정에 따른 곡선을 그려 보는 내용으로 구성되어 있습니다.

---

❶ **수업 시간에 느꼈던 감정들을 도표에서 찾아 색칠합니다.**
- 하나의 감정이 아니라 여러 감정들을 느낄 수 있습니다. 만약 동시에 여러 감정을 느꼈다면 대표적이 감정이 무엇이었는지를 생각할 수 있게 안내합니다.

❷ **시간의 흐름에 따라 가로축에 사건의 점을 찍습니다.**
- 가장 먼저 시간 흐름에 따라 사건을 구분하는 점을 찍습니다.
- 사건의 점은 가로축 선 위에 기록을 남깁니다.

❸ **사건의 점을 기준으로 감정의 점을 찍습니다.**
- 사건의 점 위, 아래로 감정의 점을 찍도록 안내합니다.
- 감정의 점을 찍을 때는 표에서 선택한 감정이 어떻게 나타나는지를 생각하며 점을 찍도록 안내합니다.
- 감정의 점을 찍은 다음에는 표에서 선택한 감정의 이름을 감정의 점 옆에 적을 수 있도록 안내합니다. 부정적인 감정의 이름이 부정적인 감정 표현으로 나타나지 않을 수도 있음을 염두에 두고 안내합니다.

❹ **감정의 점을 서로 연결하는 선을 그립니다.**
- 감정의 점을 연결하여 배움 여정 곡선을 그리도록 안내합니다.

❺ **감정에 따른 배움과 성장 곡선을 공유합니다.**
- 서로 짝을 지어 이야기를 나눌 수 있도록 안내합니다.

Q 감정으로 배움과 성장을 나타낸다는 점이 색다르게 다가오네요. 생각해 보니 그동안 진행했던 모든 평가는 명사로 종결되었던 것 같아요. 감정 표현, 형용사 표현 등으로 평가를 생각해 보니 다채로운 평가 결과가 나올 것 같아 궁금하기도 하고 기대도 됩니다. 선생님이 이런 평가를 통해 궁극적으로 목표하시는 바는 무엇인가요? 어떤 걸 기대하시나요?

A 〈백범일지〉를 읽어 보신 적이 있으신가요? 백범 김구가 남긴 〈백범일지〉에는 '나의 소원'이라는 파트가 있습니다. 그곳에는 이렇게 적혀 있습니다. '나는 우리나라가 세계에서 가장 아름다운 나라가 되기를 원한다. 가장 부강한 나라가 되기를 원하는 것이 아니다. 내가 남의 침략에 가슴 아팠으니 내 나라가 남을 침략하는 것을 원치 아니한다. 우리의 부력은 우리의 생활을 풍족히 할 만하고 우리의 강력은 남의 침략을 막을 만하면 족하다. 오직 한없이 가지고 싶은 것은 높은 문화의 힘이다. 문화의 힘은 우리 자신을 행복하게 하고 나아가서 남에게도 행복을 주기 때문이다. 지금 인류에게 부족한 것은 무력도 아니오 경제력도 아니다. 자연과학의 힘은 아무리 많아도 좋으나 인류 전체로 보면 현재의 자연과학만 가지고도 편안히 살아가기에 넉넉하다. 인류가 현재에 불행한 근본 이유는 인의가 부족하고 자비가 부족하고 사랑이 부족한 때문이다. 이 마음만 발달이 되면 현재의 물질력으로 20억이 다 편안히 살 수 있을 것이다. 인류의 이 정신을 배양하는 것은 오직 문화다. 나는 우리나라가 남의 것을 모방하는 나라가 되지 말고, 이러한 높고 새로운 문화의 근원이 되고 목표가 되고 모범이 되기를 원한다. 그래야 진정한 세계의 평화가 우리나라에서 우리로 말미암아 세계에 실현되기를 원한다.' 바로 문화에 대해 서술한 부분인데요. 백범 김구의 소원이 이루어진 것일까요, 현재 우리나라의 문화는 K-Culture라는 이름으로 전 세계의 이목을 끌고 있습니다. 전 세계 어디를 가든 한국 가수와 노래를 알고 방송을 알고 우리의 전통문화를 아는 걸 볼 때마다 문화가 갖고 있는 힘이 얼마나 큰지를 새삼 느끼게 됩니다.

저는 제가 학생들과 함께 만들어 가는 배움과 성장의 시간들인 수업에서도 문화를 만들기 위해 노력합니다. 표준국어대사전에 따르면 문화는 자연 상태에서 벗어나 일정한 목적 또는 생활 이상을 실현하고자 사회 구성원에 의하여 습득, 공유, 전달되는 행동 양식이나 생활 양식의 과정 및 그 과정에서 이룩하여 낸 물질적, 정신적 소득을 통틀어 이르는 말이라고 합니다. 우리는 문화에 따라서 자연스럽게 말하고 행동합니다. 저는 제 수업 시간 안에서도 제 수업만이 갖는 문화를 통해 학생들이 자연스럽게 행동하고 그 안에서 배움과 성장이라는 소득을 얻기를 희망합니다. 평가 또한 그 과정 중 하나로서 학생들에게 문화로 자리 잡도록 만듭니다. 함께 배움과 성장을 만들어 가는 문화를 통해 평가가 자연스럽게 습득되고 공유되고 전달될 수 있도록 노력합니다.

이런 과정을 위해서 저는 다음과 같은 3가지의 방향성을 갖고 평가 문화를 만들어 가고 있습니다. 가장 먼저는 평가를 넘깁니다. 우리는 평가의 결정적 주체가 선생님이라는 사실을 알고 있습니다. 선생님이 갖고 있는 평가의 힘은 어느 누구도 무시할 수 없을 만큼 어마어마합니다. 저는 그 평가의 힘을 학생들에게 넘기고자 노력합니다. 시험 문제를 출제할 때도 마찬가지입니다. 저는 수업 시간 중 일부를 할애하여 학생들이 직접 시험 문제를 출제하도록 안내합니다. A반이 출제한 문제를 B반 학생들이 풀어 볼 수 있도록 안내도 합니다. 여러 반에서 출제 문항이 만들어졌다면 그 문항들을 종합해서 실제 시험 문제로 출제를 진행하기도 합니다. 배움과 성장에 대한 기록을 남기고 함께 이야기 나누는 과정에서 선생님인 저하고만 이야기를 나누지 않습니다. 모둠 안에서 서로의 배움과 성장에 대해 이야기를 나누도록 안내합니다. 짝 활동이었다면 서로의 배움과 성장에 도움이 될만한 부분을 충분히 공유하도록 이야기해 줍니다. 평가의 주체가 선생님이 아니라는 사실을 학생들에게 안내합니다. 평가를 넘겼을 때 학생들은 평가의 주체로서 함께 평가하는 문화를 만들어 갑니다. 자연스럽게 평가는 성적을 위한 것이 아님도 함께 알게 됩니다.

다음으로 평가를 평가하는 문화를 만들기 위해 노력합니다. 학생들과 함께 진행하는 평가 또한 평가의 대상입니다. 평가를 평가하는 것은 나 자신을 되돌아볼 수 있는 아주 좋은 기회입니다. 내가 스스로 평가한 내용에 대해서 다른 사람들의 이야기를 들어 보고 나의 평가가 얼마나 객관적이었는지, 혹시 내가 놓치고 있던 것은 없는지를 살펴보는 과정은 평가가 평가로 끝나지 않는 문화를 만들어 가게 됩니다. 평가를 평가하기 위해서 저는 평가가 끝나면 학생들에게 설문 조사를 실시합니다. 더 좋은 평가 문화를 만들기 위한 여러 가지 팁을 얻기 위함입니다. 설문 조사를 실시할 때는 학생들에게 평가를 평가하는 것의 목적을 분명하게 이야기해 줍니다. 이건 불평불만을 이야기하기 위함이 아니라는 사실을 주지시킵니다. 우리의 평가 문화를 만드는 과정임을 명료하게 이야기합니다.

마지막으로 평가를 정리하는 문화를 만들어 갑니다. 평가 문화를 생각하기 전에 저는 평가는 끝이라고 생각했습니다. 학습, 수업, 배움과 성장의 끝은 평가라고 생각했습니다. 그런데 평가는 끝이 아니었습니다. 평가는 시작점입니다. 평가를 통해 학생과 함께 만들어 갈 다음의 학습, 수업, 배움, 성장이 시작할 지점이 만들어집니다. 평가 결과를 토대로 우리는 계획을 세웁니다. 평가를 평가한 내용을 토대로 그 계획을 수정하고 보완합니다. 그렇게 우리의 평가 문화는 자연스러운 선순환 구조를 갖게 됩니다. 평가의 주체로서 학생이 함께 참여하고 평가를 평가하고 평가를 정리함으로써 다음의 배움과 성장 구조를 만들어가는 시간을 갖게 됩니다.

이렇게 이야기해도 평가는 어렵기만 합니다. 문화를 만드는 건 더더욱 어려운 일입니다. 하지만 쉬운 일을 찾기 위해 선생님이 이 책을 읽고 계신 건 아니라고 생각합니다. **익숙함에서 벗어나 좋은 일을 하기 위해서라고 생각합니다.** 그리고 저는 저와 또 다른 평가 문화를 만들어 가실 선생님의 모습이 매우 궁금하고 기대가 됩니다.

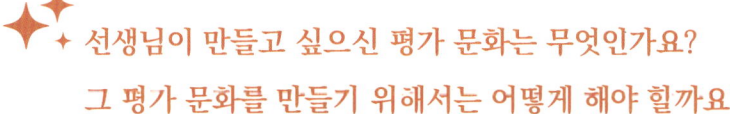

선생님이 만들고 싶으신 평가 문화는 무엇인가요?
그 평가 문화를 만들기 위해서는 어떻게 해야 할까요?

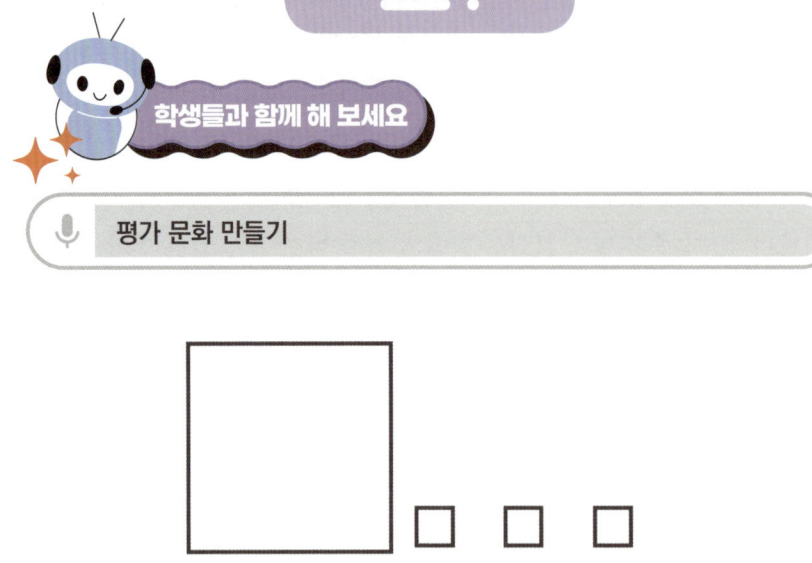

평가 문화 만들기

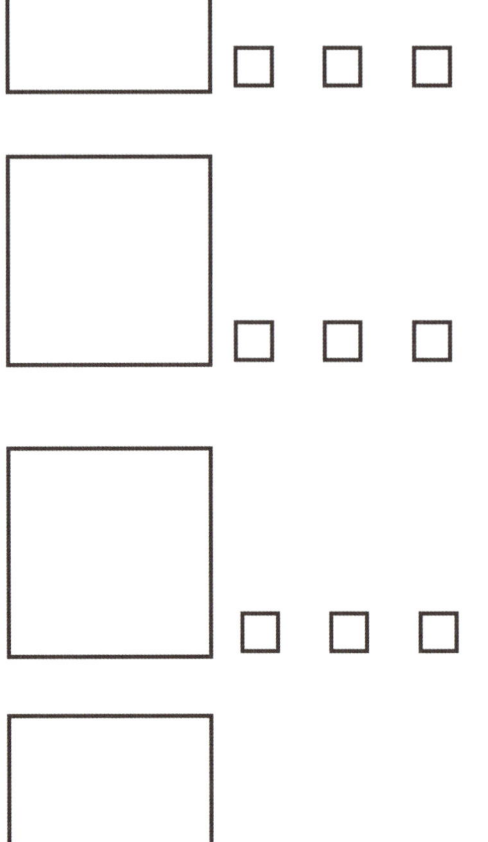

진행 Tip

이 활동은 평가 문화를 만들기 위한 핵심 키워드를 선택하고 이에 따른 액션 플랜을 구성하기 위한 내용으로 구성되어 있습니다.

❶ **수업 시간의 평가 문화에서 가장 핵심이 되는 키워드 4개를 골라서 적어 봅니다.**
- 가장 큰 네모 칸에 핵심 키워드를 작성합니다.
- 핵심 키워드는 평가에서 가장 중요하게 여기는 요소일 수도 있고 또는 현재의 평가에서 핵심이 되는 부분일 수도 있습니다. 핵심은 문화를 만드는 과정에서 핵심이 되는 키워드를 적는 것입니다. 이 부분을 명확하게 인지시켜 줍니다.

❷ **각각의 키워드를 실현하기 위한 액션플랜을 3가지로 적어 봅니다.**
- 하나의 키워드에 액션플랜을 각각 기록합니다.
- 액션플랜의 경우 바로 실천할 수 있을 정도로 구체적으로 기록합니다.
- 하나의 액션플랜이 두 개의 키워드를 실현하는 데 도움이 될 수도 있습니다. 이 경우에는 하나의 키워드에만 액션플랜을 기록합니다. 총 12개의 액션플랜이 나오도록 작성하는 것이 좋습니다.

❸ **작성한 키워드와 액션플랜을 공유합니다.**
- 공유 과정에서 수정 및 보완할 사항이 있는지를 확인합니다.

❹ **각자 작성한 활동지를 모둠에서 하나의 활동지로 종합합니다.**
- 이 경우 각각의 키워드를 하나씩 뽑는 것이 아니라 서로의 키워드와 액션플랜을 종합해서 새로운 것을 만들어 낼 수 있도록 안내합니다.

❺ **학급 전체가 하나의 액션플랜으로 종합합니다.**
- 학급의 평가 문화 키워드와 액션플랜이 정리될 수 있습니다.

 읽자마자 적용하는 디지털 교육변화 PBL 활용편

방학 기간 펼쳐 볼 5가지 비법

❶ 별별 기획서면 정말 다 되나요?

❷ 저는 이제 무얼 정리해야 할까요?

❸ 어떻게 수업에서 교사가 빠질 수 있죠?

❹ 가장 어려운 일을 해야 한다고요?

❺ 왜 자꾸 설탕이 무슨 맛이냐고 물어보시는 거죠?

별별 기획서면 정말 다 되나요?

Q 방학은 기존의 것을 준비하고 새로운 학기를 준비하는 시간이라고 생각합니다. 이것저것 그동안 업무와 수업으로 인해 미뤄두었던 생각을 정리할 수 있는 시간이기도 하고요. 휴식과 동시에 새로운 일을 준비하는 시간이다 보니 머리가 복잡해지기도 합니다. 방학을 제대로 사용해서 다음 학기를 준비하고 싶은데요, 선생님은 방학 중 다음 학기 준비를 어떻게 진행하시나요?

A 선생님이라는 직업을 갖기 전에는 방학이 정말 좋은 시간인 줄만 알았습니다. 방학이면 마음껏 늦잠도 자고 쉬면서 급여는 급여대로 다 받는 줄 알았기 때문입니다. 그런데 막상 선생님이 되고 나서 방학을 맞이하니 생각한 것과는 다르다는 걸 알게 되었습니다. 방학이면 찾아오는 온갖 연수와 새로운 수업 준비 그리고 업무들, 선생님에게 방학은 학생 때의 방학과는 또 다른 느낌이더라고요. 선생님은 어떠하신가요? 선생님이 생각하시는 방학은 선생님이 생각하시던 방학과 같았나요? 저는 방학이면 다음 학기를 준비해야 한다는 생각이 머릿속에 가득했습니다. 그런데 사실 수업은 아직 머나먼 일 같아서 미루는 경우가 많았습니다. 준비를 해야 한다고 생각하면서도 막상 실천까지 가기에는 정말 거리가 멀고도 험했습니다. 그렇게 방학을 보내고 아무 준비도 하지 못한 채 새로운 학기를 시작하기도 했고요. 그때 알게된 사실이 하나 있었습니다. 나는 새로운 무언가를 준비하는 방법을 모른다는 사실입니다. 왜 머릿속으로 생각을 하면서 실천이 어려웠을까 생각해 보니 막상 무언가 새로운 것을 준비할 때 어디서부터 무얼 해야 할지를 제대로 알지 못했던 것입니다. 그래서 그 방법을 마련하느

라 오랜 시간 고민하고 방황하고 생각했었습니다. 그 사실을 깨닫고 나니 제가 고민해야 하는 지점이 달라져야 한다는 걸 알게 되었습니다. 새로운 수업을 준비할 게 아니라 새로운 수업을 준비하기 위해서 내가 무엇을 해야 할지부터 명확히 정리해야 한다는 사실이었습니다. 그리고 오랜 시간 여러 방법들을 시도해보았습니다. 그 와중에 세상에 완벽한 방법은 없지만 감사하게도 저에게 적합한 방법도 찾게 되었습니다. 그리고 저는 선생님에게 그 방법을 소개해드리고자 합니다. 막상 무엇부터 시작해야 할지 모르시겠다면 한 번 정도는 따라해 보시는 것도 추천해 드립니다. 아마도 시간을 많이 절약하실 수 있으실 겁니다.

이 방법을 시작하기 전에 먼저 인지해야 하는 것이 하나 있습니다. **바로 '생각을 강요하다'입니다.** 제가 소개해 드리는 방법은 생각을 강요하는 과정입니다. 생각을 강요한다는 표현에서 알 수 있듯이 억지로 생각해야 합니다. 하기 싫어도 해야만 합니다. 머리를 쥐어짜서 생각해야만 하고 그 생각을 정리해야만 합니다. 왜냐하면 생각만 있다면 누구나 할 수 있는 일이기 때문입니다. 제가 소개해 드리는 방법은 엄청 대단한 내용이 아닙니다. 어쩌면 선생님이 알고 계신 방법일 수도 있고 이미 익숙하게 실행하고 계신 방법일지도 모릅니다. 하지만 전제는 다를 수 있다고 생각합니다. 제가 갖고 있는 전제는 분명합니다. 선생님의 생각을 강요하셔야 합니다.

생각을 강요하는 과정에서 가장 먼저 고민해야 하는 것은 누구를 대상으로 이걸 준비하느냐입니다. 수업이든 업무든 내가 무언가를 준비하는 과정에는 반드시 대상이 존재합니다. 그 대상이 누구인지를 명확하게 정리하는 것이 먼저입니다. 물론 이렇게 이야기하면 대부분의 선생님은 '학생'을 위해서 수업을 준비한다라고 이야기하십니다. 틀린 말은 아닙니다. 하지만 '어떤 학생'이냐가 더 중요한 문제입니다. 우리는 교육 현장에서 모두가 같은 학생을 마주하고 있지 않습니다. 저는 전국을 돌아다니면서 선생님들을 대상으로 교수 학습 방법에 대한 교사 연수를 진행한 경험이 있습니다. 초등학교, 중학교, 고등학교 심지어는 특수학급 선생님까지도 교수 학습 방법에 대한 연수를 진행해 보았습니다. 제 연수에 참여하신 선생님들은 감사하게도 하나하나 잘 연수 내용을 따라와 주시고 적용하기 위해 노력도 많이 해 주셨습니다. 그런데 전국 어디를 가든 꼭 나오는 공통적인 질문이 하나 있었습니다. 바로 '그건 선생님이 마주하신 학생들이라서 가능한 겁니다. 여기 학생들은 전혀 그렇지 않아요.'였습니다. 저는 그 말에 항상 공감을 표했습니다. 맞습니다. 선생님이 마주하고 계신 학생과 제가 마주했던 학생들은 다릅니다. 그래서 누구를 대상으로 이걸 준비하는지 명확하게 정리되어야 합니다. 우리는 서로 마주하고 있는 학생이 다르기 때문에 그래서 명료하게 표현해야 합니다. 그냥 학생이라고 생각하지 마시기 바랍니다. 가급적이면 한 사람을 정해 주시기 바랍니다. 그리고 그 한 학생을 위한 수업을 준비한다고 생각하시기 바랍니다. 수업을 준비하는 과정은 그 한 학생을 위해 수업 콘텐츠를 준비하고 기획하는 일입니다. 가능하다면 그 학생이 선생님의 수업을 좋아하지 않으면 좋습니다. 선생님과 함께 공부하는 과목은 좋아하지 않지만 호기심 많고 현실적인 학생의 모습이면 좋습니다. 다만 선생님과 함께 공부하는 과목은 좋아하지 않아도 선생님은 좋아하는 학생이면 더욱 좋습니다. 왜냐하면 그런 학생을 생각할수록 선생님이 선생님의 수업 콘텐츠를 기획하시는 과정에서 온기를 담을 수 있기 때문입니다.

모두를 위한 것은 어느 누구를 위한 것도 아니다는 말이 있습니다. 저는 제 수업이 모든 학생에게 딱 맞는 방법이라고 생각하지 않습니다. 제 수업도 적합한 학생이 있고 아닌 학생도 있습니다. 우리는 어떤 학생이 와도 배움과 성장에 만족할만한 완벽하면서도 만능인 수업을 구상할 수 없습니다. 오직 딱 한 학생을 위한 수업을 준비할 따름입니다. 우리는 보통 수업을 준비할 때 수업 콘텐츠를 먼저 고민합니다. 어떤 자료를 보여 줄지 그리고 어떤 자료와 연결 지을지에 대해서 고민합니다. 이 내용을 가르치면 학생들에게 도움이 될 거라고 생각합니다. 하지만 그보다 먼저 고민해야 할 것은 어떤 학생을 위한 수업인가입니다. 요리에서 무엇보다 중요한 것은 음식을 먹는 사람입니다. 아무리 맛있는 음식도 상대가 좋아하지 않으면 아무 효과가 없습니다. 선생님이 준비하시는 수업도 마찬가지입니다. 내 수업은 누구를 위한 수업인지 조금은 구체적이고 명료하게 정리해 보시기 바랍니다.

 **선생님의 수업은 어떤 학생을 위한 수업인가요?
그 학생은 어떤 특징을 갖고 있나요?**

 학생들과 함께 해 보세요

🎤 내 수업에 참여하는 학생 그려 보기

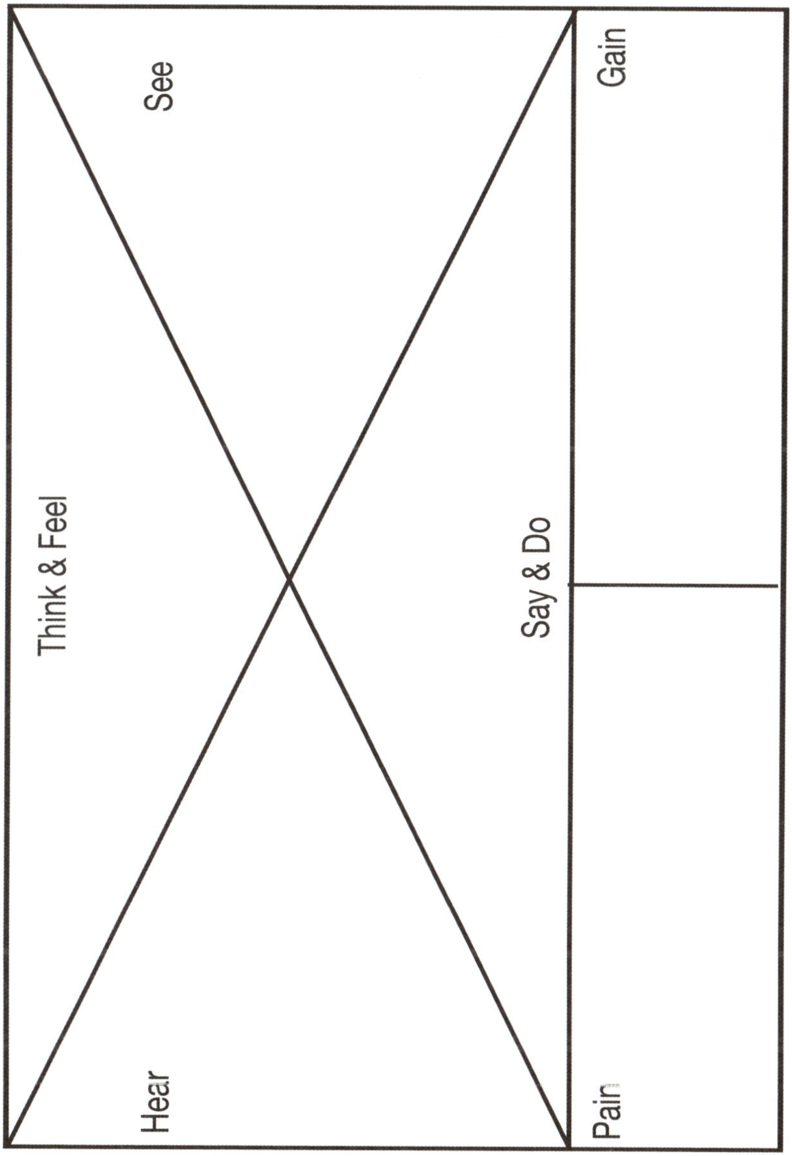

See		Gain
Think & Feel		Say & Do
Hear		Pain

진행 Tip

이 활동은 수업에 참여하는 학생의 모습을 표현해 보는 내용으로 구성되어 있습니다.

❶ 먼저 Think&Feel 부분에 학생의 속마음을 적습니다.
- 학생이 마음속에 무엇이 있으며 무엇을 상상하고 있는지를 묘사해 봅니다.
- 학생이 정말로 중요하게 여기는 것, 관심을 갖고 있는 것, 걱정하는 것, 열망하는 것 등과 관련된 내용을 적어 봅니다.

❷ Say&Do 부분에 학생이 사람들 앞에서 어떻게 행동하는지를 적습니다.
- 학생이 평소에 수업과 관련해서 무슨 말을 하는지와 다른 사람들 앞에서는 어떻게 행동하는지를 적어 봅니다.
- 다른 사람들 앞에서의 태도나 외형적인 특징들 그리고 다른 학생과 선생님 앞에서는 어떻게 행동하는지 등을 적어 봅니다.

❸ See 부분에 학생이 평소에 하는 경험이 무엇인지를 적습니다.
- 학생이 처한 학습 환경 속에서 학생이 마주하는 경험이 무엇인지를 적습니다.
- 학생의 학습 환경, 친구들, 학습 상황 등에 대한 부분을 적어 봅니다.

❹ Hear 부분에 수업이 학생에게 미치는 영향에 대해 적습니다.
- 수업이 학생에게 어떤 영향을 미치는지를 생각하여 적습니다.
- 선생님의 말, 동료 친구의 말, 학생에게 영향력 있는 사람들의 말이 학생에게 어떻게 적용되는지를 적어 봅니다.

❺ Pain 부분에 학생이 수업에서 느끼는 불편감에 대해 적습니다.
- 학생이 수업에 대해 갖고 있는 불만, 두려워하는 점, 학생이 학습 목표를 달성하는 과정에서 장애가 있다면 무엇인지 등을 적어 봅니다.
- 두려움과 좌절, 장애물과 관련된 내용을 생각하여 적습니다.

❻ Gain 부분에 학생의 소망에 대해 적습니다.
- 학생이 수업을 통해 진정으로 원하는 것은 무엇이고 그것을 얻기 위해 어떻게 행동할지에 대해 생각하고 적어 봅니다.
- 학생이 원하는 것, 필요한 것, 학생이 생각하는 학습 성공의 기준, 장애물 등을 생각하며 적습니다.

❼ 작성한 내용을 서로 공유하면서 이야기를 나눕니다.

Q 한 학생을 위해 준비하는 수업이라는 지점이 참 와닿는 것 같습니다. 수업 콘텐츠를 고민하기 전에 어떤 학생이 나의 수업에 참여하는지에 대해 고민해야 한다는 지점도 이해가 되네요. 결국 수업은 사람을 위한 것이니까요. 대상에 대해 고민을 하고 나면 그 다음에는 무엇을 하면 될까요?

A 선생님은 '아무거나 괜찮아'라는 말을 들으면 어떠하신가요? 친구와 함께 점심 메뉴를 고르는데 '무엇을 먹을래?'라고 물어 보았는데 '아무거나 괜찮아'라고 대답한다면 어떠하신가요? 생일 선물을 준비하려고 '무엇을 선물로 받고 싶어?'라고 물어 보았는데 '아무거나 괜찮아'라고 대답하면요? 여행지를 선정하고 있는데 '어디 가고 싶어?'라는 질문에 '아무데나 괜찮아'라고 대답하면 어떠한가요? 물론 정말 다 괜찮을 때도 있습니다. 하지만 대부분은 그렇지 않아서 문제가 발생합니다. 어떤 메뉴든 괜찮다고 해서 매운 떡볶이를 먹으러 갔는데 알고 보니 매운 음식을 먹지 못하는 경우가 발생하기도 하고, 아무 선물이나 괜찮다고 해서 열심히 고민해서 골랐는데 상대가 좋아하지 않는 경우도 있습니다. 아무 데나 괜찮다고 해서 내가 가고 싶은 여행지를 골랐는데 여행 기간 내내 여행지가 별로라고 불평불만을 털어놓는 경우도 있곤 합니다. 우리는 자신이 무엇을 원하는지 잘 모르거나 또는 결정에 대한 확신이 부족한 경우 '아무거나 괜찮아'라고 말하면서 타인의 의견을 따르곤 합니다. 또는 갈등 상황을 피하고 싶은 마음에 무엇이든 괜찮다고 말하기도 하고요. 타인과의 관계에 대한 불안과 두려움에 결정을 미루기도 합니다. 그런데 '아무거나 괜찮아'라는 답을 듣지 않기 위한 방법이 있다는 것도 알고 계신가요? 바로 선택하지 않을 것이 무엇인지를 답하게 하는 방법입니다. 예를 들어 점심 메뉴를 물어 볼 때 상대방에게 '무엇을 먹을래?'라고 묻지 않고 '무엇은 안 먹었으면 좋겠어?'라고 물어 보는 방법입니다. 그럼 적어도 '매운 음식은 잘 못 먹어'라는 답을 들을 수 있습니다. 그럼 선택하고 결정하는 과정에서 충분히 상대를 배려하여 실천할 수 있습니다. 자연

스럽게 상대가 나의 결정에 불만족하는 경우도 줄어듭니다. 혹시나 선생님이 '아무거나 괜찮아'라는 표현을 자주 사용하시는 편이라면 이제는 '어떤 것은 아니었으면 좋겠어'라고 말씀해 보시기 바랍니다. 상대방이 무언가를 선택하고 결정하기 쉬워집니다. 상대를 배려하는 아주 좋은 방법이기도 합니다.

저는 선생님이 수업을 준비하시는 과정도 이와 마찬가지라고 생각합니다. 우리는 수업을 통해서 정말 많은 것들을 이루어 내려고 노력합니다. 학생들이 학습 내용에 대해 온전히 이해하면 좋겠다고 생각합니다. 더불어 이 학습 내용을 바탕으로 학생들이 추가적인 학습을 스스로 진행하면 좋겠다고 생각합니다. 학습에 대한 성찰을 토대로 장, 단기적인 학습 계획을 세우고 의미 있는 사회 변화를 만들어 가기 위해 무언가를 실천하면 좋겠다고도 생각합니다. 그런데 안타깝게도 우리가 기대하는 그런 일은 잘 발생하지 않습니다. 잘 발생하지 않는 것이 아니라 거의 불가능에 가깝다고 보는 편이 더 낫겠습니다. 그래서 저는 수업을 준비하는 과정에서 결정이 필요하다고 생각합니다. **바로 선생님이 이 수업을 통해 원하시는 한 가지가 무엇인가입니다. 두 가지도 아닙니다. 딱 한 가지입니다.** 그런데 그 한 가지를 뽑기도 정말 어렵습니다. 그래서 저는 다음 3가지 중 한 가지를 선택하는 편입니다. 첫 번째 보기는 학생이 학습 내용을 온전히 이해하는 것입니다. 이건 수업이 끝났을 때 학생에게서 '알았다'라는 반응이 나오는 것입니다. 두 번째 보기는 학생이 학습 내용에 대해 어떤 피드백을 진행하는 것입니다. 이건 수업이 끝났을 때 학생에게서 '쉽다.', '어렵다.', '재미있다.', '더 배우고 싶다.' 등의 반응이 나오는 것입니다. 세 번째 보기는 학생이 학습 내용을 바탕으로 어떤 행동을 진행하는 것입니다. 이건 수업이 끝났을 때 학생이 '저 이걸 해 보겠어요.', '저 이렇게 하면 괜찮을까요?', '저 이런 걸 해 볼 사람을 찾고 있어요.' 등의 반응이 나오는 것입니다. 물론 수업에 따라서 세 가지 반응이 모두 등장할 수도 있습니다. 그리고 같은 수업에 대해서도 어떤 학생은 이해를, 어떤 학생은 피드백을, 어떤 학생은 행동을 보여 줄 수도 있습니다. 하지만 앞에서 이야기했듯이 우리는 모든 학생을 위한 만능 열쇠를 만드는 것이 아닙니다. 제가 설정한 딱 한 학생, 그 학생이 어떤 반응을 보이면 좋을 지를 결정하는 것입니다.

모두에게 좋은 수업은 어느 누구를 위한 수업도 아닙니다. 선생님이 정한 그 학생은 어떤 반응을 보이면 좋을까요?

학생이 보이는 반응까지 정리해 보았다면 이제는 나의 수업을 어떤 그릇에 담을지를 고민할 필요가 있습니다. 여기서 그릇이란 틀이라고 생각하시면 좋습니다. 수업 콘텐츠라는 내용은 결국 어떤 방식이든 그릇을 통해 학생에게 전달됩니다. 그럼 선생님은 어떤 그릇을 통해 학생에게 전달하면 좋을지를 고민할 필요가 있습니다. 예를 들어서 우리는 세종 대왕에 대해서 배울 때 여러 방법을 통해 학습을 진행할 수 있습니다. 세종 대왕이 등장하는 소설 책이나 세종 대왕이 직접 작성한 글을 통해서 세종 대왕을 알 수도 있습니다. 세종 대왕 초상화를 보면서 세종 대왕이 어떤 분인지를 알 수도 있습니다. 세종 대왕이 등장하는 다큐멘터리를 통해서 세종 대왕의 업적을 살펴볼 수도 있습니다. 세종 대왕과 관련된 여러 사진들을 살펴보면서 세종 대왕에 대해 학습하는 것도 가능합니다. 세종 대왕을 설명하는 노래를 들으면서도 세종 대왕을 알 수 있습니다. 이처럼 세종 대왕을 알아가는 방법은 정말 다양합니다. 그럼 우리는 세종 대왕을 중심으로 학생들의 배움과 성장을 디자인할 때 어떻게 전달하는 것이 좋은 방법일지를 고민하고 결정해야 합니다. 저는 그 방법으로 앞에서 예시를 들었던 5가지 중 하나를 선택하는 편입니다. **그 5가지는 바로 글, 그림, 영상, 사진, 음악입니다.** 물론 이 5가지가 종합적으로 제시될 수도 있습니다. 하지만 가장 메인이 되는 그릇이 무엇인지는 반드시 결정합니다. 그릇이 정해지면 어떤 콘텐츠를 준비하면 좋을지를 정할 수 있기 때문입니다. 그래야 선생님의 시간을 아껴서 효율적으로 수업을 준비하실 수 있습니다. 그릇에 따라서 콘텐츠가 달라집니다. 그리고 콘텐츠에 따라서도 그릇은 달라질 수 있습니다. 중요한 건 선생님이 무엇을 선택하셨느냐입니다.

**✦ 선생님이 수업을 통해 기대하는 학생의 반응은 무엇인가요?
선생님은 선생님의 콘텐츠를 어떤 그릇을 통해 전하고 싶으신가요?**

🎤 **수업 기획하기 1**

감동하다	신나다	흥분되다	실망하다	놀라다
고맙다	안심되다	힘나다	심심하다	당황스럽다
기대되다	자랑스럽다	가슴 아프다	쓸쓸하다	두근거리다
기쁘다	자신만만하다	막막하다	아쉽다	두렵다
만족스럽다	즐겁다	미안하다	안타깝다	망설여지다
뿌듯하다	편안하다	비참하다	외롭다	무섭다
사랑스럽다	행복하다	서럽다	우울하다	불안하다
설레다	혼란스럽다	섭섭하다	후회스럽다	어색하다
믿다	곤란하다	속상하다	허전하다	조마조마하다
부끄럽다	괴롭다	슬프다	걱정되다	황당하다
부담스럽다	귀찮다	쑥스럽다	긴장되다	지겹다
부럽다	답답하다	싫다	피곤하다	힘들다
불편하다	분하다	억울하다	원망스럽다	짜증나다

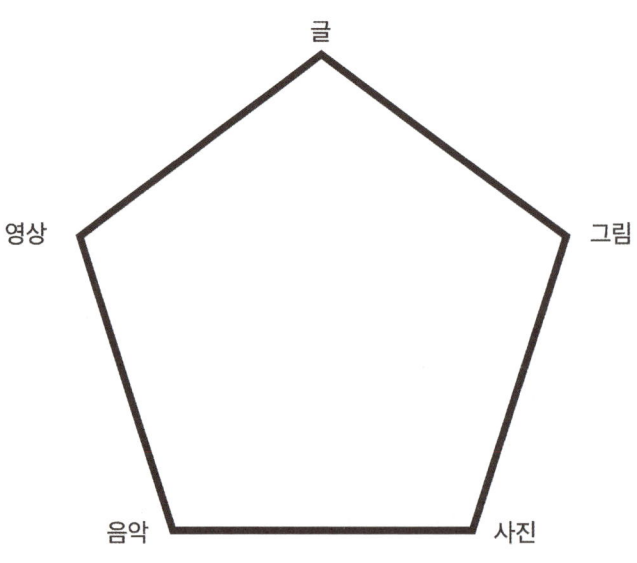

진행 Tip

이 활동은 수업을 기획하는 과정에서 기대하는 학생의 반응과 그 반응을 이끌어내기 위한 수업의 틀을 짜 보는 내용으로 구성되어 있습니다.

❶ **수업이 마쳤을 때 학생에게 기대하는 핵심적인 반응을 표에서 5개 골라봅니다.**
- 비슷한 반응이지만 다르게 정의될 수 있습니다. 학생들에게서 나타나길 희망하는 반응을 고릅니다.
- 긍정적인 반응만 있는 것이 좋은 수업이 아닐 수도 있습니다. 때로는 부정적인 반응이 학생들의 배움과 성장을 이끌어 내는 데 더 유익할 수 있습니다.

❷ **핵심적인 반응 5개를 이끌어 내기 위한 수업의 틀을 작성합니다.**
- 글, 그림, 영상, 음악, 사진 등 5개 요소로 되어 있는 오각형에 방사형으로 수업의 틀을 구성해 봅니다.
- 어떤 틀에 조금 더 집중할지를 생각하면서 방사형 그래프를 그립니다.

❸ **다른 색상의 펜을 들고 내가 최근에 기획한 수업의 틀을 생각하며 방사형을 그립니다.**
- 내가 최근에 기획했던 수업과 현재 기획하고 있는 수업의 틀이 어떤 부분이 유사하고 어떤 부분이 다른지를 비교해 봅니다.
- 서로 겹치는 부분이 있다면 그 이유가 무엇인지 생각해 봅니다.

❹ **반응을 이끌어 내기 위한 핵심적인 틀을 선정하여 동그라미 표시합니다.**
- 수업을 통해 기대하는 반응을 이끌어 내기 위한 핵심적인 틀을 찾고 이를 표시합니다.

❺ **주변 동료와 해당 내용을 공유합니다.**
- 내용을 공유하고 필요한 부분을 수정 및 보완합니다.

> 수업을 준비하는 과정이 하나하나 눈에 보이는 것 같네요. 수업에 참여하는 한 학생을 정하고 그 학생을 통해 보고 싶은 반응이 무엇인지를 선택하는 것 그리고 그 학생에게 전할 콘텐츠를 담을 그릇을 선택하는 것까지 이해했습니다. 여기서 끝은 아닐 것 같은데요, 이후에는 어떤 과정이 더 남아 있나요?

미국의 유명한 권투 선수였던 마이크 타이슨에 대해서 알고 계신가요? 1980년대와 1990년대에 활동했던 복싱 헤비급 슈퍼스타인 그는 짧지만 강렬한 전성기를 보낸 선수였습니다. 그는 경기만큼이나 인터뷰 내용이 화제가 되었었는데요, 그는 실제 경기 전에 이와 같이 인터뷰 했다고 합니다. '누구나 얻어맞기 전까지는 계획을 가지고 있지만, 얻어맞으면 쥐처럼 공포에 떨고 얼어붙을 것이다. (Everybody has a plan until they get hit. Then, Like a rat, they stop in fear and freeze)' 이 말은 '누구나 그럴싸한 계획을 갖고 있다. 쳐맞기 전까지는'이라는 표현으로 짧게 의역되어 알려져 있기도 합니다. 매우 과격하고 직설적인 표현이라고 말하는 사람도 있지만 매우 뼈를 때리는 듯한 표현으로 가슴을 울리기도 합니다. 특히 수업을 준비하는 과정에서 저에게는 더 그렇게 다가왔습니다. 수업을 제대로 준비하기 전까지는 괜찮은 내 모습을 보게 됩니다. 누구나 얻어맞기 전까지 괜찮았던 것처럼요. 수업을 준비하는 과정이 얼마나 힘들고 어려운 일인지 예측이 제대로 되지 않았기 때문입니다. 그리고 그럴싸한 계획도 갖고 있었습니다. 이번에는 다른 수업을 준비할 수 있을 거라고 생각하고 이번에는 학생들에게 그동안 경험해 보지 못한 배움과 성장을 제공해 줄 거라는 계획을 갖습니다. 그런데 다음에 문제가 발생합니다. 바로 수업을 준비하면서 수업에게 얻어맞는 일이 발생하기 때문입니다. 생각보다 우리가 준비하는 수업은 링 안에서 매우 강한 상대임을 알게 됩니다. 더 빠르고 더 쎈 주먹을 갖고 있습니다. 선생님인 내가 준비하는 과정에서 상대하기가 참 어렵기만 합니다. 그리고 나면 쥐처럼 공포에 떨고 얼어 붙을 것이다는 그의 말처럼 수업을 준비하는 과정에서 참 어렵고 힘들어하는 내 모습을 보게 됩니다. 어느 순간부터 수업 준비에 대한 생각은 머릿속이 하얘지는 백지가 되어 버립니다. 어디서부터 무엇을 해야 할지 어떻게 해야 할지 갈피도 잡지 못하고 막막해집니다. 심지어는 도망가고 싶고 이런 수업 준비를 왜 시작했을까 하는 후회도 하게 됩니다. 어떠하신가요? 복싱 경기를 앞둔 그의 말이었지만 저는 수업을 준비하는 저에게도 딱 맞는 표현처럼 느껴졌습니다.

그리고 콘텐츠의 그릇까지 결정한 다음 실천하는 우리가 마주하는 현실 상황이기도 합니다. 왜냐하면 콘텐츠 그릇을 결정한 다음에는 실제 수업 준비에 들어가야 하기 때문입니다. 실제 수업을 준비하는 과정은 그동안 한 학생을 설정하고 그 학생의 반응을 정하고 그 학생에게 전할 콘텐츠의 그릇을 정하는 것과는 또 다른 영역의 일입니다. 일단 이 영역이 갖고 있는 가장 큰 특징은 절대 계획대로 되지 않는다는 점입니다. 아무리 계획을 잘 세워도 막상 수업 준비에 들어가게 되면 막막해지고 어려워집니다. 분명 철저하게 준비했다고 생각했는데 참 이상하게도 꼬여만 가는 걸 알게 됩니다. 그래도 다행인 사실이 하나 있다면 나만 그런 건 아니라는 점입니다. 만약 앞에서부터 차근차근 잘 따라왔음에도 수업을 준비하는 과정에서 어려움을 느끼신다면 그건 선생님의 잘못이 아닙니다. 실제 수업을 준비하는 과정은 정말 어렵기 때문입니다. 구체적인 콘텐츠를 찾고 필요하면 만들기도 합니다. 내가 정한 그릇에 따라서 하나하나 세팅을 합니다. 하지만 준비하다 보면 시간이 남기도 하고 모자라기도 합니다. 준비하고 보니 난이도가 너무 어렵기도 하고 반대로 쉽기도 합니다. 막상 준비를 다했는데 다시 생각해 보니 이게 중요한 내용이 아니었다는 생각이 들기도 합니다. 그렇게 시간은 속절없이 흘러가고 계획했던 시간은 어느 순간 물거품이 되어 버리기도 합니다. 하지만 한 가지 기억해야 할 사항이 있습니다. 우리는 수업을 준비하는 과정을 경험하고 있습니다. **수업을 준비하는 과정의 결과는 수업을 잘 준비하는 것입니다.** 내가 언제까지 수업 준비를 마쳐야지라고 계획한 시간을 지키는 것이 목적이 아닙니다. 시간을 지키는 것이 아니라 수업을 잘 준비하면 됩니다. 그렇다고 타임라인을 그리지 말라는 말은 아닙니다. 수업 준비 과정에서 반드시 타임라인을 그리시기 바랍니다. 하지만 그 타임라인에 얽매이거나 그로 인해 선생님이 실망하지 않기를 바랄 뿐입니다. 그래도 다행인 일이 하나 있습니다. 시간이 지날수록 그리고 하면 할수록 그 격차가 조금은 줄어든다는 점입니다. 하지만 오랜 시간이 지나도 수업을 실제 준비하는 과정은 여전히 힘든 일입니다. 이건 변하지 않습니다.

수업 준비까지 실제적으로 마무리가 되셨다면 마지막으로 해야 할 일이 있습니다. 수업 준비가 끝이 아닙니다. 한 가지 더 해야 할 일이 있습니다. 바로 내가 준비한 수업을 통해 듣고 싶은 후기가 무엇인지를 정리하는 것입니다. 만약 내가 준비한 수업에 참여한 학생들이 포스트잇으로 댓글을 단다면 어떤 글이 달리면 좋겠다고 생각하시나요? 어라? 그런데 이 질문 조금은 익숙하지 않으신가요? 바로 제가 앞에서 한 학생을 설정하고 그 학생이 수업을 통해 어떤 반응을 보이기를 원하는지에 대해 안내해 드렸던 그 부분에 대한 내용과 동일합니다. 네, 맞습니다. 수업 준비가 끝나셨다면 내가 기대했던 학생의 반응을 살펴보면서 그 반응이 실제로 나올 수 있는 지까지 정리해야 합니다. 그래야 준비가 끝납니다.

저는 이 과정을 A4 용지를 그려놓고 전체적으로 진행합니다. A4 용지에 별을 그려 놓습니다. 그리고 맨 위 꼭지점에는 내 수업에 참여하는 학생에 대해 서술합니다. 다음으로 오른쪽 꼭지점에는 내가 기대하는 반응이 무엇인지 적습니다. 오른쪽 아래 꼭지점에는 내가 어떤 그릇을 담을지를 적습니다. 왼쪽 아래 꼭지점에는 내가 수업 준비를 위한 타임라인을 설정하고 마지막 왼쪽 꼭지점에는 학생에게 듣고 싶은 후기를 적습니다. 저는 이걸 별별기획서라고 부릅니다. 제가 수업을 설계하는 과정에서 가장 많이 사용하는 방법입니다. 그리고 A4 용지 1장으로 수업에 대한 큰 그림을 그리는 방법이기도 합니다. 선생님도 한번 꼭 해 보시길 권해드립니다.

선생님이 준비하시는 수업의 타임라인은 어떻게 되나요?
선생님의 수업이 끝났을 때 학생들이 어떤 후기를 남기기 원하시나요?

수업 기획하기 2

시간

진행 Tip

이 활동은 수업 타임라인을 그려 보고 이를 통해 수업을 기획해 보는 내용으로 구성되어 있습니다.

---

❶ **시간 흐름에 따라 수업에서 핵심적으로 경험하면 좋을 4가지 활동을 포스트잇에 적어 봅니다.**
- 각각의 활동이 꼭 같은 시간의 비중을 갖고 있지 않아도 됩니다. 시간과 상관없이 4가지 활동을 핵심 키워드로 적어 봅니다.
- 포스트잇 1장에 1가지 활동을 적습니다.

❷ **포스트잇에 적은 내용을 각각의 네모칸에 시간 순서대로 붙입니다.**
- 수업에서 경험하길 바라는 4가지 활동을 수업 시간을 고려해서 순서에 따라 붙입니다.

❸ **시간축에 4가지 활동이 일어나길 바라는 시점을 점으로 찍고 포스트잇과 연결합니다.**
- 4가지 활동이 모두 같은 시간의 비중을 갖고 있지 않아도 됩니다. 시간과 상관없이 해당 활동이 적절한 학습 효과를 얻을 수 있도록 구성하기 바랍니다.

❹ **4가지 활동 포스트잇 하단에 핵심 활동을 진행하기 위한 방법과 내용을 적습니다.**
- 구체적으로 적으면 수업 기획을 실현하는 과정에서 도움이 되지만, 기획 과정에서 너무 구체적으로 적어야 한다는 압박은 받지 않아도 됩니다. 대략적인 내용이라도 아이디어 차원에서 적어 봅니다.

❺ **작성한 수업 기획 내용을 공유하고 피드백 받습니다.**
- 동료와 함께 이야기를 나누고 수정 및 보완합니다.

저는 이제 무엇을 정리해야 할까요?

Q 학기가 끝나고 방학 시간이 되면 힘들었던 순간이 지나갔다는 안도감과 함께 새로운 것을 시도하고 싶다는 의지도 불타오르게 됩니다. 물론 현실은 쉽지 않다는 사실도 금방 깨닫게 되지만요. 그래도 이것저것 시도해 보고 도전도 해 보고 싶은 마음도 여전히 있습니다. 혼자 정리할 것과 함께 정리할 것이 분명 나뉘긴 하겠지만, 정리에 대한 팁도 공유 해 주실 수 있을까요?

A 회사에서는 일정 주기로 앞으로의 비전을 공유하고 함께 열심히 해 보자는 의지를 다지기 위해 워크숍이라는 걸 진행합니다. 그런데 워크숍이라는 단어가 사전에서는 교육 분야에 속한다는 걸 알고 계셨나요? 표준국어대사전에 따르면 워크숍의 뜻은 학교 교육이나 사회 교육에서 학자나 교사의 상호 연수를 위하여 열리는 합동 연구 방식이라고 합니다. 또는 교직자의 전문적인 성장과 교직 수행에서 나타나는 여러 문제를 함께 생각하고 해결해 나가기 위한 협의회라고도 하고요. 이런 의미에서 방학 때 진짜 워크숍이 필요한 건 바로 선생님이라고 불리우는 우리가 아닐까 싶습니다. 하지만 방학 기간 학교에 출근해서 워크숍하자고 하면 그 순간을 즐겁게 참여할 선생님은 얼마 계시지 않을 것 같습니다. 분명 필요하지만 막상 시작하고 나면 언제 끝날지 모르는 회의라는 이름으로 진행되는 업무 지시들이 쌓일 것이 뻔하기 때문입니다. 하지만 방학이기 때문에 반드시 필요하고 정리해야 하는 일들이 있습니다. 그리고 저는 그 과정을 워크숍을 통해 풀어야 한다고 생각합니다. 물론 워크숍이기 때문에 사전에서 뜻한 바와 같이 함께 진행하거나 협력해서 문제를 해결해야 하는 것이 기본입니다. 하지만

혼자서도 충분히 하실 수 있습니다. 선생님의 업무와 수업을 정리하는 데 선생님 만큼 잘 아시는 분도 없을 테니까요. 기본적으로 주변 동료 선생님들과 함께 워크숍을 진행해 보시는 걸 추천드리지만 상황의 여의치 않다면 혼자서라도 꼭 워크숍을 진행해 보시기 바랍니다.

워크숍을 진행하기 위해서는 먼저 준비물이 필요합니다. 디지털화된 기기로도 진행할 수 있지만 조금은 아날로그로 진행해 보시는 걸 추천드립니다. 준비물은 간단합니다. 화이트보드 또는 전지, 포스트잇, 네임펜이면 끝입니다. 먼저 할 일은 선생님이 그동안 하셨던 그 많은 일들을 포스트잇에 적어 보는 것입니다. 한 학기 동안 선생님이 열정과 에너지를 쏟으셨던 일들을 정리해서 포스트잇에 적어보시기 바랍니다. 포스트잇에 적을 때는 하나의 일을 하나의 포스트잇에 적어야합니다. 포스트잇 한 장에 여러 가지 일을 적으면 나중에 우리가 진행한 일을 정리하는 과정에서 어려움이 있습니다. 포스트잇이 조금 아까울 수 있지만 일을 정리할 때는 포스트잇 한 장에 한 가지 일을 적어 주시기 바랍니다. 그렇게 포스트잇에 선생님이 그동안 하셨던 일을 적으셨다면 이제는 그 일들을 하나씩 분류해 보고자 합니다.

가장 먼저 분류할 일은 내가 그동안 해 왔던 일 들 중에 그만두어야 할 일들입니다. 분명 한 학기동안 선생님의 시간과 에너지 그리고 열정을 빼앗아갔던 많은 일들이 있을 것입니다. 그런데 그중에는 내가 반드시 해야 하는 일이 있는 반면 하지 않아도 되는 일도 존재할 거라 생각합니다. 가장 먼저 걸러내야 할 일들은 내가 그만두어야 할 일들입니다. 어떤 일을 그만두어야 할지에 대해서는 사람마다 판단의 기준이 다릅니다. 시간을 많이 쏟는 일을 그만두어야 한다는 사람도 있고 또는 효율이 나지 않는 일을 그만두어야 한다는 사람도 있습니다. 그 기준이 무엇인지는 중요하지 않습니다. 공통된 기준을 찾을 수도 없고요. 분명한 것은 선생님은 어떤 일을 그만두어야 한다는 것입니다. 이미 차고 넘치는 텀블러에는 새로운 액체를 담을 수 없습니다. 텀블러에 새로운 액체를 담기 위해서는 기존에 가득 차 있던 텀블러를 비워야합니다. 어떤 일을 그만두어야 할지 모르시겠다면 가장 급하지 않고 중요하지 않은 일을 고르시면 됩니다. 또는 선생님이 하지 않으시더라도 아무 문제가 발생하지 않는 일을 고르시면 됩니다. **세상에 내가 해야만 돌아가는 일이란 존재하지 않습니다.** 저는 이 과정에서 조금 더 극단적으로 말씀을 드리기도 합니다. 만약 이 일이 그만두어야 하는 일일까?하는 고민이 드신다면 그건 그만두셔도 괜찮은 일입니다.

다음으로 분류할 일은 내가 지속해야 할 일입니다. 여기서 지속할 일이라는 건 지금 잘하고 있지만 더 잘하기 위해 에너지를 쏟아야 하는 일입니다. 아마도 그만두어야 할 일들을 잘 분류했다면 나머지 일들은 여기에 들어가야 할 가능성이 높을 것입니다. 그리고 그 일들은 지금까지 잘 해 오셨지만 앞으로 더 잘함으로써 선생님의 강점이 될 가능성이 높습니다. 물론 지속하고 강화하기 위해서 필요한 조건들도 있습니다. 시간, 에너지, 비용, 업무 환경 등 다양한 조건들을 고려할 필요가 있습니다. 무엇보다 핵심은 지속하고 강화해야겠다고 마음 먹는 일들입니다. 이 일에는 동기가 필요합니다. 그리고 그 **동기의 핵심은 선생님의 마음가짐입니다.** 선생님이 그동안 해 왔던 일들 중에 지속하고 강화해야할 일들이 무엇인지 정리하는 건 선생님의 마음을 돌아보는 시간이기도 합니다.

마지막으로 분류할 일은 새롭게 해야 할 일입니다. 이 영역은 포스트잇에 적지 않았던 일일 가능성이 높습니다. 이제 새롭게 적으시면 됩니다. 내가 어떤 일을 그만두기로 마음 먹었다는 건 새로운 일을 할 수 있는 여유가 생겼다는 뜻이기도 합니다. 물론 어떤 선생님은 이미 일이 차고 넘쳐서 줄여야 하실 수도 있습니다. 맞습니다. 여기서 새롭게 해야 할 일을 적는 건 내 일의 영역을 넘치도록 만들기 위함이 아닙니다. 다만 내가 하고자 하는 일을 실천하기 위해서 어떤 일을 새롭게 시도해야 하는지를 알기 위함입니다. 새롭게 시작할 일은 선생님이 지속하고 강화하는 일과 연계되어 선생님의 강점을 더욱 강하게 만들어 줄 것입니다. 포스트잇에 선생님이 새롭게 시도해야 하는 일을 적어 보시기 바랍니다. 그동안 시도했지만 상황이 맞지 않아서 도전하지 못했던 일일 수도 있고 마음속에만 있던 일일 수도 있습니다. **중요한 건 새로운 변화를 만들기 위한 시도입니다.**

워크숍을 진행하면서 저는 인터넷에 떠도는 한 명언을 떠올리곤 합니다. "어제와 똑같은 하루를 살면서 다른 내일을 기대하는 것은 정신병 초기 증세이다." 워크숍은 선생님의 다른 내일을 만들기 위한 과정입니다.

✦ **선생님이 해 오셨던 일들 중에 그만해야 할 일과 지속해야 할 일은 무엇인가요?**
그리고 선생님의 삶을 위해 새롭게 시도해야 할 일은 무엇인가요?

🎤 워크숍 진행하기

그만 두어야 할 일	
지속해야 할 일	
새롭게 시작할 일	

진행 Tip

이 활동은 그동안 해 왔던 일들을 정리함으로써 새롭게 할 일과 그만두어야 할 일, 지속해야 할 일을 정리해 보는 내용으로 구성되어 있습니다.

❶ **포스트잇에 그동안 했던 일들을 전체적으로 기록합니다.**
  - 하나의 포스트잇에 하나의 일만 기록합니다.
  - 공통된 일일 경우 하나의 포스트잇으로 합쳐서 기록합니다.
  - 구체적으로 기록할수록 도움이 됩니다.

❷ **포스트잇에 기록한 내용을 각각의 영역에 맞춰서 나눠 붙입니다.**
  - 그만두어야 할 일과 지속해야 할 일에 먼저 붙입니다. 그동안의 일에 대해서 정리하는 과정이 먼저입니다.
  - 새롭게 시작해야 할 일의 영역에 붙여야 할 일이 있다면 붙입니다.

❸ **새롭게 시작해야 할 일의 영역에 담을 포스트잇을 적습니다.**
  - 하나의 포스트잇에 하나의 일을 기록합니다.
  - 새롭게 시작해야 할 일을 즉각적으로 실현할 수 있게 구체적으로 적습니다.

❹ **각각의 영역에 붙은 포스트잇을 살펴보며 전체적인 내용을 조정합니다.**
  - 새롭기 사작하기 위해서 그만두어야 할 일이 있다면 포스트잇을 옮겨 붙입니다.
  - 중요도와 시급성에 따라서 포스트잇을 적절하게 옮겨서 업무를 조정합니다.

❺ **기록한 내용을 동료와 공유합니다.**
  - 그동안 했던 일들에 대해 공유하며 수정 및 보완을 진행합니다.

Q 그동안 해 왔던 일들을 정리하고 새로운 일을 계획해 보는 과정이 참 좋네요. 다음 학기를 준비하는 과정에서 스스로를 돌아보고 정리하는 데 매우 좋은 방법일 것 같습니다. 그런데 새로운 일을 계획하다 보니 여러 아이디어가 필요하더라고요. 아이디어를 잘 내기 위한 방법이 있다면 무엇이 있을까요?

A 이 세상에 새로운 것이 존재할까요? 생각해 보면 우리가 마주하고 있는 것들 중에 정말 새로운 것이란 딱히 없어 보입니다. 혁신의 끝이라고 불리웠던 스마트폰도 생각해 보면 그동안 존재했던 전화기, 카메라, 녹음기, 메모장, 메신저 등을 모두 합쳐 놓은 기계에 불과해 보이기도 합니다. 물론 이동하면서 인터넷을 할 수 있게 만든 점과 그로 인해 마주한 삶의 변화가 혁신이라고 말할 수 있겠지만 제품 자체만 놓고 보면 완전 새로운 제품이라고 말할 수 있을지는 모르겠습니다. 우리가 사용하는 노트북도 점점 가벼워지고 성능이 좋아지고 있지만 그렇다고 완전 새롭다고 말하기는 어려울 것 같아 보입니다. 세상이 더 발전하고 새로운 제품이 많이 등장할수록 새로운 것이라는 개념은 우리에게 점점 사라져가는 듯합니다. 어느 누군가는 상상해 보았고 어느 누군가는 그 상상을 실천해 보았고 어느 누군가는 그 실천의 결과를 공유하는 것일 뿐이기 때문입니다. 제가 말씀드리고 싶은 건 그 어느 누군가의 시도와 도전이 의미 없음을 이야기하는 것이 아닙니다. 저는 아이디어에 대해 이야기를 선생님과 나누고자 합니다. 보통 아이디어를 생각한다면 우리는 완전 새로운 것을 생각하기 마련입니다. 이 세상에 그동안 존재하지 않았던 혁신적이고 새롭고 낯설고 신선한 것을 떠올리기 위해 노력합니다. 그런데 안타깝게도 세상에 그런 아이디어를 떠올리기는 쉽지가 않습니다. 저는 사실상 불가능에 가깝다고 이야기합니다. 그러다보니 아이디어를 생각하게 될 때 흥미와 재미보다는 좌절과 고통만을 경험하게 됩니다. 아이디어를 내는 과정이 제일 힘든 시간이 되기도 합니다. 결국 아이디어를 내지 않게 되고요. 저는 선생님이 새로운 일을 시도하기 위해 여러 아이디어

를 내시는 과정에서 이런 좌절과 고통이 찾아오지 않기를 바랍니다. 그러기 위해서 우리는 먼저 새롭게 신선하고 창의적이고 낯선 아이디어를 내야 한다는 생각을 깔끔하게 버리는 게 필요하다고 생각합니다. **하늘 아래 새로운 것은 존재하지 않습니다.** 우리는 기존의 것을 잘 활용해서 우리의 아이디어를 발전시키는 과정을 경험해 보면 좋겠습니다.

저는 이 과정에서 Scamper 기법을 많이 활용합니다. Scamper 기법이란 1950년대 미국 광고회사인 BBDO의 최고 경영자 오스본이 개발한 아이디어 발상 도구입니다. 기존에 개발한 발상 도구를 1971년에 발전시켜 주어진 문제나 과제를 해결하거나 아이디어를 발전시키는 과정에서 다양한 시각으로 접근할 수 있게 도와주는 방식으로 활용됩니다. Scamper 기법은 Subsitute(대체), Combine(결합), Adapt(응용), Modify/Magnify/Minify(변형/확대/축소), Put to Another Use(다른 용도로 사용), Eliminate(제거), Reverse(재구성)의 앞 글자를 따서 만들어졌습니다. 그 각각의 키워드에 대해서 조금 자세하게 설명 드리겠습니다.

Subsitute(대체)는 기존의 것을 다른 것으로 바꿔 보면서 아이디어를 도출하는 방법입니다. 예를 들어 우리가 사용하고 있는 나무젓가락은 기존 철로 만든 젓가락의 재질을 나무로 바꿔면서 만들어진 제품입니다. 기존에는 쌀로 밥만 먹었는데 이걸 과자로 바꿔서 쌀과자를 만들기도 했습니다. 탄산이 강한 음료수는 마시는 용도로도 사용하지만 또 다른 요리를 할 때 그리고 청소를 할 때 사용하기도합니다. 양치를 위한 치약을 얼룩 제거용으로 사용하는 경우도 많이 있고요. 청바지를 리폼해서 가방으로 사용하는 경우들이 여기에 해당된다고 볼 수 있습니다. Combine(결합)은 A와 B를 합쳐서 새로운 것을 만들어 보는 아이디어입니다. 우리가 자주 사용하는 복합기는 복사기, 팩스, 스캐너 등의 기능을 합친 제품입니다. 스마트폰 역시 전화, 카메라, 녹음기, 메모장 등 다양한 기능을 합친 제품이고요. 예전에는 청소기를 사용하고 물걸레로 바닥을 닦았다면 요즘은 청소기와 물걸레가 하나로 합쳐진 제품이 등장했습니다. 평상시에 신던 신발에 바퀴를 합쳐서 롤러스케이트를 만들기도 했습니다. Adapt(응용)는 A에서 사용되던 원리를 B에도 적용해 보는 것을 말합니다. 시골길을 다니다 보면 우엉씨가 옷에 붙는 경우를 보게 됩니다. 이 원리를 이용해서 우리는 찍찍이라고 불리는 벨크로를 만들었습니다. 태양의 뜨거운 열 에너지를 활용하여 전열판을 만들기도 하고 햄버거 모양을 본따서 전화기를 만들기도 했습니다. 전혀 새로운 것처럼 보이지만 기존 어딘가에서 사용되고 있던 원리가 다른 것에도 적용되는 경우가 여기에 해당됩니다. Modify/Magnify/Minify(변형/확대/축소)는 A를 더 크게 키우거나 줄이는 방법을 고민하면서 생기는 아이디어입니다. 우리가 사용하고 있는 태블릿 PC가 대표적인 예입니다. 기존에 사용하던 컴퓨터와 노트북을 더 간소화하게 만들고 싶다는 아이디어가 태블릿 PC를 만나게 해 주었습니다. 대형 TV, 대형 세탁기, 대형 냉장고 등도 기존에 있던 제품들의 크기를 키워서 만든 제품들입니다. 아이들이 갖고 놀던 바람개비의 원리를 이용해서 풍력발전소를 만들기도 하고 미니휴대폰, 미니컴퓨터, 미니카 등 기존의 제품들을 작게 줄이면서 우리 곁에 생긴 제품들도 있습니다. Put to Another Use(다른 용도로 사용)는 A를 B 이외에 C로도 사용해 볼 수 있을까하고 생각하면서 얻는 아이디어입니다. 사람들이 라면을 뿌셔 먹는 것을 보면서 라면을 스낵으로 만든 과자가 여기에 해당되는 예입니다. 폐타이어를 활용해서 집을 지어 보는 것, 기존에 활용하던 기차를 카페로 재사용하는 것 등이 여기에 해당됩니다. Eliminate(제거)는 A를 구성하는 요소의 일부를 없애 보면서 얻는 아이디어입니다. 자동차의 지붕을 없애 봄으로써 만들어진 오픈카, 선풍기의 날개를 없앤 날개 없는 선풍기, 칼에서 칼날을 없애면서 만든 레이저 칼, 선이 없는 무선 다리미, 씨 없는 수박 등이 여기에 해당 됩니다. Reverse(재구성)는 A에 대한 전제를 거꾸로 뒤집어 보면서 얻는 아이디어입니다. 국물은 빨갛다는 편견을 뒤집어서 하얀 라면을 만들어 보거나 운전석을 왼쪽에서 오른쪽으로 바꿔 보는 것, 페달을 뒤로 밟아도 앞으로 가는 자전거를 만들어 보는 것, 병뚜껑이 아래에 있는 화장품 용기 등이 여기에 해당됩니다.

이와 같은 방법으로 새로운 아이디어를 도출하다 보면 기존에 내가 해 오던 방식과 크게 다르지 않지만 그럼에도 새로운 실천 사항들을 많이 얻게 됩니다. 새로운 것은 완전 새로운 것을 말하는 것이 아닙니다. **기존과 다르면 우리는 그걸 새롭게 느낍니다.**

✦✧ Scamper 기법으로 선생님이 기존에 하시던 일을 정리하면 어떻게 될까요?
정리한 일들 중에 새롭게 시작할 일은 무엇인가요?

 **학생들과 함께 해 보세요**

🎤 Scamper 적용하기

Subsitute(대체)	
Combine(결합)	
Adapt(응용)	
Modify/Magnify/Minify (변형/확대/축소)	
Put to Another Use (다른 용도로 사용)	
Eliminate(제거)	
Reverse(재구성)	

진행 Tip

이 활동은 Scamper 기법에 기존 아이디어를 적용해 봄으로써 새로운 아이디어를 도출해 보는 내용으로 구성되어 있습니다.

---

❶ **새롭게 아이디어를 내고 싶은 문제를 포스트잇에 적습니다.**
- 하나의 포스트잇에 하나의 문제 상황을 적습니다.
- 여러 개의 문제 상황을 적어도 괜찮습니다. 다만 문제 상황이 너무 겹치지 않도록 합니다.

❷ **새롭게 아이디어를 내고 싶은 하나의 문제를 선정합니다.**
- 동료와 함께 이야기를 나누면서 문제를 정합니다.

❸ **또 다른 포스트잇에 그 문제가 갖고 있는 현재의 해결책을 적습니다.**
- 기존의 해결책에 대해서 적어 봅니다. 해결책은 한 가지일 수도 있고 여러 가지일 수도 있습니다. 포스트잇 한 장에 하나의 해결책을 적어 봅니다.

❹ **Scamper 기법에 맞춰 현재의 해결책을 바꿔 봅니다.**
- 포스트잇에 적은 해결책 중을 Scamper 기법 중 어느 영역에 맞춰서 바꿔 볼지를 정하고 활동지에 포스트잇을 붙입니다.
- 활동지에 해당 영역에 맞춰 새로운 아이디어를 도출합니다.
- 아이디어를 도출하는 과정에서 실현 가능성에 대한 부분은 잠시 배제해 둡니다. 아이디어를 내는 것에 목적을 둡니다. 실현 가능성을 따지기 시작하면 새로운 아이디어를 마주하기 어렵습니다. 실현 가능성보다는 아이디어에 집중합니다.

❺ **Scamper 기법에 따라 도출한 아이디어를 서로 공유합니다.**
- 공유한 내용을 바탕으로 수정 및 보완을 진행합니다.

Q 그만둬야 할 일과 지속해야 할 일을 정하고 새로운 일에 대한 아이디어를 도출하고 이런 과정 끝에 결국 제일 중요한 건 결정일 것 같습니다. 그래서 어떤 일을 그만두고 어떤 일을 지속하고 어떤 일을 새롭게 할지에 대한 결정이요. 이 결정에 대해서 도움을 얻을 수 있는 방법은 없을까요?

A '인생은 B(Birth)와 D(Death) 사이의 C(Choice)다.'라는 말을 들어 본 적 있으신가요? 인간의 삶에 대해 깊이 있게 고민한 한 철학자의 메시지인데 저에게는 너무 와닿는 표현이었습니다. 우리는 매 순간 선택의 순간을 마주합니다. 아주 잠깐의 순간도 선택하지 않는 순간이 없습니다. 그리고 그 선택의 순간마다 우리는 하루에도 몇 번씩 결정을 내려야만 합니다. 2001년 발행된 가수 god의 정규 앨범 4집에는 '길'이라는 노래가 있습니다. god라는 가수가 갖고 있는 힘이기도 했지만 노래 가사가 인생을 대변한다고 해서 많은 인기를 얻었던 노래인데요, 무언가 결정을 해야 한다고 생각하면 저는 이 노래 가사를 떠올려 보곤 합니다. 노래를 아시는 지 모르겠지만 설령 노래를 모르시더라도 그 가사가 주는 의미에 대해 함께 생각해 보면 좋겠다는 마음에서 노래를 옮겨 봅니다. '내가 가는 이 길이 어디로 가는지 어디로 날 데려가는지 그곳은 어딘지 알 수 없지만 알 수 없지만 알 수 없지만 오늘도 난 걸어가고 있네. 사람들은 길이 다 정해져 있는지 아니면 자기가 자신의 길을 만들어 가는지 알 수 없지만 알 수 없지만 알 수 없지만 이렇게 또 걸어가고 있네. 나는 왜 이 길에 서 있나 이게 정말 나의 길인가 이길의 끝에서 내 꿈은 이뤄질까,' 제가 노래에서 가장 공감했던 부분은 여기였습니다. '자신있게 나의 길이라고 말하고 싶고 그렇게 믿고 돌아보지 않고 후회도 하지 않고 걷고 싶지만 걷고 싶지만 걷고 싶지만 아직도 나는 자신이 없네.' 사실 결정의 방법을 고민하는 사람 앞에서 저 또한 이렇게 하면 된다는 방법을 이야기하는 건 스스로 교만하다고 생각합니다. 어느 결정이 옳은 결정인지 그리고 바람직한 결정인지 알 수 없기 때문입니다.

다만 그동안 워크숍을 진행하고 많은 프로젝트를 운영하면서 결정을 내려야 하는 순간들이 있을 때 활용한 방법이 있어서 그걸 공유해 드리고자 합니다. 저는 결정을 내려야 하는 순간이 되면 그래프를 그립니다. 1차원, 2차원, 3차원으로 나눠서 그려 봅니다. 1차원 그래프는 X축만 존재합니다. 일반적으로 크기를 잴 때 크다, 작다 등으로 나눠지는 것이 1차원 그래프입니다. 또는 가격이 저렴하다, 비싸다. 시간이 짧다, 길다 등으로 나눌 수 있는 상황에서 활용합니다. 2차원 그래프는 X축과 Y축이 존재합니다. 여기에는 2가지의 기준이 들어갑니다. 가격과 시간일 수도 있고 에너지와 동기일 수도 있습니다. 마지막으로 3차원 그래프는 입체적입니다. X축, Y축, Z축으로 이루어져 있기 때문에 입체적으로 상황을 살필 수 있습니다. 저는 이 중에서 2차원 그래프를 가장 많이 활용합니다. 그래프를 그릴 때는 무엇보다 중요한 것이 바로 '축'입니다. 기준이라고 말할 수 있습니다. **일반적으로 저는 시급성과 중요성을 기준으로 나눕니다.** 시급하고 중요한 것을 우선적으로 선택하겠다는 마음가짐을 갖습니다. 포스트잇에 새로운 일들, 그만두어야할 일들, 지속해야 할 일들을 나눠서 적었다면 시급성과 중요성으로 나눠진 X축과 Y축의 그래프에 포스트잇에 붙입니다. 그렇게 정리하다 보면 다 중요하고 다 시급해 보였던 일들도 하나하나 정렬이 진행됩니다. 정말 시급하고 중요한 일이 무엇인지 한 눈에 들어오기 시작합니다.

그런데 이렇게 포스트잇을 붙이고 가장 시급하고 중요한 일을 고르면 무언가 찜찜함이 남습니다. 결국 과거에 내가 해 오던 일이 가장 시급하고 중요한 일임을 알게 됩니다. 결국 달라지는 것 하나 없이 똑같은 결정을 내리게 되고 똑같은 삶을 패턴처럼 반복하는 모습을 발견하게 됩니다. 그래서 저는 포스트잇을 붙이고 포스트잇이 붙어 있는 상태로 결정을 끝내지 않습니다. 시급성과 중요성을 기준으로 포스트잇을 붙였다면 지금부터 시급성, 중요성 두 가지 영역에 모두 들어가지 않았던 일들을 살펴봅니다. 바로 시급하지는 않지만 중요했던 일, 중요하지는 않지만 시급했던 일들입니다. 이 과정에서 중요하지 않지만 시급한 일은 쉽게 끝날 가능성이 높습니다. 시간이 해결해주는 경우가 많기 때문입니다. 중요한 건 시급하지 않지만 중요한 일입니다. 이 일은 시간이 해결해 주지 않습니다. 그런데 시급하고 중요한 일만 처리하다 보면 항상 뒷전으로 밀려서 진전되지도 않게 됩니다. 시급하지 않지만 중요한 일의 영역을 시급하지만 중요한 일의 영역으로 끌어올리기 위한 방법을 고민합니다. 예를 들어서 교육 과정을 재구성하는 일은 시급하지 않지만 중요한 일에 속하는 경우가 많습니다. 교육 과정을 재구성하지 않아도 당장 수업을 진행하는 과정에 어려움은 없기 때문입니다. 저는 이 일을 시급하게 만들기 위해서 주변 동료 선생님들에게 교육 과정 재구성에 대한 기한을 공유합니다. 기한이 정해지고 그 일이 나만의 일이 아니게 되는 순간 이 일은 시급해집니다. 중요한 일은 시급한 일로 끌어올려야 합니다. 그래야 해결이 되고 달라지기 시작합니다. 시급성과 중요성을 나누는 일의 핵심은 중요한 일을 하기 위해서입니다. **그리고 중요한 일을 하기 위해서는 중요한 일을 시급하게 만들어야 합니다.** 시간의 힘을 빌리지 않고서 일이 해결되면 너무 좋지만 그건 하루하루를 바쁘게 살아가는 우리에게 사실상 불가능에 가깝습니다. 데드라인이 가져오는 힘을 믿어보시기 바랍니다. 시급성을 끌어당길 때 선생님의 중요성은 더욱 커집니다.

선택과 결정의 순간이 다가올 때마다 저는 실존주의 철학자인 장 폴 사르트르의 말을 떠올리곤 합니다. '인간이 어떤 존재이든 더 중요한 사실은 엄연히 현실에 존재한다는 것이다. 모든 것은 이 사실에서 출발한다. 이를 무시한 논리란 뜬 구름 잡는 탁상공론에 지나지 않는다. 내가 현실에 존재하는 이상 자신이 무엇이 될 것인가는 각자 실존적 결단에 따라야 하고, 실존적 결단은 각자가 자유롭게 내릴 수 있으나 그 책임은 스스로 져야 한다. 자신의 결단에 의해 '내가 나'로 되기 위해 현실에 적극적으로 참여해야 한다. 오랜 권력과의 격렬한 투쟁을 통해 인간은 크게 자유로워졌지만 모든 것을 스스로 결정해야 하는 현실은 고통스럽기 그지 없다. 그래서 인간에게 주어진 자유란 해방이기보다는 오히려 형벌과도 같은 것이 아닐 수 없다.' 인간은 자유롭도록 저주받은 존재라고 말한 그의 생각을 떠올릴 때마다 끝나지 않는 이 형벌을 끝내는 방법은 즐기는 것뿐임을 다시금 생각해 봅니다.

시급성과 중요성을 기준으로 선생님의 일을 나누면 어떻게 되나요? 중요한 일에 시급성을 더하기 위한 방법은 무엇이 있을까요?

🎤 시급성과 중요성으로 나눠 보기

중요성

시급성

진행 Tip

이 활동은 시급성과 중요성을 기준으로 업무의 우선순위를 정하는 내용으로 구성되어 있습니다.

❶ **포스트잇을 활용하여 우선순위를 정해야 하는 일을 기록합니다.**
- 하나의 포스트잇에 하나의 일을 기록합니다.
- 구체적으로 기록할수록 분류하고 우선순위를 정하는 과정에서 도움이 됩니다.

❷ **가로축은 시급성, 세로축은 중요성을 기준으로 2X2 매트릭스 활동지에 자신이 기록한 일을 적은 포스트잇을 붙입니다.**
- 필요에 따라서 가로축과 세로축의 기준은 변경할 수 있습니다.
- 2X2 매트릭스 모든 곳에 포스트잇이 붙을 수 있도록 분류합니다. 어느 한 곳에만 업무 영역이 몰리지 않도록 하는 것이 필요합니다.

❸ **시급하지 않지만 중요한 일의 영역을 확인합니다.**
- 시급하지 않지만 중요한 일의 영역 중에서 가장 핵심이 되는 또는 가장 중요하다고 생각하는 일을 따로 표시합니다.

❹ **표시한 일의 영역을 시급하고 중요한 영역으로 끌어올리기 위한 화살표를 그립니다.**
- 화살표를 그리고 그 방법을 화살표 옆에 기록합니다. 방법은 구체적으로 기록합니다. 활동이 끝나고 즉각적으로 실천할 수 있는 사항으로 기록을 남깁니다.

❺ **실천을 위한 사항을 동료에게 공유합니다.**
- 동료와 이야기를 나누면서 수정 및 보완합니다.

어떻게 수업에서 교사가 빠질 수 있죠?

Q 수업이 힘들면 교직생활이 힘들다고 하던데 정말 그런 것 같아요. 갈수록 수업이 쉽고 재밌는 게 아니라 힘들기만 하네요. 조금 더 편하게 수업하려고 생각하면 그건 선생님으로서 직무유기인 걸까요? 하지만 지속가능하게 수업을 하는 방법도 필요해 보이긴 한데요, 어떻게 하면 좋을까요?

A 우리는 지속가능성이 매우 중요한 시대를 살아가고 있습니다. 그동안 앞만 보고 열심히 달려왔다면 이제는 그렇게 살아서는 안 된다는 사실을 알게 되었기 때문입니다. 대표적인 예가 바로 성장입니다. 전 세계는 그동안 그저 과거보다 현재 그리고 현재보다 미래에 더 잘 살면 된다는 생각으로 끊임없이 성장해 왔습니다. 그런데 이렇게 성장을 계속하다 보니 끝이 보이기 시작했습니다. 기후변화는 시간이 지날수록 심해지고 영원할 것 같았던 자원은 고갈되기 시작했습니다. 불평등 문제는 점점 심해지고 그로 인한 갈등은 더 세게 나타났습니다. 더 이상 과거의 방식으로는 인류가 지속가능하게 나아갈 수 없다는 판단에 2015년 제70차 UN총회에서는 2030년까지 지속가능발전의 이념을 실현하기 위한 인류의 공동 목표 17가지를 결의했습니다. 인간, 지구, 번영, 평화, 파트너십이라는 5개 영역에서 17개 목표와 169개의 세부 목표를 제시하고 모든 국가들이 인류의 번영을 위해 노력하고 있습니다.

저는 선생님의 수업 또한 지속가능성이 매우 중요하다고 생각합니다. 그동안 우리는 방학이 되면 새로운 교수 학습 방법에 대한 연수를 듣고 새로운 교과 지식을 탐구하고 다양한 학습 자료를 찾으면서 시간을 보냈습니다. 그리고 이렇게 생각합니다. 교사가 되면 방학이 달콤하고 편안할 줄만 알았는데 방학이 학기 중보다 더 바쁘다고 말입니다. 저는 선생님에게도 휴식이 중요하고 여유가 중요하다고 생각합니다. 선생님의 에너지가 곧 학생들의 에너지가 되기 때문입니다. 특히 AI 디지털교과서를 활용하는 과정에서 우리의 에너지는 학생들의 성장에 더 큰 영향을 미칠 것입니다. 교육은 AI가 아니라 선생님이 하시는 것이기 때문입니다. 그런 측면에서 저는 우리의 수업을 지속가능하게 만들 필요가 있다고 느낍니다. 그리고 저는 제가 사용하고 있는 내 수업을 지속가능하게 만드는 방법에 대한 이야기를 전해 드리고자 합니다.

이 방식을 진행하기 위해서는 먼저 준비물이 필요합니다. 바로 A4 용지와 볼펜입니다. 준비물이 이게 끝입니다. 이제 선생님 앞에 한 명의 학생이 있다고 가정해 봅시다. 그 학생은 선생님의 과목을 좋아하지는 않지만 그래도 배움과 성장에 있어서 열정을 갖고 있는 학생입니다. 그리고 선생님은 그 학생에게 단 하나의 지식을 통해 성장을 이끌어내고자 합니다. 예를 들어 '김소월의 〈진달래꽃〉 패러디 작품을 만들기' 등의 학습 목표를 설정해 보는 겁니다. 선생님의 교과 특성에 따라 하나의 학습 목표를 설정해 보시기 바랍니다. 학생이 눈 앞에 있고 선생님이 목표로하는 학습 목표가 정해졌다면 이제 모든 준비가 끝났습니다.

선생님은 50분 동안 오직 A4 용지와 펜만 사용해서 선생님이 정하신 학습 목표를 도달하도록 만들어야 합니다. 선생님에게는 교과서가 없습니다. 다른 학습자료도 갖고 계시지 않습니다. 오직 A4 용지와 펜만 있습니다. 선생님은 학생에게 가장 먼저 무엇을 안내하실 건가요? 교과서를 갖고 오도록 하시겠습니까? 아니면 김소월의 진달래꽃을 검색해 보라고 하실 건가요? 만약 학생이 김소월의 〈진달래꽃〉이 수록된 교과서를 갖고 왔다면 그 다음 무엇을 해 보라고 안내하실 예정인가요? 오직 A4 용지와 펜만을 이용해서 우리는 50분 뒤에 학생이 '김소월의 〈진달래꽃〉 패러디 작품을 만들 수 있도록' 해야만 합니다. 이 목표를 달성하기 위해 어떤 순서로 학생에게 안내를 진행하실 건가요?

지속가능성을 이야기하는 데 너무 어려운 질문처럼 느껴지시나요? 사실 이 과정이 쉽지는 않습니다. **왜냐하면 우리가 학생의 성장을 위해 준비하는 내 수업의 본질이 무엇인가를 고민하게 만들기 때문입니다.** 하지만 이 과정이 명료해질수록 선생님의 수업은 더욱 지속가능하게 운영될 수 있습니다. 왜냐하면 많은 선생님들이 수업을 준비하는 과정에서 가장 많이 시간을 쏟는 부분인 학습지 제작, 동영상, 음악, 그림 등의 학습 자료 준비, 프레젠테이션 화면 준비 등이기 때문입니다. 이런 것들은 선생님의 수업을 포장해 주는 포장지일뿐 선생님 수업의 본질이 아닙니다. 선생님의 수업 본질은 오직 A4 용지와 볼펜만 있을 때 운영되는 부분입니다.

그럼 다시 돌아오겠습니다. A4 용지와 볼펜이 준비되었고 한 학생이 선생님 앞에 앉아 있습니다. 이 학생은 선생님을 만나고 '김소월의 〈진달래꽃〉 패러디 작품을 만들기' 위해 이 자리에 앉아 있습니다. 선생님은 이 학생에게 어떤 말부터 건네실 건가요? 김소월에 대해 들어 봤냐고 물어보실 건가요? 아니면 패러디 작품에 대한 생각을 물어보실 건가요? 조금은 편안한 분위기를 위해 오늘 기분은 어떠하고 학생의 감정 날씨는 무엇인지 물어보실 건가요? 그리고 오늘 선생님과 함께 시간을 보내기 위해 무엇을 준비해야 한다고 말씀하실 건가요? 그 준비물은 교과서인가요? 학습지인가요? 학생의 마음가짐일까요? 우리는 교육 전문가로서 A4 용지와 볼펜만으로도 학생의 성장을 충분히 이끌어낼 수 있습니다. 다른 특별한 준비물이 필요하지 않습니다.

A4 용지와 볼펜은 제가 실제 수업 과정에서 가장 많이 활용하는 준비물이기도 합니다. 학습지 인쇄도 하지 않습니다. 볼펜은 학생들이 갖고 있으니 저는 A4 용지만 갖고 교실에 들어갑니다. 그리고 그 A4 용지를 학생들과 함께 내용을 채워가면서 학습과 성장을 이끌어갑니다. 선생님, 이번 학기 교무실 프린트기가 고장났습니다. 컴퓨터 화면도 작동하지 않습니다. 오직 활용할 수 있는 건 A4 용지뿐입니다. 선생님, 이제 어떻게 하실 건가요? **선생님의 수업이 빛나는 건 화려한 도구가 아니라 선생님 때문입니다.**

✦✧ **A4 용지와 볼펜으로 내 수업을 이끌어 간다면 어떻게 할 수 있을까요? 첫 마디와 끝 마디는 무엇인가요?**

 학생들과 함께 해 보세요

 워크숍 기획하기

시작

중간

끝

진행 Tip

이 활동은 내 수업을 바탕으로 워크숍을 기획해 보는 내용으로 구성되어 있습니다.

❶ 활동지와 펜을 준비합니다.

❷ 펜을 들고 활동지의 처음, 중간, 끝 부분에 나의 수업이 어떻게 진행되는지를 기록합니다.
- 기록의 내용은 구체적으로 진행하는 것이 좋습니다.
- 키워드를 적고 해당 키워드를 설명하는 형태로 기록하면 워크숍을 기획하는 과정에 효율적입니다.

❸ 작성한 워크숍의 내용을 검토합니다.
- 수업 흐름에 맞게 작성되었는지를 확인합니다.

이렇게 작성한 활동지는 실제 학생을 대상으로 적용해 보면 좋습니다. 학생 1명을 앞에 두고 실제로 실천해 보시는 방법을 추천해 드립니다. 실천 과정에서 워크숍이 더욱 정교해집니다.

Q A4 용지와 볼펜만 갖고 수업을 진행해 본다는 건 참 어렵기만 하네요. 그런데 잘 만들어지기만 하면 정말 지속가능성이 매우 높을 것 같아요. 매번 새로운 학습 자료를 찾고 만들고 하는 시간을 확 줄일 수 있을 것 같거든요. 그런데 A4 용지와 볼펜만으로 수업을 진행하는 건 어렵네요. 조금 쉽게 접근할 수 있는 방법이 있을까요?

A 선생님은 설명서를 잘 읽으시나요? 요즘 사람들은 제품을 구입하고도 사용설명서를 잘 읽지 않습니다. 도대체 사람들은 왜 사용설명서를 읽지 않을까요? 이 부분을 주제로 사람들이 설명서를 읽지 않는 이유를 무려 7년동안 연구해 온 사람이 있습니다. 연구자는 크게 두 가지 영역으로 연구를 진행했습니다. 먼저 사람들이 사용설명서를 읽는지 안 읽는지에 대해서 살펴보았습니다. 그리고 읽는다면 얼마나 읽는지를 보았습니다. 사람들의 나이, 성별, 교육 수준별로 연구를 진행하고 그 결과를 모아 논문으로 발표했습니다. 그 논문에는 다음과 같은 결과가 실려 있습니다. 젊은 사람일수록 사용설명서를 읽지 않는다, 여자들은 남자들보다 안 읽는다, 교육 수준이 높을수록 안 읽는다입니다. 이 연구 결과는 2018년, 삶을 발전시키는 엉뚱한 상상력에 수요하는 이그노벨 문학상을 수상했습니다. 사용설명서를 읽지 않는 것을 과학적으로 증명해 내기 위해 노력했다는 부분이 매우 흥미로운 내용이었습니다. 지속가능성을 이야기하는데 왜 갑자기 사용설명서를 이야기하는지 의아하지 않으신가요? A4 용지와 볼펜을 갖고 수업을 이끌어가는 과정에서 가장 쉽게 접근할 수 있는 부분이 바로 사용설명서이기 때문입니다.

선생님이 진행하는 수업에서 선생님이 사라진다면 어떤 일이 발생할까요? 선생님이 없으니까 교실이 난장판이 되고 학생들은 학습과 성장에서 거리가 멀어질까요? 만약 그렇다면 선생님의 수업도 지속가능성에서 점점 멀어져 가는 듯해 보입니다. 선생님의 수업은 선생님이 없이도 운영되어야 합니다. 그래야 수업에 투여되는 선생님의 에너지가 줄어들고 수업에 대한 선생님의 부담도 줄어듭니다. **이를 위해서는 선생님 수업의 사용설명서가 필요합니다.** 사용설명서라고 하니까 마치 기계에 대한 매뉴얼이 먼저 떠오르실 것 같은데요. 그런 매뉴얼보다는 보드게임 사용설명서를 떠올리시면 좋을 것 같습니다.

선생님은 보드게임을 좋아하시나요? 저는 보드게임을 즐겨하지 않습니다만 보드게임 속 요소를 수업에 접목시키기 위해 노력하는 편입니다. 그래서 일부러 보드게임을 찾아서 살펴보고 직접 플레이도 해 보는데요, 보드게임 사용설명서를 보면 공통적인 순서가 있습니다. 가장 먼저 등장하는 건 게임 소개입니다. 바로 이 게임에 참여하는 플레이어가 어떤 마음가짐으로 이 게임에 임해야 하는지에 대한 이야기입니다. 일종의 세계관을 부여하는 것입니다. 예를 들어서 미국 서부 시대를 배경으로 펼쳐지는 총싸움 게임에서는 무법자 무리와 보안관 사이의 총격전에 대한 이야기를 펼칩니다. 보안관을 돕는 사람이 있는 반면 모두를 배신하고 목표를 달성하기 위한 사람도 존재합니다. 전 세계를 여행하는 보드게임의 경우 문명을 발전시킨 인간이 되어 전 세계를 돌아다니면서 도시를 만들어 보라고 이야기합니다. 다음으로는 준비물입니다. 게임에 참여하기 위해서 어떤 구성품이 있는지를 설명해 줍니다. 역할에 대한 카드가 몇 장 있는지, 게임을 구성하는 요소에는 어떤 카드가 있는지, 말판은 어떻게 되어 있고, 돈은 얼마나 있는 지 등에 대해서 이야기해 줍니다. 구성품을 하나하나 정리하다보면 이 게임에 참여하기 위해 필요한 준비물이 무엇인지를 알게 됩니다. 그 다음은 게임 준비 단계입니다. 게임 준비 단계는 실제 게임에 들어가기 전에 세팅하는 내용을 이야기합니다. 예를 들어서 자신의 앞에 몇 장의 카드가 있어야 하는지, 어떤 준비물이 놓아져 있어야 하며, 어떤 물품을 갖고 있어야 하는지 등을 이야기해 줍니다. 만약 역할을 나눠야 한다면 미리 어떤 방식으로 역할을 나눌지에 대해서 이야기해 주고 순서가 정해진 게임이라면 순서를 어떻게 정하는지에 대해서도 알려 줍니다. 앞에서 설명한 게임 구성품들을 어느 자리에 어떻게 둬야 하는지도 이야기해 줍니다. 그리고 나면 이제 게임 방법이 나옵니다. 게임 방법은 단순합니다. 그냥 설명서에 나와있는 순서대로 진행하면 됩니다. 설명서에 주사위를 던지라고 하면 주사위를 던지고, 말판을 이동하라고 하면 말판을 이동하면 됩니다. 카드를 오픈하라고 하면 카드를 오픈하고, 상대방의 카드를 가져오라고 하면 가져오면 됩니다. 게임 방법에 따라 안내된 순서대로 게임을 진행하면 됩니다. 그리고 맨 마지막, 제일 중요한 요소가 하나 있습니다. 바로 게임이 종료되는 조건입니다. 모든 게임은 시간이 지났다고 게임이 끝나지 않습니다. 반드시 그 게임이 끝나기 위한 조건이 존재합니다. 어떤 역할을 하고 있는 사람이 게임에서 탈락을 하거나 또는 게임 참여자가 갖고 있는 카드가 모두 사라질 경우 게임이 종료되는 경우가 여기에 해당됩니다. 그리고 게임 참여자는 그 조건을 맞추기 위해 게임을 진행합니다. 조건에 도달했다면 게임에서 승리할 수 있기 때문입니다.

모든 보드게임의 사용설명서는 이와 비슷하게 구성되어 있습니다. 게임의 세계관을 소개하고, 구성품을 나열하고, 게임 준비와 게임 방법을 알려줍니다. 그리고 게임이 종료되는 조건에 대해 설명해 주는 걸로 마무리됩니다. 그런데 사용설명서에 나와있지 않지만 보드게임이 재밌기 위해서는 하나의 안내가 더 필요합니다. 바로 **'빌런(Villain)'입니다.** 빌런은 영화, 드라마, 무대 연극, 소설 등에 등장하는 나쁜 역할을 이야기합니다. 역사적 이야기나 문학의 픽션에 기반한 인물인데 악역과는 조금 차이가 있습니다. 영웅 캐릭터와 반대 역할을 하면서 줄거리를 이끌어가는 모습을 많이 보입니다. 실제 보드게임을 진행하다보면 게임의 승패와 상관없이 빌런 역할을 하는 플레이어가 있기 마련입니다. 게임을 이기는 것이 목적이 아니라 게임의 승리를 방해하는 것에 재미를 둔 사람들입니다. 사용설명서에서는 빌런의 역할을 안내하지 않습니다. 그런데 사람들은 빌런의 역할을 찾아내고 또 빌런을 자처하기도 합니다. 사용설명서가 게임의 상수라면 빌런은 게임의 변수가 되어 보드게임을 더 다채롭게 만들어 줍니다.

 선생님의 수업이 보드게임 사용설명서와 같다면 어떻게 구성될 수 있을까요?
선생님 수업에서 빌런은 어떻게 나타날까요?

보드게임 사용설명서 분석하기

[게임 세계관]	[게임 구성품]	[게임 준비]
[게임 방법]	[게임 종료 조건]	[빌런이 되는 방법]
[게임 세계관]	[게임 구성품]	[게임 준비]
[게임 방법]	[게임 종료 조건]	[빌런이 되는 방법]

진행 Tip

이 활동은 보드게임 사용설명서를 실제 분석해 봄으로써 워크숍의 형태가 어떻게 구성되면 좋은지를 확인해 보는 내용으로 구성되어 있습니다.

❶ **2종류의 보드게임 사용설명서를 준비합니다.**
- 서로 다른 장르의 보드게임 사용설명서를 준비하면 좋습니다.
- 보드게임 사용설명서의 경우 보드게임을 구매하지 않더라도 인터넷 등에서 쉽게 찾을 수 있습니다. 동영상 형태로 보드게임을 설명하는 경우도 있으니 다양한 방식으로 자료를 찾을 수 있습니다.
- 내가 기존에 알고 있는 보드게임과 함께 처음 접해 보는 보드게임 사용설명서를 마주하는 것도 좋은 방법입니다.

❷ **활동지의 내용에 맞춰서 보드게임 사용설명서를 분석합니다.**
- 각각의 영역을 있는 그대로 옮겨 적는 것이 아니라 핵심이 되는 키워드만을 기록합니다.
- 사용설명서를 볼 때는 보드게임의 참가 가능 인원, 시간 등을 함께 살펴봅니다.

❸ **빌런이 되는 방법 영역을 기록합니다.**
- 이 내용은 사용설명서에 나오지 않습니다. 보드게임 사용설명서를 분석하고 이를 바탕으로 약간의 상상력을 더해서 작성합니다. 실제 보드게임을 해 본 사람이 있다면 그 사람의 의견을 듣는 것도 좋은 방법입니다.

❹ **작성한 활동지의 내용을 공유합니다.**
- 동료와 함께 이야기를 나누고 이를 수정 및 보완합니다.

Q 수업을 보드게임 설명서로 표현해 보는 건 해 보지 않은 생각이네요. 이게 지속 가능성 그리고 A4 용지, 볼펜과 어떻게 연결이 되는지도 궁금하고요. 빌런에 대해서도 이해가 될 듯 말 듯하고요. 그럼 선생님의 수업은 어떻게 구성되고 진행이 되나요? 조금 더 구체적으로 설명해 주세요.

A 지속가능한 수업을 만들기 위해 이야기를 하는 과정에서 저는 A4 용지와 볼펜만으로 선생님의 수업을 디자인하고 진행해 보는 방법에 대한 이야기를 꺼내습니다. 그리고 보드게임 사용설명서를 토대로 선생님의 수업이 보드게임 설명서로 펼쳐진다면 어떻게 진행될 수 있을지에 대해 이야기를 진행했고요. 그럼 이제 제가 이 과정을 어떻게 적용해서 제 수업을 진행하는지에 대해 이야기를 전해 드리겠습니다. 제가 저의 수업을 지속가능하게 만들어 가는 방법이기도 합니다.

보드게임 사용설명서의 내용 구성에 대한 부분 기억하고 계신가요? 게임 세계관, 게임 구성품 소개, 게임 준비 안내, 게임 방법 안내, 게임 종료 조건 순서였습니다. 지금부터 이 순서대로 저의 수업을 세팅해 보고자 합니다. 가장 먼저 게임 소개에서 저는 이번 수업을 위해 필요한 그라운드룰을 안내합니다. 예를 들어 제 수업 시간에 모든 학생은 존댓말을 사용해야 합니다. 공자는 '세 사람이 길을 가면 반드시 그 중에 나의 스승이 있다. 나보다 나은 사람의 좋은 점을 골라서 그것을 따르고 나보다 못한 사람의 좋지 않은 점을 가려내어 그것을 바로 잡는다'라고 이야기했다는 말과 함께 수업 시간에 우리는 서로가 서로를 스승으로 삼고 서로를 존중한다는 의미로 존댓말을 사용하도록 안내합니다. 또한 모두가 공통적으로 말을 해야 한다고 이야기해 줍니다. 어느 한 사람에게 대화가 집중되지 않도록 해야한다는 규칙 등을 이야기해 줍니다. 다음은 게임 구성품 소개입니다. 저는 수업 시간에 주로 사용하는 준비물이 A4 용지와 볼펜입니다. 주된 구성품은 이 두 가지가 끝인 경우가 많습니다. 여기에 추가적으로 사용하는 것이 있다면 말하기칩입니다. 말하기칩이란 학생이 발언을 할 때 사용하는 도구입니다. A4 용지를 접어서 사용하기도 하고 볼펜이나 가위, 딱풀 등 어떤 도구를 사용하기도 합니다. 학생은 발언을 할 때 자신이 갖고 있는 말하기칩을 하나씩 제출해야 합니다. 한 학생이 5개의 말하기칩을 갖고 있다면 그 학생이 발언할 수 있는 기회는 5번 뿐입니다. 5번의 기회가 사라지면 모든 학생이 말하기칩을 사용할 때까지 그저 듣기만 하고 기다려야 합니다. 저의 수업은 A4 용지와 볼펜 그리고 필요에 따라 말하기칩을 준비하는 것이 구성품의 전부입니다. 다른 구성품은 가급적 더하지 않습니다. 준비에 시간이 오래 걸리고 부담도 발생하기 때문입니다. 이렇게 그라운드룰과 구성품까지 안내가 끝났다면 이제 수업 준비로 넘어갑니다. 수업 준비는 대개 이와 같이 진행됩니다. 수업 주제에 따라 다르지만 학생들이 개인별로 00장의 A4 용지를 서로 나눠 갖는 것, 말하기칩을 ○○개씩 나눠 갖는 것 등입니다. 수업 준비를 안내할 때는 순서대로 이야기해 줍니다. 첫 번째 A4 용지를 개인별로 00장씩 나눠 갖습니다, 두 번째 말하기칩을 개인별로 ○○개씩 나눠 갖습니다 등으로 안내합니다. 여기까지 왔다면 이제 수업 준비는 끝났습니다.

이제 게임 방법 곧 수업 방법에 대한 안내입니다. 수업 방법에 대한 부분은 앞에서 선생님이 준비하셨던 A4 용지와 볼펜으로 구성했던 그 내용을 옮겨 오면 됩니다. 우리는 앞에서 A4 용지와 볼펜만으로 학생을 마주했을 때 어떻게 그 학생을 안내할지 고민하는 시간을 가졌습니다. 그 내용이 곧 수업 방법에 대한 내용입니다. 앞에서 예로 들었던 '김소월의〈진달래꽃〉의 패러디 작품을 만든다'라는 목표라면 저는 이와 같은 수업 방법을 안내합니다. 첫 번째로 김소월의 진달래꽃을 서로 소리 내어 읽어 봅니다. 이 때 엄지 손가락이 가장 긴 학생부터 읽습니다. 엄지 손가락이 가장 긴 학생이 읽었다면 다음은 그 학생의 오른쪽 학생이 이어서 읽습니다. 문장은 한 문장씩만 돌아가면서 읽습니다. 두 번째로 김소월의 진달래꽃 작품에서 5개의 시어를 골라 다른 단어로 바꿔 봅니다. 여기서 5개의 시어는 개인별로 다르게 고를 수 있습니다. 세 번째로 5개의 시어와 어울리도록 문장을 바꿔 봅니다. 이 때 기존의 연 구성은 바꿀 수 없습니다. 꼭 시어와 문장만 바꾸시기 바랍니다. 바꾼 내용은 A4 용지에 옮겨 적습니다. 네 번째로 자신이 패러디한 작품을 오른쪽 학생에게 보내 줍니다. 그 학생은 패러디 작품을 읽고 감상평을 남깁니다. 감상평은 좋을 수도 있고 좋지 않을 수도 있지만 여기에는 좋은 감상평만 남겨 줍니다. 다섯 번째로 자신의 작품을 다시 마주한 다음 자신이 가장 마음에 든 감상평이 무엇인지를 찾아 표시하고 그 이유를 다른 학생들에게 설명합니다.

그럼 이 수업의 종료 조건은 무엇일까요? 바로 김소월의 〈진달래꽃〉을 패러디한 작품을 만들면 끝입니다. 학습 목표는 김소월의 진달래꽃 작품을 패러디하는 것이었기 때문입니다. 그렇다면 이 과정에서 학생은 어떤 빌런 활동이 가능할까요? 제가 게임 요소로서 빌런 활동을 놓아둔 부분은 바로 자신이 시어를 마음껏 바꿀 수 있는 부분 그리고 감상평을 남기는 부분이었습니다. 이 활동을 진행하다 보면 학생들인 교사인 제가 생각하지 못했던 시어들을 갖고 작품을 패러디합니다. 그리고 좋은 감상평을 남기라고 이야기했지만 좋은 감상평을 이렇게 창의적으로 남길 수도 있구나하는 생각이 들 정도의 감상평을 남기기도 합니다. 저의 수업 설명서에는 안내되지 않았지만 학생들이 조금은 자유롭게 빌런 활동을 할 수 있는 영역이 바로 이러한 부분들입니다.

이렇게 사용설명서로 만들어진다면 저는 수업을 어떻게 진행했을까요? 사용설명서를 프린트하고 준비물과 함께 학생들 책상 위에 올려 두었습니다. 학생들은 모둠에서 사용설명서를 읽고 그대로 게임하듯 수업에 참여했습니다. 저는 따로 설명하지 않았습니다. 학생들이 사용설명서를 제대로 읽고 이해할 수 있도록만 안내가 충분하다면 저의 설명 없이도 충분히 수업은 진행될 수 있습니다. 물론 이 내용을 읽으시는 선생님께서는 이런 생각이 드실 수도 있을 것 같습니다. '에이, 이게 가능하다고? 이런 건 우수한 학생들을 만나거나 운이 좋을 때만 가능한 거야'라고요. 하지만 저는 이렇게 말씀드리고 싶습니다. **제가 해 봤다면 선생님도 충분히 하실 수 있습니다.**

✦✨ **선생님의 수업을 사용설명서로 구현해 보셨나요?**
선생님이 아무 말 하지 않고도 진행이 가능할까요?

학생들과 함께 해 보세요

🎤 수업 사용설명서 만들기

수업 그라운드룰	
수업 준비물	
수업 준비 상태	
수업 진행 과정	
수업 종료 조건	

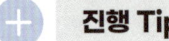 **진행 Tip**

이 활동은 내 수업을 보드게임 형태의 사용설명서로 만들어 보는 내용으로 구성되어 있습니다.

---

❶ **활동지와 펜을 준비합니다.**

❷ **활동지의 내용에 맞춰서 해당 내용을 기록합니다.**
- 수업 그라운드룰의 경우 3개~5개 정도로 기록하길 추천해 드립니다. 너무 많은 그라운드룰은 기억하기도 어렵고 실천하기는 더 어렵습니다. 그라운드룰의 경우 학생이 확인하고 명확하게 행동할 수 있는 지침이 되어야 합니다. 따라서 '열심히 하기', '노력하기' 등의 정성적인 영역보다는 '3번 시도하기', '5번 도전하기' 등 정량적인 영역으로 기록하는 것이 도움이 됩니다.
- 수업 준비물의 경우 학생이 준비해야 하는 준비물과 선생님이 준비해야 하는 준비물을 나눠서 기록합니다.
- 수업 준비 상태의 경우 해당 수업을 위해서 사전에 알고 있어야 하는 내용이나 준비물을 어떻게 세팅해야 하는지 등에 대한 내용을 기록합니다.
- 수업 진행 과정은 숫자를 붙여서 설명합니다. 학생이 확인하고 절차적으로 진행할 수 있도록 안내가 필요합니다. 절차는 구체적이고 명확하게 설명합니다. 직접적으로 행동할 수 있는 형태의 문장으로 기록합니다.
- 수업 종료 조건은 학습 목표가 될 수 있습니다. 도달 여부를 어떻게 확인할 수 있는지를 안내합니다. 예를 들어 '할 수 있다'라는 형태의 종료 조건은 명료하지 않아서 언제 어떻게 도달해야 하는지를 알기가 어렵습니다. '할 수 있다'라는 표현보다는 '1분 동안 발표를 한다' 등의 명료한 종료 조건을 기록하는 게 좋습니다.

❸ **기록한 활동지의 내용을 동료와 공유합니다.**
- 활동지 내용을 나누고 서로 수정 및 보완을 진행합니다.

작성한 활동지는 실제 학생을 대상으로 적용해 보면 좋습니다. 수업을 운영하는 데 필요한 최소 학생들을 대상으로 실제 실현해 보시는 방법을 추천해 드립니다. 실천 과정에서 수정 및 보완이 더욱 정교하게 이루어집니다.

가장 어려운 일을 해야 한다고요?

Q 방학 중에 해야 할 일은 여러 가지가 있지만 그중에서도 스스로를 돌아보는 일이 가장 크고 중요한 것 같아요. 학기 동안 어떻게 살아왔는지를 생각하다 보면 내가 어떤 교사였는지 그리고 어떻게 살고자 하는지에 대해서 알게 되거든요. 스스로를 돌아보는 시간이 참 중요하고 필요한 것 같은데, 선생님은 이 시간을 어떻게 보내시나요?

A 세상에서 가장 어려운 말로 오랫동안 회자되고 있는 표현이 있습니다. 바로 그리스의 철학자 소크라테스가 남긴 '너 자신을 알라'라는 말입니다. 소크라테스가 했다는 말로 알려져 있지만 사실은 델포이의 아폴론 신전 현관 기둥에 새겨진 말이라고합니다. 아폴론 신전 현관 기둥에 새겨져 있었으니 당시 아테네 사람들이라면 누구나 알고 있을만한 유명한 말이었을 겁니다. 그리고 이 말에 대한 이야기를 중심으로 당시 아테네에 있던 철학자부터 오늘날까지 정말 많은 사람들이 이 말이 갖고 있는 본질적은 의미에 대해 여러 해석들을 꺼내 놓고 있습니다. 자기 자신이 누군인지를 명확히 알기 위해서 끊임없이 노력해야 한다는 채찍질부터 시작해서 열심히 공부하고 게을리 살면 안된다는 자기계발서, 다른 사람과의 관계를 통해 스스로를 알아가는 것의 중요성을 다루고 있는 인간관계에 대한 심리학까지 정말 다양하게 '너 자신을 알라'라는 말에 대해 이야기를 펼치고 있습니다. 그만큼 아주 짧은 문장이지만 이 말의 진짜 의미를 알기란 쉽지 않아 보입니다. 물론 철학자인 소크라테스는 이 말을 토대로 무지에 대한 이야기를 펼쳐 냈지만 그 이야기 또한 우리 모두를 나 자신을 알도록 만들지는 못한 것 같습니다. 그럼에도 우리는 끊임없이 나 자신을 알기 위해 노력하고 나

자신에 대해 생각하면서 시간을 보내고 있습니다. 그리고 여전히 이 일은 우리에게 매우 중요한 일이기도 합니다.

저는 선생님이 되는 과정에서 선생님스러운 사람과 선생님다운 사람에 대해서 고민을 했었습니다. '-스럽다'라는 표현은 '그러한 성질이 있음'의 뜻을 더해줍니다. 선생님스럽다는 말은 선생님이 갖고 있는 성질을 갖고 있는 듯해보임을 말합니다. 어른스럽다, 예스럽다, 현지스럽다 등의 표현에서 알 수 있듯이 각각의 속성이나 자격을 갖고 있는 것처럼 보입니다. 이는 겉으로 보여지는 모습입니다. 따라서 쉽게 모방할 수 있다는 특성을 갖고 있습니다. 겉으로 보여지는 스타일을 나타내는 경우가 많기 때문에 우리의 행동과 태도로 드러나는 경우가 대부분입니다. 선생님처럼 옷을 입고 선생님처럼 말을 하고 선생님처럼 행동한다면 충분히 선생님스러운 사람이 될 수 있습니다. '-답다'라는 표현은 '성질이 있음의 뜻'을 더하거나 '특성이나 자격이 있음'의 뜻을 더해 줍니다. 선생님답다라는 말은 선생님의 성질을 갖고 있거나 선생님의 특성이나 자격이 있음을 말합니다. 어른답다, 부모답다, 신제품답다 등의 표현에서 알 수 있듯이 각각의 속성이나 자격, 의미를 갖고 있음을 알 수 있습니다. 이는 오랜 시간 동안 반복해 온 속성과 특징을 이야기합니다. 모방이 어려운 정체성과 같습니다. 철학과 가치로 나타나기 때문에 실제적인 속성을 지니기도 합니다. 선생님다운 사람은 선생님처럼 옷을 입고 선생님처럼 말을 하고 선생님처럼 행동한다고 될 수 있지 않습니다. 오랜 시간 쌓아온 가치와 문화로 만들어 내는 모습입니다. 우리는 모두가 처음에는 선생님스러운 사람이었을 것입니다. 선생님처럼 행동하고 선생님처럼 옷을 입고 선생님처럼 말을 했을 것입니다. 다른 어떤 선생님의 행동과 태도를 모방하고 그대로 실천하면서 쉽고 빠르게 선생님스러운 모습을 갖췄을 것입니다. 그리고 그런 행동과 태도가 쌓이면서 어느 순간 선생님 다운 모습을 갖추게 되었을 거라 생각합니다. 선생님다운 내 모습을 갖추게 되면서 다른 누군가가 모방하기 어려운 나만의 가치와 문화를 만들었을 것입니다.

선생님다운 모습은 오랜 시간이 지나도 변하지 않습니다. 그리고 이건 선생님이 갖고 계신 미션과도 연결이 됩니다. 미션은 궁극적인 목표를 말합니다. 미션은 선생님이 꿈꾸는 세상을 나타내고 선생님의 가슴을 뛰게 하는 형태로 드러납니다. 비전은 지속적으로 변하지만 미션은 변하지 않습니다. 미션은 끊임없이 선생님을 움직이게 만드는 동력이 됩니다. 이 과정에서 가장 중요한 선생님의 핵심 가치가 드러납니다. 가치란 인간 행동에 영향을 주는 바람직한 것을 이야기합니다. 지적 욕구, 감성적 욕구, 의지적 욕구 등 인간이 지니고 있는 그 어떤 욕구를 만족시킵니다. 이 가치는 선생님 자신을 만족시키기도 하고 선생님 외부에서 선생님을 만나는 학생이나 학부모, 동료 교사를 만족시키기도 합니다. 선생님이 지니고 있는 핵심적인 가치는 선생님에게는 자긍심과 소속감 그리고 의사 결정의 기준이 되어 줍니다. 그리고 외부 사람들에게는 일관된 메시지를 전달함으로써 신뢰를 구축하고 관계를 쌓게 되며 무언가를 약속하는 기준이 됩니다.

방학 기간 자신을 돌아보는 과정에서 무엇보다 중요한 것은 선생님으로서 선생님다운 내 모습을 바라보는 일입니다. 이 모습은 시간의 흐름에 따라 변할 수도 있습니다. 학생의 배움과 성장을 추구하는 과정에서 더 효율적인 모습으로 더 효과적인 방법을 지닌 사람으로 바뀔 수도 있습니다. 그럼으로써 차별화된 선생님다운 모습을 갖추기도 합니다. **하지만 시간이 흘러도 변하지 않는 것이 있다면 그건 선생님이 지니고 계신 핵심 가치입니다.** 선생님의 가치는 '찐 정보'로 인식되어 그 파급력이 매우 크게 나타납니다. 특히 수업과 학생을 통해 나타나는 선생님의 가치는 선생님을 직접적으로 마주하지 않는 사람들에게 선생님에 대한 믿음과 확신을 심어줍니다. 선생님이 지니고 계신 미션과 핵심가치는 선생님스러움을 넘어 선생님다운 모습을 갖도록 만들어줍니다.

✦ **선생님이 지니고 계신 선생님의 미션은 무엇인가요?
선생님의 핵심 가치는 어떻게 나타낼 수 있을까요?**

학생들과 함께 해 보세요

🎤 핵심 가치 고르기

풍요	디자인	책임	성취	친환경
모험	지지, 옹호	이타주의	진정성	균형
아름다움	최고	소속감	용기	배려
협업	편안함	공동체	능숙함	경쟁
자신감	연결	만족	기여	협력
창의성	호기심	끈기	다양성	효율성
평등	윤리	우수	공정성	믿음
용서	자유	우정	재미	혁신
신뢰	긍정적	성장	조화	건강
솔직함	희망	겸손	유머	포용
자립	개성	결단력	혁신	직감
즐거움	친절	지식	리더십	행복
변화	개방성	긍정적 사고	실행	인내
자기만족	장난기	인식	존중	자기표현
자기절제	지혜	화려함	심플함	팀워크
도전	이해	독창성	단일성	유용성

진행 Tip

이 활동은 나의 핵심 가치 또는 수업의 핵심 가치를 선정해 보는 내용으로 구성되어 있습니다.

❶ 핵심 가치 표에서 나의 핵심 가치 또는 수업의 핵심 가치를 10개 골라 봅니다.
- 10개의 핵심 가치는 유사한 영역일 수도 있고 다른 영역일 수도 있습니다.
- 각각의 핵심 가치는 사전적 정의를 확인할 필요가 있습니다. 때로는 내가 알고 있는 사전적 개념이 잘못된 경우도 있습니다. 일상적으로 사용하는 의미가 아니라 사전적인 의미로 단어를 바라볼 때 어떤 의미를 지니고 있는지 명확하게 확인하면 좋습니다.

❷ 10개의 핵심 가치 중에서 5개의 핵심 가치를 선별합니다.
- 핵심가치를 선별하는 과정에서 조금 더 내가 추구하는 가치와 같은 방향의 가치를 선정합니다.

❸ 5개의 핵심 가치 중에서 3개의 핵심 가치를 선별합니다.

❹ 3개의 핵심 가치를 표의 아래 부분에 적습니다.

❺ 3개의 핵심 가치와 나의 미션이 어떤 연결고리가 있는지를 적어 봅니다.

❻ 해당 내용을 동료와 서로 공유합니다.

Q 선생님으로서 나의 미션과 핵심 가치를 생각해 보는 일이 참 낯설기도 하고 어렵기도 하네요. 선생님다운 내 모습이 어떠한지에 대해서도 생각해 볼수록 어렵기만 하고요. 나 자신에 대해 돌아보는 과정인 것 같은데 이 과정을 통해서 도달해야 하는 지점이 있다면 그건 무엇일까요?

A 선생님은 개구리 왕자 동화 내용을 알고 계신가요? 어느 날 아름다운 공주가 금으로 만든 공을 갖고 놀다가 실수로 공을 샘물에 떨어뜨리고 맙니다. 그리고 그 샘에 있던 개구리가 이 모습을 보고 공주에게 공을 찾아주는 조건으로 공주에게 몇 가지 제안을 합니다. 공주의 궁에서 지내게 해 주는 것과 공주의 침대에서 잠을 자는 것 등의 제안이었습니다. 하지만 공을 되찾은 공주는 개구리를 따돌리고 성에 돌아옵니다. 개구리는 집요하게 공주를 찾아오고 개구리의 존재를 알게된 왕은 공주에게 약속을 지켜야 한다고 이야기합니다. 어쩔 수 없이 공주는 개구리의 요구를 따르게 되고 개구리는 잘생긴 왕자의 모습으로 돌아오게 된다는 이야기입니다. 동화의 내용은 전래되는 부분에 따라서 다르고 동화의 해석 또한 매우 다양하지만 이 동화에서 저는 가장 핵심이 되는 질문을 이 부분으로 보았습니다. 개구리 왕자는 개구리일까요? 왕자일까요? 선생님의 생각은 어떠하신가요? 개구리 왕자는 사실대로 말하면 개구리입니다. 아무리 자신이 왕자라고 떠들어 봐야 지금의 모습은 개구리이기 때문입니다. 하지만 동화를 읽는 내내 우리는 알고 또 믿고 있습니다. 개구리 왕자는 개구리가 아니라 왕자라는 사실을 말입니다. 그리고 개구리 왕자를 개구리가 아니라 왕자라고 생각하면서 동화를 접합니다. 적어도 책을 읽는 동안 개구리 왕자는 개구리가 아니라 왕자입니다.

방학이 되고 선생님으로서 내 모습을 돌이켜 생각하다 보면 내 모습이 직장인인지 그냥 선생님인지 헷갈리는 순간이 올 때가 있습니다. 이런 고민은 누구나 맞이할 수 있고 또 당연하다고 생각합니다. 매일을 교사로서의 사명감에 휩싸이고 그 사명을 이루고 싶은 마음에 불타서 행동하면 너무 좋지만 현실은 밀려드는 업무와 쌓여 있는 과제들 그리고 매일 마주하는 학생들과 수업 사이에서 지쳐 있는 모습을 발견할 때가 많이 있습니다. 그럴 때면 선생님이 아니라 직장인인 내 모습에 더 집중될 때도 있습니다. 그런데 저는 이 모습이 마치 개구리 왕자와 같다고 생각합니다. **개구리 왕자의 진실은 개구리입니다.** 누가 뭐라고 해도 개구리 왕자는 개구리가 맞습니다. 적어도 왕자로 변신하기 전까지는 말입니다. 그런데 책을 읽는 내내 우리는 개구리 왕자를 개구리가 아니라 왕자라고 믿고 있습니다. 그리고 왕자가 되기를 기대하는 마음으로 책을 읽습니다. 개구리 왕자는 다른 개구리와는 다르다. 왜냐하면 개구리가 아니라 왕자이기 때문이다라고 생각합니다. 선생님의 모습도 마찬가지입니다. 설령 선생님의 진실은 직장인일 수도 있습니다. 휴일이 다가오면 기쁘고 월급날이 기다려지는 직장인일 지도 모릅니다. 하지만 사람들은 우리를 직장인으로 바라보지 않습니다. 선생님으로 바라봅니다. 개구리 왕자를 개구리가 아니라 왕자로 보는 것처럼 우리를 직장인이 아니라 선생님으로 바라봅니다. 안타깝게도 이 사실은 우리의 의지와 상관없이 그들의 눈으로 결정되기 때문에 변하지 않습니다.

그래서 저는 선생님이 직장인이든 선생님이든 크게 중요하지 않다고 생각합니다. 내가 아무리 직장인으로 살아도 보이는 모습은 선생님이기 때문이고 나를 바라보는 사람들도 나를 선생님으로 바라보기 때문입니다. 개구리 왕자는 본질은 개구리이지만 사람들이 왕자로 쳐다보기 때문에 왕자로 살아갑니다. 개구리로서 바랄 수 없는 것들을 공주에게 요구합니다. 그리고 그것들을 하나하나 성취해 나가면서 왕자가 되어갑니다. 우리의 모습도 마찬가지입니다. 우리는 남들과 똑같은 직장인이지만 사람들은 우리를 선생님으로 대하고 그래서 우리는 선생님으로 살아갑니다. 선생님이기 때문에 직장인에게 바라지 않는 것들을 기대합니다. 그리고 우리에게 주어진 일들을 하나하나 성취해 나가면서 선생님이 되어갑니다.

선생님으로 살아가다 보면 이와 같이 실질적인 나의 정체성과 현실이 가져오는 차이를 마주하게 됩니다. 나의 정체성은 직장인으로서 하루하루 주어진 과제를 충실하게 수행하는 것이지만 현실은 선생님으로서 하루하루 바람직하고 교육자적인 모습으로 살아가는 것입니다. 이 차이는 쉽게 극복되지 않습니다. 다만 우리는 이 과정을 적절하게 조화롭게 만들 수 있습니다. 그리고 그 결과가 바로 선생님으로서 선생님이 갖고 계신 이미지라고 생각합니다. 전래동화 콩쥐팥쥐를 알고 계신가요? 동화를 보면 팥쥐보다 콩쥐가 훨씬 착하고 인간성이 좋은 것 같습니다. 이 부분에 대해서는 동화 내용을 보면 쉽게 알 수 있습니다. 그런데 동화 어디를 보더라도 콩쥐와 팥쥐의 외모에 대한 평가는 나오지 않습니다. 콩쥐가 예쁘고 팥쥐가 못 생겼다는 표현 말입니다. 그런데 대부분 콩쥐팥쥐 동화를 보면 콩쥐는 예쁘게 그려져 있고 팥쥐는 심술궂고 못 생기게 그려진 경우가 많습니다. 콩쥐는 깨끗한 피부에 이목구비가 반듯반듯하다면 팥쥐는 주근깨가 가득하고 얼굴에 심술이 가득해 보이게 그려져 있습니다. 실제 외모는 알 수 없지만 우리는 콩쥐와 팥쥐가 갖고 있는 내적 가치를 보면서 그들의 외적인 가치를 유추합니다.

선생님이 갖고 계신 직장인으로서의 정체성과 선생님으로서의 현실은 선생님의 또 다른 이미지를 만들 수 있는 기회이기도 합니다. 이 과정은 선생님을 선생님답게 스스로 규정하는 행동이기도 합니다. 이 이미지에는 좋고 나쁨이 없습니다. 다만 선생님이 추구하시는 미션과 핵심 가치와 적합한 이미지와 적합하지 않은 이미지는 있습니다. 선생님의 이미지가 어떤 의미를 지닐 지는 알 수 없습니다. **하지만 그 이미지는 분명 잊혀지지 않는 하나의 의미가 된다는 사실을 꼭 이야기해 드리고 싶습니다.**

'내가 그의 이름을 불러주기 전에는 그는 다만 하나의 몸짓에 지나지 않았다. 내가 그의 이름을 불러 주었을 때 그는 나에게로 와서 꽃이 되었다. 내가 그의 이름을 불러 준 것처럼 나의 이 빛깔과 향기에 알 맞는 누가 나의 이름을 불러 다오. 그에게로 가서 나도 그의 꽃이 되고 싶다. 우리들은 모두 무엇이 되고 싶다. 나는 너에게 너는 나에게 잊혀지지 않는 하나의 의미가 되고 싶다. - 김춘수 〈꽃〉'

✨ **선생님은 직장인으로 모습과 선생님으로서 모습이 어떻게 다른가요? 선생님이 갖고 싶으신 이미지는 어떤 모습인가요?**

학생들과 함께 해 보세요

🎤 개구리 왕자 모습 그려 보기

개구리	왕자
(1)	(2)

진행 Tip

이 활동은 개구리 왕자를 그림으로 표현해 봄으로써 각각의 이미지가 갖고 있는 특징을 표현해 보는 내용으로 구성되어 있습니다.

❶ **개구리, 왕자의 두 표에 개구리 왕자가 개구리로서 지니고 있는 모습과 왕자로서 지니고 있는 모습을 그림으로 표현합니다.**
- 미술 시간이 아니고 미술 전공자를 뽑는 시간도 아닙니다. 그림을 너무 잘 그릴 필요는 없습니다. 핵심은 각각의 요소가 어떤 의미를 지니고 있고 어떻게 느껴질 지를 그림으로 표현하는 것입니다.
- 키워드가 아니라 그림으로 표현하는 것은 느낌을 조금 더 느껴 보기 위함입니다. 그림을 통해 다른 사람도 그 느낌을 충분히 느껴 볼 수 있도록 표현하면 좋습니다.

❷ **표 아래의 (1)과 (2) 부분에 개구리 왕자처럼 겹치는 나의 이미지를 적어 봅니다.**
- 예를 들어 직장인 교사와 선생님 교사의 모습을 적을 수 있습니다. 그 외에 또 다른 이미지가 있다면 적어 봅니다.

❸ **적은 내용을 바탕으로 그림을 그려봅니다.**
- 처음 그렸던 것처럼 느낌과 이미지를 중심으로 표현합니다.

❹ **작성한 내용을 동료와 함께 이야기 나눕니다.**

결국 교사로서 나의 정체성을 찾고 이미지를 만들어 가는 과정에 대한 이야기를 하시는 거네요. 이 과정은 정말 가장 어렵고 힘든 일이 맞는 것 같습니다. 방학이 아니면 시간을 내서 고민하기도 어렵고요. 그런데 이런 모습을 생각할 때마다 이렇게 살아가는 게 맞을까? 하는 생각이 들기도 합니다. 변화가 필요한 시점으로 보일 때도 있고요. 이럴 때는 어떻게 하면 될까요?

변화는 정말 고통스러운 일입니다. 우리는 변화를 시도할 때 기존의 것을 새롭게 바꾸면 된다고 생각합니다. 그런데 사실 변화란 기존의 것을 새롭게 바꾸는 것이 끝이 아닙니다. 변화의 시작은 기존의 것을 버리는 것부터 시작합니다. 기존의 것을 버리고 그 자리에 새로운 것을 넣어야 합니다. 새로운 것을 넣기 위해서는 남겨진 자리에 어떤 것을 넣어야 할지부터 다시 고민해야합니다. 새로운 것을 넣기 위해 기준을 세우고 그 기준에 따라 후보군을 만들고 만들어진 후보군을 검증하고 그렇게 새로운 것을 넣습니다. 그리고 새롭게 넣은 것이 기존에 버린 것처럼 작동할 수 있도록 에너지를 집중하고 적응해야 하는 일이 뒤따릅니다. 그래서 사실 변화란 말처럼 쉽지 않고 더 나아가 고통스러운 일이기도 합니다. 이 때문에 많은 사람들이 변화해야 한다고 말하지만 쉽게 변하지 못하고 기존의 관습과 습관을 그대로 따르는 경우가 많이 있습니다. 사실 많은 사람이라고 말하지만 우리 또한 그 많은 사람들 안에 속해 있는 사람이기도 하고요. 그럼에도 변화를 생각한다면 아마도 기존 그대로 있을 때의 고통이 변화의 고통보다 더 크게 느껴졌기 때문이라고 생각합니다. 그 순간이 다가오면 이제 우리는 생존을 위해 변화를 시도하게 됩니다.

선생님으로서 살아오는 우리의 모습도 변화가 필요한 순간이 있습니다. 선생님이 선생님으로서 갖고 있는 미션과 핵심 가치가 동일하다면 변화의 모습을 크게 두려워하지 않으셔도 됩니다. 미션과 핵심 가치를 바꾸는 건 선생님으로서의 정체성을 완전히 새롭게 규정하는 일입니다. 이 부분은 선생님이 그동안 살면서 갖고 왔던 철학과 가치관을 모두 흔드는 일일지도 모릅니다. 가급적 선생님이 갖고 계신 미션과 핵심 가치는 바꾸시지 않기를 추천해 드립니다. 그건 잘못하면 선생님의 과거를 모두 부정하는 자리로 나아갈 수도 있기 때문입니다. 선생님은 그동안 잘해 오셨습니다. 선생님이 갖고 계신 철학과 가치관에 따라 충분히 학생들의 성장을 이끌어 오셨습니다. 선생님의 미션과 핵심 가치는 잘못된 것이 아닙니다. 따라서 저는 그걸 바꿀 필요는 없다고 생각합니다. 다만 선생님의 미션과 핵심 가치를 그대로 유지하면서도 충분히 변화는 필요하다고 생각합니다. 그 변화의 필요성을 선생님이 느끼셨다면 말입니다. 그리고 그 변화를 시도하는 방법에 대해 말씀을 드리고자 합니다.

변화의 과정에서 가장 중요한 것은 기준이 되는 한 축을 유지한 채 다른 발을 옮기는 것입니다. 저는 적어도 다음 3가지 중 하나는 반드시 유지하면서 변화를 추구하시기를 추천드립니다. 가장 먼저 내가 수업을 통해 이루고자했던 학생의 변화입니다. 이는 선생님이 추구하는 핵심 가치와도 연결됩니다. 다음은 선생님이 갖고 있는 선생님의 강점입니다. 이는 선생님의 정체성이며 선생님을 선생님답게 만들어 주는 선생님의 모습입니다. 마지막으로 선생님만의 수업 방식입니다. 그동안 선생님이 추구해 오던 핵심 가치를 실현하기 위한 좋은 방법이었습니다. 이 3가지 중 하나는 반드시 유지하면서 변화를 추구해야 합니다. 3가지를 한 번에 모두 변화하려고 한다면 이는 선생님으로서의 내 모습을 잊어버리게 됩니다. 이건 변화가 아니라 새로운 사람이 되겠다는 것을 의미합니다. 육체적인 존재로서 내 모습만 동일할 뿐 모든 것이 바뀌게 됩니다. 따라서 3가지 중 하나는 반드시 유지하시기 바랍니다. 물론 하나씩 하나씩 바꿀 수는 있습니다. 하지만 3가지를 동시에 바꾸는 것은 추천드리지 않습니다.

3가지의 기준 축을 두고 다른 발을 옮기다 보면 변화했을 때 고려해야 할 사항들이 눈에 보입니다. 먼저는 학생들의 성장 과정에 필요한 학생들의 니즈가 무엇인지를 고려합니다. 내가 그동안 학생들을 제대로 파악하고 있지 못했다가 이제야 알게된 학생들의 모습을 고려하여 변화를 추구합니다. 또는 수업 자료가 변하하는 경우입니다. 기존에 활용하던 수업 자료들의 형태와 제공 방식이 완전 바뀌게 되면서 이를 고려한 변화를 추구할 때가 있습니다. 학생들의 통계적인 수치가 변화하면서 변화를 추구할 때도 있습니다. 학생 수가 바뀌는 경우, 성비가 바뀌는 경우, 수준이 바뀌는 경우 등 구체적으로 드러나는 수치를 고려하면서 변화를 추구하기도 합니다. 내가 가르치는 영역이 변화하는 경우도 있습니다. 기존에는 일부 영역만 진행하면 되었는데 이제는 전체를 지도해야하는 경우가 해당됩니다. 또는 같은 수업 내용이지만 완전히 다른 수업 방식을 사용해야하는 경우도 있습니다. 이와 같은 내용들을 고려하면서 우리는 변화를 만들어갈 수 있습니다.

변화는 성장의 한계를 느끼거나 또는 내가 생각했던 결과가 나오지 않았을 때 고민하게 됩니다. 또는 내가 생각하고 있는 내용에 대한 엄청난 확신이 있을 때와 예상치 못한 부분에서 좋은 반응과 기회가 생길 때도 고민합니다. 변화의 시점을 앞두고 버티는 것이 답인지 아니면 새롭게 시도해 보는 것이 답인지도 고민하게 됩니다. **중요한 건 정답이 없다는 사실입니다.** 아직 변화에 대한 미련이 남아 있다면 버텨 보는 것도 좋은 방법이긴 합니다. 하지만 단순히 버틴다고만 문제가 해결되지는 않습니다. 버티는 와중에도 변화와 맞먹는 여러 가지 다양한 시도들을 계속해야만 합니다.

그런 측면에서 방학은 참 좋은 시간입니다. 변화를 고민하는 일은 시간이 필요하기 때문입니다. 선생님이라는 일을 이름을 갖고 있는 우리에게는 생각하고 수정하고 다양한 방향을 탐색하고 변화를 꾀하고 기반을 다질 수 있는 충분한 시간이 필요합니다. 계획을 세워야 하고 스스로도 놀라운 일을 할 수 있어야 합니다. 무엇보다도 실수도 해야 합니다. 그리고 이 모든 과정을 할 수 있다면 우리는 충분히 운이 좋은 사람이라고 말할 수 있습니다. 그리고 방학은 이러기에 충분한 시간입니다.

 변화에 앞서 선생님이 유지하고 계신 축은 무엇인가요?
선생님이 변화를 추구하시는 이유는 무엇인가요?

 **학생들과 함께 해 보세요**

🎤 변화의 축, 변화 목적 정하기

내가 수업을 통해 이루고자 했던 학생의 변화	내가 갖고 있는 강점	나를 나답게 만드는 모습

변화할 때 고려해야 할 사항

진행 Tip

이 활동은 변화의 축을 살펴보고 변화할 때 고려해야 할 사항이 무엇인지를 생각해보는 내용으로 구성되어 있습니다.

❶ **3가지 핵심적인 축의 내용을 기록합니다.**
- 내가 수업을 통해 이루고자 했던 학생의 변화의 경우 그림으로 표현해도 괜찮습니다. Before와 After로 나눠서 표현하면 더욱 명료해집니다. 그림으로 표현할 때는 학생의 표정이 돋보이도록 표현하면 좋습니다.
- 내가 갖고 있는 강점의 경우 다른 사람과 비교할 때 잘하는 것일 수도 있지만 꼭 비교하지 않더라도 내가 스스로 생각할 때 내가 갖고 있는 강점을 적어 봅니다. 강점은 상대적이지 않습니다. 내가 잘하면 잘하는 것입니다. 스스로에 대한 확신을 갖고 적어 보시기 바랍니다.
- 나를 나답게 만드는 모습은 내가 갖고 있는 신념, 가치 등일 수 있습니다. 또는 내가 이 일을 지속하게 하는 나의 동기, 힘일 수도 있습니다. 그 내용에 대해 생각해 보고 기록합니다.

❷ **3가지 핵심적인 축 중에서 이번 변화에서 반드시 유지해야 할 축을 색깔로 표시합니다.**
- 변화 과정에서 나를 버리는 것은 최악의 선택입니다. 나를 유지하면서 변화를 추구할 수 있도록 내가 이번 변화에서 유지할 내용이 무엇인지를 표시합니다.

❸ **변화할 때 고려해야 할 사항의 영역을 기록합니다.**
- 3가지 축 중 한 가지를 유지할 때 나머지 영역에 대해서 어떤 사항들을 고려할지를 적어 봅니다. 고려할 사항을 기록할 때는 구체적으로 적습니다.
- 나의 힘으로 바꿀 수 있는 고려 사항과 나의 힘으로 바꿀 수 없는 고려 사항을 분리해서 적으면 좋습니다.

왜 자꾸 설탕이 무슨 맛이냐고 물어보시는 거죠?

Q 선생님의 이야기를 듣다 보니 방학이 긴 것 같으면서도 참 짧게만 느껴지네요. 방학이지만 학기를 보낼 때보다 더 바쁜 시간을 보내야만 할 것 같아요. 물론 말씀하신 여러 가지 사항들이 방학 때 모두 실천해야 할 좋은 내용이겠지만 그중에서도 가장 핵심이 되는 메시지가 있다면 그건 무엇일까요?

A 사람들은 누구나 의식적으로 행동하는 일이 있습니다. 이걸 루틴이라고 이야기하는데요, 루틴(Routine)은 일상적인 틀, 판에 박힌 일이라는 의미를 지니고 있습니다. 특히 스포츠 선수들은 자신의 경기에서 최상의 컨디션을 유지하고자 무의식적으로 반복하는 동작이나 절차가 있다고 합니다. 예를 들어 한 축구 선수는 경기장에 들어가면 고개를 숙이고 기도를 합니다. 필드에 입장할 때는 반드시 오른 발로 사이드라인을 밟기도 하고요. 커다란 헤드폰을 이용해서 음악을 듣는 경우도 있습니다. 테니스 선수 중 한 명은 서브를 넣기 직전에 발로 땅을 고르고 라켓으로 두 발의 흙을 털고 엉덩이에 낀 바지를 빼고 양 어깨와 귀, 코를 번갈아 만지기도 합니다. 경기 3시간 전부터 운동장을 꼭 15바퀴를 뛰고 경기에 임하는 선수도 있습니다. 이런 루틴은 일상적인 틀, 판에 박힌 일이라는 사전적 의미만 두고 보았을 때는 그리 좋은 의미처럼 보이지 않지만 평정심을 유지하고 최상의 컨디션을 발휘하기 위한 습관적인 행동으로 보았을 때 매우 긍정적으로 작용하는 것으로 보입니다.

적절한 루틴은 일상적인 수업이나 매일 마주하는 업무 처리 과정에서 불안감과 걱정을 해소시켜줄 뿐만 아니라 평정심을 유지시켜 주기도 합니다. 집중력을 높여서 업무 효율성을 극대화시키기도 합니다. 따라서 많은 사람들이 자신이 맡은 일을 처리하는 과정에서 일정한 루틴을 갖고 있습니다. 반복되는 일상 속에서 무료함으로 인해 자칫하면 빠뜨리거나 생략할 수 있는 중요한 일들을 반드시 실행하기 위한 방법이기도 합니다. 사실 방학은 이런 루틴을 점검하기에 매우 좋은 시간입니다. 루틴이 있다면 일단 하기 싫어도 하도록 만드는 마중물과 같은 역할을 해 주기 때문입니다. 루틴을 만드는 과정에 대해서는 이미 수많은 학자들이 이야기한 부분이 있고 또 많은 책에서도 이야기하고 있기 때문에 따로 언급하지는 않겠습니다. **다만 모두가 공통적으로 이야기하는 부분이 있다면 '그냥 꾸준히 하세요'라는 내용입니다.**

그런데 루틴을 지속하다 보면 회의감이 들 때가 있습니다. 기계적으로 이렇게 살아가는 것이 맞는 걸까하는 생각을 하게 됩니다. 그래서 저는 선생님에게 조금은 도발적인 제안을 드리고자 합니다. 바로 선생님의 루틴(Routine)을 리추얼(Ritual)로 바꿔 보는 일입니다. 리추얼이란 '의식적인 절차, 의례'를 이야기합니다. 종교적인 의미가 덧붙어서 조금은 성스러운 일이라고 말할 수 있습니다. 지겨운 루틴의 시작과 끝에 변화를 주어 성스러운 습관으로 만들어 보는 과정을 제안하고자 합니다.

이 과정을 위해서는 먼저 나의 루틴이 무엇인지 명확히 파악할 필요가 있습니다. 내가 반복적으로 하는 행동이 무엇인지 집중해야 합니다. 여기서의 집중은 나의 전체적인 모습을 살펴보는 것이 아닙니다. 온전히 하나를 살펴보는 것입니다. 나의 전체적인 삶은 정말 많은 행동으로 이루어져 있습니다. 그중에서 뾰족하게 단 하나의 행동에만 집중해 보는 겁니다. 그리고 그 반복되는 행동을 특별한 경험으로 바꿔 보는 연습을 진행해 봅니다. 여기서 특별한 경험이 되도록 만들기 위해서는 그 행동을 하고 있는 계기에 적절한 난이도를 심어 줘야 합니다. 예를 들어서 내가 수업을 준비하는 행동은 나에게 학생들의 좋은 학습 결과를 위해서라는 계기로 시작됩니다. 그런 계기만으로도 충분히 수업 준비를 잘해 오셨을 거라 생각합니다. 하지만 시간이 지나면 지치고 힘들어집니다. 반복적으로 이루어지는 수업 준비는 어느새 루틴으로 틀에 박힌 일이 되어 버리고 긍정적인 의미보다는 부정적인 지침으로 다가올 때가 생깁니다. 그래서 적절한 챌린지가 필요합니다. 학생들의 좋은 학습 결과를 위한 계기에 챌린지를 심어 주는 겁니다. 조금 더 구체적으로 이번 수업이 끝나고나서 학생들에게 별점 테스트를 해서 3.7점 이상이 되도록 해 보자 등의 챌린지입니다. 이 챌린지는 어떤 것이 좋고 나쁜 지 알 수 없습니다. 다만 선생님이 그동안 진행해 왔던 행동에 조금은 몰입할 수 있고 조금은 선생님의 능력을 발휘할 수 있도록 만들어 주기만 하면 됩니다. 선생님이 루틴을 만드셨던 계기와 적절한 챌린지의 조화는 선생님이 반복적으로 행동하는 그 과정을 일종의 게임처럼 만들어줄 수 있습니다. 당연히 그 행동들이 훨씬 재밌고 흥미로워집니다.

리추얼하게 행동해보는 것은 우리가 부족하지 않기 때문에 필요하기도 합니다. 이미 이 책을 읽으시는 선생님은 충분히 수업을 통해 학생들의 성장을 잘 이끌어 내고 계실 거라 생각합니다. 그리고 AI 디지털교과서를 활용한 다양한 수업 방식에 대한 책과 교사에게 도움이 되는 연수와 자료들은 이미 차고 넘칠 정도로 많이 있습니다. 우리는 결핍의 시대가 아니라 과잉의 시대를 살아가고 있습니다. 모든 것이 차고 넘치고 풍요롭습니다. **따라서 이제는 단순히 행동하는 것이 아니라 그 행동을 어떻게 나에게 의미 있게 만드는지가 중요합니다.** 나의 수업과 업무 처리 방식의 루틴을 확인하고 이를 리추얼하게 만드는 과정은 나 자신에게 집중하고 나 자신을 위한 삶의 태도를 갖춰가는 시간이기도 합니다.

지난 1천년 간 일본에서 가장 인지도 높은 작가로 뽑히는 무라카미 하루키는 책 〈달리길르 말할 때 내가 하고 싶은 이야기〉에서 다음과 같이 이야기했습니다. "어떤 종류의 프로세스는 아무리 애를 써도 변경하는 것을 받아들이지 않는다고 나는 생각한다. 그리고 그 프로세스와 어느 모로나 공존하지 않으면 안 된다고 가정하면, 우리가 할 수 있는 일은 집요한 반복에 의해 자신을 변형시키고(혹은 일그러뜨려서), 그 프로세스를 자신의 인격의 일부로서 수용할 수밖에 없다."

**선생님의 업무와 수업에서의 루틴은 무엇인가요?
그 루틴 중 하나를 리추얼로 바꾸기 위해서는 어떻게 해야 할까요?**

학생들과 함께 해 보세요

🎤 루틴과 리추얼 정하기

루틴		

⬇

리추얼		
(모습)	(모습)	(모습)
(방법)	(방법)	(방법)
1. 2. 3.	1. 2. 3.	1. 2. 3.

진행 Tip

이 활동은 나의 루틴이 무엇인지를 살펴보고 그 루틴을 리추얼로 바꾸기 위한 과정을 기록해보는 내용으로 구성되어 있습니다.

❶ **수업이나 업무 처리 과정에서 내가 갖고 있는 루틴을 3가지 적어 봅니다.**
- '이건 루틴일까?' 고민이 되는 내용이 있을 수 있습니다. 이 경우 내가 이걸 루틴으로 만들고 싶고 그러기 위해서 노력하는 부분이 있다면 적어도 괜찮습니다.
- 루틴이 많을 경우 그중 리추얼로 바꾸고 싶은 핵심적인 루틴을 먼저 기록합니다. 핵심적인 루틴의 경우 중요한 루틴일 수도 있지만 가장 시급한 루틴일 수도 있습니다. 또는 가장 바꾸기 쉬운 루틴일 수도 있습니다. 핵심의 기준은 사람마다 다릅니다. 중요한 건 그 루틴을 리추얼로 바꿔 보겠다는 의지입니다.

❷ **해당 루틴이 리추얼로 바뀐다면 어떤 모습일지를 적어 봅니다.**
- 리추얼로 바뀌었을 때의 모습을 상상해서 그려 봅니다. 루틴과 같은 모습일 수도 있고 다른 모습일 수도 있습니다. 일부는 같고 일부는 다를 수도 있습니다. 다른 모습이 무엇인지에 대해 집중하며 표현해 봅니다.

❸ **해당 리추얼을 실현시키기 위한 방법을 적어 봅니다.**
- 3가지 액션플랜으로 나눠서 기록합니다. 최대한 실현 방법을 단순화합니다. 또한 실현시키기 쉽도록 구체화해서 기록합니다.

❹ **활동지에 작성한 내용을 동료와 공유합니다.**
- 동료와의 공유를 통해 실천에 대한 의지를 다집니다.

Q 변화를 만들어 가는 과정에 대해 말씀하시는 거네요. 한 번에 크지 않더라도 끊임없이 자신의 모습을 관찰하고 변화하는 것 또한 중요하다고 생각합니다. 그리고 이것을 실천하는 과정 또한 매우 중요하고요. 선생님은 루틴을 리추얼로 만들기 위해서 어떻게 노력하고 계신가요?

A **저는 실패란 새롭게 정의되어야 하는 단어라고 생각합니다.** 표준국어대사전에 따르면 실패란 '일을 잘못하여 뜻한 대로 되지 아니하거나 그르침'이라고 나와 있습니다. 실패의 유의어로는 낙공, 낙오, 낭패, 대패, 좌절 등의 단어가 쓰이고요. 그래서 우리는 실패하면 좌절하고 낙심하기 마련입니다. 저에게도 실패는 항상 스스로를 가라앉히고 무너지게 만드는 일이었습니다. 그리고 지금도 여전히 실패는 스스로를 편안하게 내버려두지 않습니다. 한번은 한창 실패에 좌절하고 있을 때 학생들이 참여하고 있는 상담 프로그램에 인솔 교사로 참여한 적이 있었습니다. 상담 프로그램 선생님이 학생들에게 A4 용지를 나눠 주시더니 두 개의 원을 서로 겹치게 그린 다음에 다음과 같은 것들을 적어 보라고 하셨습니다. 첫 번째 원에는 주변에 흔한 것 중에 좋은 것을 적도록 안내했습니다. 학생들은 여러 가지 단어들을 적었습니다. 자동차, 집, 스마트폰, 노트북, 책 등 여러 물건들부터 시작해서 하늘, 새, 나무, 그늘, 흙, 공기 등 자연 환경까지 다채롭게 표현했습니다. 그 다음 상담 선생님은 두 번째 원에 좋지 않아도 다행인 것을 적어 보라고 하셨습니다. 계단, 숙제, 시험 등 다양한 키워드들이 등장했습니다. 그리고 두 원의 교집합 지점에 흔한 것 중 좋은 것과 좋지 않아도 다행인 것들 중에서 고맙고 소중한 것에 대해 적어 보도록 안내하셨습니다. 학생들은 여러 가지 단어들 중에 자신들을 성장시키는 키워드들을 옮겨 적었습니다. 그렇게 학생들이 내용을 적고 공유하는 과정에 한 학생이 고맙고 소중한 것에 실패라는 단어를 적은 걸 이야기했습니다. 처음에는 매우 의아했습니다. 실패가 고맙고 소중하다는 학생의 말이 참 낯설게 느껴졌습니다. 그런데 이야기를 듣다 보

니 실패야말로 나 자신의 현재 모습을 제대로 알게 해 주고 또 내가 어떻게 해야 할지에 대해서 고민하게 해 주는 소중한 기회를 제공해 준다는 걸 알게 되었습니다. 그 때 이후로 저는 실패란 '일을 잘못하여 뜻한 대로 되지 아니하거나 그르침'이라고 생각하지 않게 되었습니다. 실패란 새롭게 정의되어야 하는 단어입니다. 사람마다 다르게 말입니다. 그리고 저에게 실패란 '배움의 기회'로 정의되어 있습니다.

저의 루틴 중 하나는 매일 매일 실패를 나 자신에게 허락하는 일입니다. 저는 스스로에게 실패를 허락하는 삶을 살고 있습니다. 매일 매순간 실패와 좌절을 경험하는데 그걸 저 자신에게 허락하는 것입니다. 실패를 허락하는 일이 어쩌면 자기방어처럼 느껴질 지도 모르겠습니다. 하지만 그 일은 저 자신을 지키는 일이기도 합니다. 스스로 허락하지 않은 실패를 마주할 때면 마치 실패가 나를 무너뜨리는 것 같은 느낌이 듭니다. 그런데 실패를 허락하면 그 실패를 통해 내가 얻고자했던 것이 무엇인지를 살펴보게 됩니다. 스스로에게 실패를 허락하는 일이 저에게는 매우 중요한 루틴입니다.

그리고 이 루틴을 리추얼하게 만들기 위해서 저는 실패의 난이도를 정하고 새롭게 도전합니다. 예를 들어서 일부러 실패할 수 있을 정도의 일에 시도합니다. 실패를 허락했기 때문에 실패를 통해 크게 좌절하지 않겠다는 마음과 함께말입니다. 항상 저의 능력보다 조금은 높은 단계의 일에 도전하고 그렇게 실패를 경험합니다. 물론 처음부터 이 일이 쉽지는 않았습니다. 자꾸만 실패하고 계속 실패하면 좌절만 쌓이고 어느 순간 '내가 무슨 부귀영화를 누리겠다고 이렇게 할까'라는 생각에 휩싸이기도 합니다. 포기하고 싶은 순간은 부지기수로 많고요. 그럼에도 루틴에 따라 실패를 허락하고 또 실패의 난이도를 조정합니다. 실패할 줄 알았는데 아슬아슬하게 성공하면 그만큼 즐거운 일이 없습니다. 마치 게임에서 레벨이 낮은 캐릭터로 보스 몬스터를 잡은 듯한 느낌이 듭니다. 쾌감도 생기고 보람도 느낍니다. 그렇게 실패는 저에게 루틴이자 리추얼이 되어있습니다.

중요한 건 이 모든 일을 실패할 때도 많다는 것입니다. 실패를 허락하고 실패를 통해 배워야겠다고 마음 먹은 이 일 자체가 실패할 때도 무척 많습니다. 그러다 보면 좌절하고 스스로 무너지기도 합니다. 세상에 어느 누가 실패를 좋아하고 성공을 싫어할까요? 그런 사람은 세상에 존재하지 않을 것입니다. 매일 매일 실패를 허락하고 실패를 경험하기 위해 살아가는 삶은 그리 행복한 삶이라고 말할 수 없을 것입니다. 그래서 저는 행복한 삶을 살기 위해 노력하지 않습니다. 다만 행복에서 이 삶을 시작할 따름입니다. 저는 도전하고 실패할 수 있다는 사실에서 행복을 찾습니다. **성공이 아니라 실패해도 괜찮기 때문에 행복하다고 생각합니다.** 그렇게 오늘 하루 실패해도 또 다르게 실패를 용납하고 실패를 통해 배우고 실패를 새롭게 정의합니다.

미국의 교육가이자 철학자였던 레오 버스카글리아(Buscaglia. Leo F.)는 다음과 같은 이야기를 남겼습니다. '산다는 것은 죽는 위험을 감수하는 일이며, 희망을 가진다는 것은 절망의 위험을 무릅쓰는 일이고, 시도해 본다는 것은 실패의 위험을 감수하는 일이다. 그러나 모험은 받아들여야 한다. 왜냐하면 인생에서 가장 큰 위험은 아무것도 감수하지 않는 일이기 때문이다.' 아무것도 하지 않고 아무것도 갖지 못하고 아무것도 되지 못하면 고통과 슬픔은 피할 수 있을지 모릅니다. 하지만 배움을 얻을 수도, 느낄 수도, 변화할 수도 없고 성장하거나 사랑할 수도 없습니다. 확실한 것에만 묶여 있는 사람은 자유를 박탈당한 노예와 같기 때문입니다. 매일 같이 실패를 허락하고 그 실패를 마주하면서 살아가는 것이 제가 갖고 있는 저의 루틴이자 리추얼입니다.

 선생님은 실패를 어떻게 정의하실 건가요?
선생님은 어떤 실패를 오늘 허락하셨나요?

실패 정의하기

인생의 비밀은 일곱 번 넘어지고 여덟 번 일어나는 데 있다.

한 번 실패한 것이 앞으로의 모든 일에 실패할 거라는 것을 의미하지는 않는다.

실패는 그것이 습관이 되지 않는 한 좋은 것이다.

실패보다 후회를 두려워하라

오직 크게 실패를 할 용기가 있는 사람만이 크게 이룰 수 있다.

가장 위대한 사람들은 그들의 가장 큰 실패를 넘어 가장 큰 성공을 이룩했다.

성공 혹은 실패는 정신적 역량보다는 정신적 태도로부터 발생한다.

실패는 막다른 길이 아닌 우회로다

결국 실패 같은 것은 없다. 다른 방식으로 얻은 교훈이 있을 뿐이다.

성공을 축하하는 것도 좋지만, 실패의 교훈에 주의를 기울이는 것이 더 중요하다.

실패를 두려워하면 성공할 자격이 없다.

성공하기까지는 항상 실패를 거친다.

실패는 넘어지는 것이 아니라 일어나는 것을 포기하는 것이다.

실패

진행 Tip

이 활동은 다양한 명언들 속에 나오는 실패의 개념을 재정의해 보면서 실패의 개념을 정의하는 내용으로 구성되어 있습니다.

❶ 활동지에 기록된 명언들을 살펴보면서 명언 속에서 실패라는 단어는 어떻게 정의되는지를 적어 봅니다.
  • 명언 내용을 그대로 옮겨 적는 것이 아닙니다. 명언 속에서 실패가 어떻게 정의되는지를 살펴보는 게 핵심입니다. 많은 사람들 이야기에서 실패의 개념이 사전적인 개념과 어떻게 다르게 정의되는지를 살펴봅니다.

❷ 실패에 대한 다양한 정의 중에서 자신이 가장 공감하는 실패에 대한 정의 3개를 골라서 색칠합니다.
  • 실패의 다양한 정의 중에 가장 공감이 되는 정의를 선택합니다. 선택 과정에서 자신이 생각하는 실패의 개념과 기준을 고려합니다.

❸ 실패의 단어에 대해서 새롭게 정의해 봅니다.
  • 여러 정의들을 바탕으로 내가 생각하는 실패의 정의는 무엇인지를 적어 봅니다.

❹ 기록한 실패의 정의를 사전적 정의와 비교해 봅니다.
  • 표준국어대사전에서 실패란 '일을 잘못하여 뜻한 대로 되지 아니하거나 그르침'이라고 정의되고 있습니다. 사전적 정의와 자신이 내린 정의가 어떻게 다른지를 비교해 봅니다.

❺ 활동지에 정리한 내용을 동료와 함께 공유합니다.
  • 실패에 대해 이야기를 나누고 새롭게 정의한 실패를 응원해 줍니다.

> **Q** 실패에 대한 생각이 참 낯설면서도 새롭게 다가오네요. 실패를 어떻게 정의할지에 대해서도 고민하게 되고요. 루틴을 만들고 리추얼을 만들고 그리고 실패를 허락하는 이런 삶의 태도도 교사에게 매우 의미 있어 보입니다. 그리고 선생님이 가장 중요하게 여기시는 것이 무엇인지도 눈에 보이고요. 마지막으로 강조하실 부분이 있다면 무엇일까요?

A TV 예능 프로그램 〈무한도전〉에 대해 알고 계신가요? 오랜 기간 많은 시청자들로부터 사랑을 받았던 프로그램입니다. 프로그램 제목에서 알 수 있듯이 정말 상상하지 못했던 많은 일들을 시도하고 그 과정에서 감동과 웃음을 전해 주었던 프로그램인데요, 프로그램의 일부 중에 출연자가 스님과 함께 대화를 나누는 장면이 있었습니다. 출연자가 스님에게 자신의 고민을 털어놓았습니다. "제가 하고 있는 이 일을 시간이 원하는 만큼 일할 수 없을 때가 올텐데 어떻게 대처하면 좋을까요?"라고 물었습니다. 이에 스님이 "고민하지 말아라, 오직 할 뿐"이라고 대답했습니다. 그리고 이어서 "예를 들면 조카가 단 게 무엇인지 물을 때 뭐라고 설명할거냐"라고 물어보았습니다. 이에 출연자는 "단 것은 몸에 안 좋은 것"이라고 답했습니다. 스님은 출연자의 답을 듣고 "뭔 돌아이 같은 소리를 하는거냐"라는 이야기를 했습니다. 그러자 출연자가 묻습니다. "스님은 그럼 어떻게 답하실지"라고 말입니다. 그러자 스님이 이렇게 답했습니다. "설탕 한 숟가락을 떠서 입에 넣어 주면 그게 답"이라고 말입니다. 그러면서 "세상에 있는 지식 몇 개로 조합하는 것이 아니라 그냥 꾸준히 하면 된다. 충실하고 열심히 할 뿐"이라고 답했습니다.

저는 TV 예능 프로그램을 보면서 선생님이라는 삶을 살고 있는 우리에게 가장 필요한 태도가 이와 같은 자세라고 생각했습니다. 우리는 지속적으로 더 좋은 수업 방식을 찾고 더 효율적인 학습 방법을 고민합니다. 끊임없이 연구하고 꾸준히 공부합니다. 그렇게 지속적으로 답을 찾다 보면 언젠가 완벽한 정답을 찾을 수 있을 거라 생각하기도 합니다. 하지만 안타깝게도 그럴 가능성은 사실상 제로에 가깝습니다. 아마 우리는 우리에게 주어진 시간동안 선생님으로서 충실하게 살아가도 온전히 그 일을 해낼 수 없을 것입니다. TV 예능 프로그램 속 스님은 단 맛을 설명할 때는 세상에 있는 지식 몇 개로 조합하는 것이 아니라 그저 설탕 한 숟가락을 떠서 입에 넣어 주면 그게 답이라고 이야기해 주었습니다. 저 또한 방학을 맞아 여러 가지 수업 방식을 고민하고 그리고 더 나은 학생들의 성장을 위해 연구하는 선생님들에게 가장 필요한 게 이 부분이라고 생각합니다. 우리가 고민하고 연구한 것을 세상에 있는 지식 몇 개로 조합해서 그럴싸하게 보이는 것이 아니라 학생들이 그저 느낄 수 있도록 만드는 것입니다.

사실 이를 위해서 우리는 그동안 많은 것들을 함께 고민했습니다. 교사로서 미션과 핵심 가치를 생각해 왔고 나의 루틴을 돌아보면서 리추얼로 만들기 위한 방법도 찾아봤습니다. 학기 시작할 때는 비전을 고민하고 그라운드룰을 만들면서 여러 가지 기획에 대한 아이디어도 끊임없이 도출했습니다. 그런데 이 모든 것들은 학생들에게 단맛을 느끼게 하기에 충분하지 않습니다. 이제 필요한 것은 실천입니다. 선생님의 실제 수업에 녹여 내는 실천이 학생들에게 단맛을 느끼게 해줄 수 있습니다.

세상에는 수많은 아이디어가 있습니다. 그리고 그 아이디어들은 때로는 내가 전혀 생각하지 못하는 영역으로 매우 훌륭하게 나타날 때가 있습니다. 그 아이디어들은 성공할 때도 있고 실패할 때도 있습니다. 문제는 아이디어를 떠올리는 건 누구나 할 수 있는 일이지만 성공과 실패를 경험하는 건 아무나 할 수 없는 일이라는 점입니다. **성공과 실패를 경험하기 위해서는 실천을 해야 하기 때문입니다.** 여기서의 실천은 막연한 행동이 아닙니다. 무엇을 어떤 동작으로 할 것인지 마음 속으로 구체적으로 그렸을 때 비로소 행동할 수 있습니다.

저는 실천을 위해서 다음과 같은 3단계로 움직입니다. 가장 먼저 달성하고 싶은 목표와 함께 그 목표를 달성하고 싶은 데드라인을 정합니다. 이 때 너무 멀리 잡지는 않습니다. 때로는 단기적인 목표가 나를 더 잘 움직일 수 있게 만들기 때문입니다. 달성하고 싶은 목표와 데드라인을 적었다면 목표를 달성하기 위한 과정의 징검다리를 만듭니다. 그리고 그 징검다리 과정에서 달성해야 하는 목표들을 나열합니다. 목표 옆에는 데드라인을 함께 적어 둡니다. 이렇게 적고 나면 내가 목표를 달성하기 위해서 어떤 일들을 해야 하는지 구체적으로 눈에 보이기 시작합니다. 데드라인 또한 명료해집니다. 그리고 나면 내가 적은 목표와 관련된 첫 번째 일을 선택하고 곧바로 실천합니다. 이 과정에는 고민하지 않습니다. 그냥 실천할 따름입니다.

물론 필요한 도움이 있으면 요청할 수 있습니다. 다만 요청할 때도 그냥 요청하지 않습니다. 내가 이 목표를 달성하기 위해 투자한 노력과 실천했던 내용들에 대해서 이야기해 줍니다. 상대에 대한 존중의 마음을 담아서 요청합니다. 필요하다면 이 과정을 실천할 때 발생하는 돌발 사태에 대해서 어떤 대비책을 갖고 있는 지도 이야기해 줍니다. 그랬을 때 그 도움은 나에게 조금 더 적극적이고 실질적으로 다가옵니다.

한 번은 전 세계 CEO들이 모인 자리에서 강연자가 이렇게 물어보았습니다. "여러분 중에서 건강이 제일 중요하다고 생각하는 분이 계십니까?" 이 질문에 강연에 참여한 대부분의 사람이 손을 들었습니다. 그러자 강연자가 이렇게 묻습니다. "그럼 다시 묻겠습니다. 건강을 날마다 중요한 일로 간주하고 실천하는 분은 계십니까?" 그러자 모든 사람이 손을 내렸다고합니다. **중요하다는 건 우리 모두가 알고 있습니다. 하지만 실천하는 것은 별개의 이야기입니다.** 중요하다면 우리는 그걸 하나의 업무로 생각하면서 실천해야 합니다. 아는 것보다 어려운 것은 그것을 시의 적절하게 실천하는 것입니다. 그리고 실천하기 제일 좋을 때는 바로 지금입니다.

**선생님의 목표와 데드라인은 어떻게 되시나요?
선생님은 그걸 실천하기 위해 무엇부터 하시면 되나요?**

🎤 **징검다리 만들기**

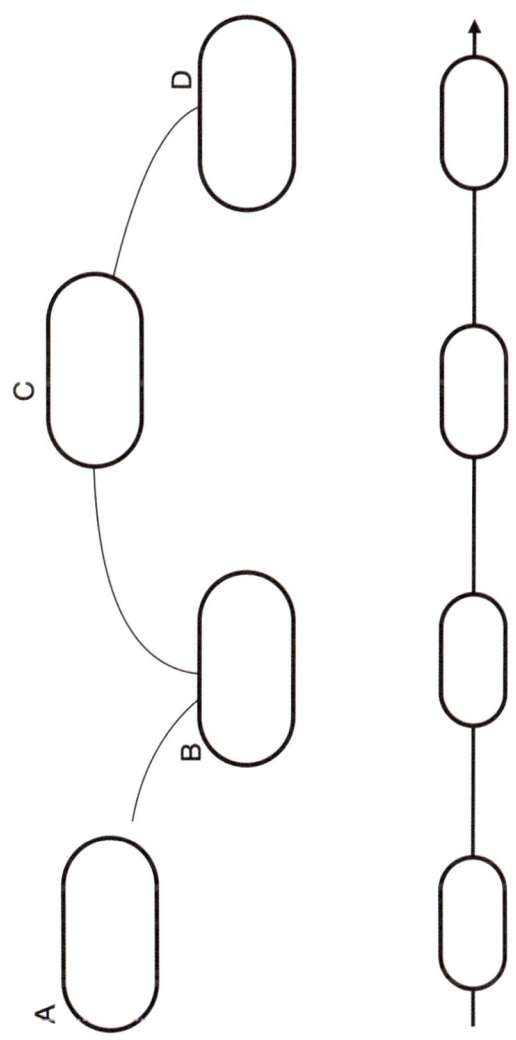

진행 Tip

이 활동은 목표와 데드라인 설정을 통해 실천 계획을 세우는 내용으로 구성되어 있습니다.

❶ **징검다리의 D에 자신이 이루고 싶은 목표를 기록합니다.**
- 목표는 구체적으로 명시합니다. 정량적으로 기록하면 구체적으로 명시할 수 있습니다. '열심히 한다'라는 개념보다는 '5번 한다.', '5시간 동안 한다.' 등으로 숫자를 활용해서 기록합니다.
- 여러 개의 목표가 아니라 단 하나의 목표만을 기록합니다. 하나만 이루어도 성공한다는 생각으로 적습니다.

❷ **D의 목표를 달성하기 위해서 해야 할 일을 C에 적습니다.**
- D의 목표를 달성하기 위해서 해야 할 일이 여러 가지 일수도 있습니다. 그중에서 나의 힘으로 할 수 있는 그리고 가장 중요한 일을 기록합니다. 내 힘으로 바꿀 수 있는 일이 무엇인지를 살펴보고 이를 기록하는 과정이 필요합니다.

❸ **C의 목표를 달성하기 위해서 해야 할 일을 B에 적습니다.**
- C의 목표를 달성하기 위해서 해야 할 일이 여러 가지 일수도 있습니다. 그중에서 나의 힘으로 할 수 있는 그리고 가장 중요한 일을 기록합니다. 내 힘으로 바꿀 수 있는 일이 무엇인지를 살펴보고 이를 기록하는 과정이 필요합니다.

❹ **B의 목표를 달성하기 위해서 해야 할 일을 A에 적습니다.**
- A의 경우 당장 실천할 수 있는 사항으로 적습니다. 활동지 작성이 끝나면 고민하지 않고 실천할 수 있는 내용을 기록합니다.

❺ **각각의 목표 아래 부분에 그 일을 이루기 위한 데드라인을 적습니다.**
- 시간적 데드라인을 적을 때는 D부터 기록합니다. D의 기간까지 달성하기 위해서 언제까지 C를 해야 하는지, C를 달성하기 위해서 언제까지 B를 해야 하는지, 그리고 B를 달성하기 위해서 언제부터 A를 시작해야 하는지를 적습니다.
- A의 실천 시간의 경우 가급적 빠른 미래를 적습니다. 당장 실천할 수 있는 일이 가장 좋습니다.

❻ **작성한 내용을 동료와 공유하고 서로의 삶을 응원해 줍니다.**

Guide Map
'하이테크를 넘어 하이터치'를 빠르게 적용해보세요!

Q 선생님, '선생님'이라 불리는 저는 어떻게 해야할까요?

(학기 시작) 5. 왜 교사도 그라운드룰이 있어야하죠? (★☆☆)
(학기 진행) 2. 라면 끓일 줄 아냐고 왜 물어보세요? (★☆☆)
(학기 마무리) 2. 완벽한 마무리를 방해하는 이유는 무엇인가요? (★★☆)
(방학) 2. 저는 이제 무얼 정리해야할까요? (★★★)
(방학) 5. 왜 자꾸 설탕이 무슨 맛이냐고 물어보시는거죠? (★★☆)

Q 선생님, 평가와 맞물려서 수업을 구체적으로 기록 남기고 싶으면 어떻게 할까요?

(학기 시작) 4. 호텔도 아닌데 체크인과 체크아웃이 있나요? (★☆☆)
(학기 진행) 4. 왜 자꾸 성밖으로 끄집어내시나요? (★★☆)
(학기 진행) 5. 기억하기 위해 기록한다는 무슨 말이에요? (★★☆)
(학기 마무리) 5. 왜 저의 평가영역까지 건드시는거죠? (★☆☆)
(방학) 4. 가장 어려운 일을 해야한다고요? (★★★)

Q 선생님, 제 수업의 나침반을 만들고 싶으면 어떻게 할까요?

(학기 시작) 1. 그래서 선생님은 뭐부터 하실거에요? (★★☆)
(학기 진행) 1. 왜 자꾸 뭘 하지 말라는 거에요? (★☆☆)
(학기 마무리) 1. 왜 시작할 때 질문을 끝날 때 하세요? (★★★)
(방학) 1. 별별 기획서면 정말 다 되나요? (★☆☆)

Q 선생님, 제 수업을 체계적으로 디자인하고 싶으면 어떻게 할까요?

(학기 시작) 2. 배움도 배워야 하나요? (★☆☆)
(학기 시작) 3. 그라운드를 재편한다는 건 무슨 말이에요? (★★☆)
(학기 진행) 3. 문제가 문제가 아니라고요? (★★☆)
(학기 마무리) 3. 장면이 아니라 패턴을 보라고요? (★★☆)
(학기 마무리) 4. 그라운드는 아직 유효한가요? (★★★)
(방학) 3. 어떻게 수업에서 교사가 빠질 수 있죠? (★★★)

★는 실천과정에서 느끼는 난이도를 표현하였습니다.

Q 선생님, 저는 빠르게 실천해보고 싶은데 어떻게 할까요?

(학기 시작) 1. 그래서 선생님은 뭐부터 하실거에요? (★★☆)
(학기 시작) 2. 배움도 배워야 하나요? (★☆☆)
(학기 진행) 3. 문제가 문제가 아니라고요? (★★☆)
(방학) 4. 가장 어려운 일을 해야한다고요? (★★★)

Q 선생님, 저는 고민이 너무 많아요. 도무지 모르겠는데 어떻게 할까요?

(방학) 5. 왜 자꾸 설탕이 무슨 맛이냐고 물어보시는거죠? (★★☆)
(학기 진행) 2. 라면 끓일 줄 아냐고 왜 물어보세요? (★☆☆)
(학기 시작) 5. 왜 교사도 그라운드룰이 있어야하죠? (★☆☆)
(학기 시작) 1. 그래서 선생님은 뭐부터 하실거에요? (★★☆)

Q 선생님, 저는 딱히 고민은 없지만 한번 점검은 해보고 싶은데 어떻게 할까요?

(학기 마무리) 1. 왜 시작할 때 질문을 끝날 때 하세요? (★★★)
(학기 마무리) 3. 장면이 아니라 패턴을 보라고요? (★★☆)
(방학) 4. 가장 어려운 일을 해야한다고요? (★★★)
(학기 마무리) 2. 완벽한 마무리를 방해하는 이유는 무엇인가요? (★★☆)

Q 선생님, 저는 초보자라서 조금은 쉽게 시작해보고 싶은데 어떻게 할까요?

(방학) 1. 별별 기획서면 정말 다 되나요? (★☆☆)
(학기 시작) 2. 배움도 배워야 하나요? (★☆☆)
(학기 진행) 2. 라면 끓일 줄 아냐고 왜 물어보세요? (★☆☆)
(학기 마무리) 5. 왜 저의 평가엉억까지 건드시는거죠? (★☆☆)

Guide Map 341

Epilogue

행운이 아니라 행복이 되길 바랍니다.

두려움의 상대성에 대해서 들어보신 적이 있으신가요? 혼자 숲 속을 걸어가고 있는데 갑자기 100미터 앞에서 굶주린 늑대가 나타났습니다. 그리고 무섭게 달려듭니다. 가슴이 덜컥 내려앉고 등에서는 식은 땀이 흐릅니다. 두려움의 크기를 1부터 10까지 정도로 나누었을 때 그 때의 두려움은 10입니다. 그런데 만약 내 손에 칼이나 창을 갖고 있다면 두려움의 정도는 9로 낮아집니다. 만약 한 손에 창이 있고 다른 손에 횃불이 있다면 두려움의 정도는 7이나 8정도가 됩니다. 옆에 동행하는 사람이 있고 그 사람의 손에도 창과 횃불이 있다면 두려움은 5나 6정도로 낮아질 것입니다. 총을 가지고 있다면 두려움은 4로 낮아질 것이고 위험할 때 타고 도망갈 수 있는 오토바이나 자동차가 있다면 두려움은 3정도입니다. 만일 차 안에 있다면 두려움은 거의 없을 것이고 다만 가슴만 덜컥 내려 앉고 끝났을 것입니다. 그런데 만일 그 옆에 무장한 군인들이 수십명 있다면 늑대를 잡으려고 덤벼들었을 것입니다.

시작은 참 두려운 단어입니다. 기대감과 함께 두려움이 함께 찾아오고 두려움이 커질 때 시작은 더 두려워집니다. 선생님이 되고 선생님다워지기 위해서 마음 먹기 시작했을 때 두려움이 매우 큽니다. 그 과정이 가져오는 힘듦에 대한 생각과 함께 이루지 못한 상황을 마주하면 어쩌지하는 두려움이 삶을 가득 채웁니다. 그리고 그런 두려움은 시작을 더욱 어렵게 만듭니다.

이 책은 선생님에게 네잎클로버와 같은 행운이 아닙니다. 어쩌면 시중에 이미 수없이 쌓여있는 수많은 선생님을 위한 책 중 하나일 것입니다. 마치 세잎클로버처럼 말입니다. 그런데 세잎클로버의 꽃말을 알고 계신가요? 네잎클로버가 행운이라는 꽃말을 갖고 있다면 세잎클로버는 행복이라는 꽃말을 갖고 있습니다. 많은 사람들은 네잎클로버를 찾기 위해서 세잎클로버를 짓밟습니다. 정말 가까이에 있는 행복을 발견하지 못하고 행운만을 찾기 위해 노력합니다.

이 책을 읽으신 선생님에게 이 책은 행운이 아니라 행복이 되길 바랍니다. 그리고 선생님이 갖고 계신 그 두려움을 조금이라도 낮출 수 있는 창과 횃불이 되면 좋겠습니다. 무엇보다도 선생님이 결코 혼자가 아니라는 사실을 깨닫는 시간이 되셨으면 좋겠습니다. 여기까지 오기까지 우리는 정말 많은 시간을 보냈습니다. 힘들고 어려운 시간들이 많았습니다. 앞으로의 길이 결코 평탄하고 평온할거라 생각하지 않습니다. 어쩌면 지금까지 버텨운 시간보다 더 힘든 시간을 견뎌야할 지도 모릅니다. 하지만 내가 늑대를 이길 수 있다는 생각이 확실하다면 두려움은 늑대를 향해 돌진하는 용기로 변합니다. 두려움을 이기는 힘은 우리가 함께하고 있을 때 더욱 커집니다. 선생님의 도전과 시도 그리고 그 용기 있는 모습을 응원합니다. 오늘을 더욱 당당하게 선생님과 함께 걸어가겠습니다.

하이테크를 넘은 하이터치 수업 비법

1판 1쇄 발행   2025년 2월 7일

지은이	김선수
발행인	이기택
발행처	(주)에듀니티랩
디자인	성림기획
출력/인쇄	정우P&P
주소	서울시 강남구 테헤란로21길 25, 2층
주문/문의전화	02-6204-0053
FAX	02-6008-1009

ISBN 979-11-968672-2-5

정가 22,000원

※ 이 책은 저작권법에 따라 보호받는 저작물이므로 무단 전재와 무단 복제를 금지하며, 이 책 내용의 전부 또는 일부를 이용하려면 반드시 저작권자와 (주)에듀니티랩의 서면 동의를 받아야 합니다.